近代人文社会科学译著 1

熊月之 主编

上海科学技术文献出版社
Shanghai Scientific and Technological Literature Press

图书在版编目（CIP）数据

近代人文社会科学译著．1 / 熊月之主编．—上海：上海科学技术文献出版社，2021
ISBN 978-7-5439-7993-2

Ⅰ．①近… Ⅱ．①熊… Ⅲ．①社会科学—西方国家—近代—文集 Ⅳ．①C53

中国版本图书馆 CIP 数据核字（2021）第 016821 号

策划编辑：张　树
责任编辑：王　珺
封面设计：留白文化

近代人文社会科学译著．1
JINDAI RENWEN SHEHUI KEXUE YIZHU. 1
熊月之　主编
出版发行：上海科学技术文献出版社
地　　址：上海市长乐路 746 号
邮政编码：200040
经　　销：全国新华书店
印　　刷：常熟市人民印刷有限公司
开　　本：889mm×1194mm　1/32
印　　张：14.25
版　　次：2021 年 3 月第 1 版　2021 年 3 月第 1 次印刷
书　　号：ISBN 978-7-5439-7993-2
定　　价：138.00 元
http://www.sstlp.com

近代人文社會科學譯著選輯（1807—1919）序言

熊月之

一

人文社會科學，包含人文學科與社會科學兩類。〔一〕

〔一〕人文學科之所以稱『學科』而不稱『科學』，因爲通常所説的科學（science），主要指以物爲研究對象、可以通過實驗進行驗证的自然科學，而人文學科則以人爲研究對象，具有個别、私人、主觀性質，無法驗证。自然科學與人文學科處於比較的兩端，差异較大，而社會科學與自然科學之間，差异較小，且在取向、知識生産模式、研究方法等方面，較爲接近。人文學科與自然科學的區别，也表現在分析和解釋方向：自然科學從多樣性、特殊性、復雜性、偶然性走向統一性、一致性、簡單性和必然性；相反，人文學科則突出獨特性、意外性、復雜性和創造性。它們屬於不同的思維能力，使用不同的概念、不同的語言形式進行表達。自然科學是理性的産物，使用事實、規律、原因等概念，並通過客觀語言溝通信息；人文學科是想象的産物，使用現象與實在、命運與自由意志等概念。所以稱『學科』而不稱『科學』，更爲突出人文學科的特質。參見《簡明不列顛百科全書》（第6卷），北京：中國大百科全書出版社，1986年，第761頁；李醒民《知識的三大部類：自然科學、社會科學和人文學科》，《學術界》2012年第8期。

學科分類在不同歷史時期、不同語境下並不相同，標準、方法也見仁見智。近代以來，學術界逐漸傾向於將人類知識分爲三大部類，即自然科學、社會科學與人文學科。自然科學以自然即客觀的物質世界作爲研究對象，包括數學、物理學、化學、天文學、地學（地理學、地質學、氣象學）與生物學等；社會科學以人類社會作爲研究對象，涵蓋經濟學、政治學、法學、社會學、行政學、教育學、倫理學等；人文學科以人爲研究對象，探尋人的生存及其意義、人的價值及其實現，涉及語言學、文學、歷史學、哲學、藝術等。

本書選輯起止時間爲1807—1919年。

衆所周知，中國近代史的起止時間，亦即中國近代史的研究對象，是從1840—1949年，因爲這百餘年的中國，是相對完整的近代形態，是一個完整的歷史時期。但是，近代西方人文社會科學在中國翻譯、傳播的歷史，與中國近代歷史的進程並不完全同步。

首先，起步更早。1807年，基督教新教傳教士、英國人馬禮遜來到澳門，然後進入廣州，拉開新一輪西學傳播序幕。稍後英國傳教士米憐、德國傳教士郭實臘等，絡繹東來。他們在馬六甲、新加坡、巴達維亞等地，開學校，辦印刷所，在當地華僑中傳播西學。他們所出版的涉及人文社會科學知識的書籍雖然不很多，但這些西學知識，與鴉片戰爭以後傳入中國的西學知識屬於統一整體，也是後者之先聲。

其次，心態轉變也早。近代中國讀書人、思想界對於以歐美爲中心的西方人文社會科學，有個從仰視到平視的轉變過程，其轉折點便是第一次世界大戰。1914—1918年，發生在帝國主義國家之間的世界大戰，有三十多個國家、15億人口卷入，傷亡人員三千萬，經濟損失難計其數。這一殘酷現實，讓中國讀書人、思想界明白，西方科學並不萬能，人類社會的演變，並不總是沿着進步的方向直綫上昇。巴黎和會上西方列强對於中國主權的無視與陵轢，更讓中國人明白，世界上並不存在什麼平等對待弱者的『公理』。這種世界性的倒退與不公，促使東西方有識之士更加深刻地思考人類的未來，更加理性地思考東西方文化的價值。此後，西方人文社會科學在中國讀書人、思想界那裏，盡管仍然是最爲重要的文化資源之一，但已從至高無上的峰頂跌落下來，成爲與東方文化等量齊觀的一端。

這是本書將下限斷爲1919年的主要原因。

二

在介紹近代西方人文社會科學在中國傳播之前，有必要先回溯一下明末清初那段時間這方面的情況。明末清初，利瑪竇、艾儒略、南懷仁等耶穌會傳教士編寫、或與徐光啓、李之藻、楊廷筠等人合譯的一批西學書籍，其中有十多部較多涉及人文社會科學内容，如《西國記法》（1595）、《職方外紀》（1623）、《西學凡》（1623）、《靈言蠡勺》（1624）、《西儒耳目資》（1625）、《治平西學》（約1629）、《修身西學》（1630）、《名理探》（1631）、《童幼教育》（1632）、《西方問答》（1637）、《齊家西學》（崇禎年間）、《坤輿全圖》與《坤輿圖説》（1674）、《窮理學》（1683）等，這些書對歐洲的哲學、政治學、經濟學、教育學、文學、歷史學、地理學等方面的知識有所介紹。

比如，傅汎際和李之藻合譯《名理探》，介紹了『愛知學』即哲學的含義。南懷仁編《窮理學》，介紹邏輯學的功用，稱窮理學『爲百學之宗』，爲『訂非之磨勘，試真之礪石，萬藝之司衡，靈界之日光，明悟之眼目，義理之啓鑰，爲諸學之首需者也。』〔一〕高一志著《治平西學》，爲最早漢譯西方政治學著作，分别從王公、群臣、兆民的行爲準則，説明何者爲宜、何者應戒，還介紹了世界上的三種政體形式：『一曰一人且王之政；二曰數人且賢之政；三曰衆人且民之政是也。』〔二〕艾儒略譯《職方外紀》，對歐洲教育制度包括學制、課程設置、考試方式均有所介紹。高一志著《修身西學》，述及西方倫理學知識，包括修身目的、修身憑藉與修身方法，主旨在於指明人類通過修德以確保自身行動的善，從而獲得美好，達到幸福境界。天啓年間出版的《況義》，是《伊索寓言》在中國傳播的第一個譯本。

明末清初西方人文社會科學在中國的傳播，傳播主體是利瑪竇等傳教士，中國學者徐光啓等參與譯述潤色，所傳内容從總體上説，比較零碎，不成系統，所譯編成書籍印數較少，傳播範圍較小，很多内容只是在少量學者中流傳。但是，他們所傳許多知識，開啓了近代西學東漸的先河，如地圓説、五大洲説、腦主記憶説；所創譯的諸多名詞，也被近代沿用，如亞細亞、歐羅巴、大西洋、地中海、自鳴鐘、天主等。他們以『理學』翻譯哲學，一度被近代學者沿用。

〔一〕南懷仁：《進呈窮理學書奏》，徐宗澤：《明清間耶穌會士譯著提要》第192頁，中華書局，1989年。

〔二〕高一志：《治平西學》，載黄興濤、王國榮編《明清之際西學文本》第2册，中華書局，2013年，第614頁。

三

近代西方人文社會科學在中國翻譯、傳播的歷史，可以分爲五個階段，即 1807—1842 年、1843—1860 年、1861—1900 年、1901—1911 年、1912—1919 年。

第一階段，從 1807 年至 1842 年。

17 世紀末 18 世紀初，因宗教禮儀問題，在清朝政府與羅馬教廷之間、中國耶穌會與羅馬教廷之間、耶穌會與其他天主教會之間，出現嚴重分歧。羅馬教廷要求在華天主教徒不得祭祖、不得拜孔。康熙皇帝表示，中國祭祖敬孔，不過是一種崇敬的禮節，並無宗教性質，如果來華西人，不能像利瑪竇那樣對祭祖敬孔持尊重態度，斷不準在中國居留、傳教。雙方交涉多次，不得要領。1717 年（康熙五十六年），康熙皇帝下令禁止天主教在華活動。此後，天主教在華再次步入低谷。雍正、干隆等朝，又相繼頒佈禁止天主教的命令。1773 年（干隆三十八年），因宗教内部紛争，羅馬教廷下令解散耶穌會，兩年後命令傳到中國，耶穌會正式解散。至此，自晚明開始在中國活動二百年的耶穌會，終於告一段落。西學傳播的細流亦因此截斷。

1807 年，英國基督新教傳教士馬禮遜，受倫敦會委派，從英國經美國輾轉來到澳門，進入廣州，以後在廣州、澳門及南洋各地，進行傳教與西學傳播活動。稍後，英國傳教士米憐、楊威廉，美國傳教士裨爲仁、雅裨理、裨治文，德國傳教士郭實臘等，絡繹東來。他們在馬六甲、新加坡、巴達維亞等地，開學校，辦印刷所，出版《聖經》等宗教讀物，也在當地華僑中傳播西學。所出版的涉及人文社會科學方面的書籍有十來種，包括《生意公平聚益法》（1818）、《西游地球聞見略傳》（1819）、《地理便童略傳》（1819）、《東西史記和合》（1829）、《大英國統志》（1834）、《美理哥合省國志略》（1838）、《古今萬國綱鑒》（1838）、《萬國地理全集》（1838）、《制國之用大略》（1839）、《貿易通誌》（1840），所出版刊物《察世俗每月統記傳（1815—1821）》《特選撮要每月紀傳（1823—1826）》《東西洋考每月統記傳（1833—1838）》，都含有豐富的西方經濟學、歷史學、地理學知識。

比如，《生意公平聚益法》，介紹人們相互之間進行貿易應該遵循的基本法則，《地理便童略傳》對世界主要地區與國家均有介紹，對英國、美國政治制度、司法制度介紹較爲具體。《古今萬國綱鑒》，凡244頁，分20册，是鴉片戰爭以前介紹世界歷史知識最爲詳盡的一部書。《貿易通誌》較爲翔實地介紹了西方的商業制度，魏源在《海國圖志》中，對許多國家的貿易、商業的介紹資料採自此書。《大英國統志》《美理哥合省國志略》分别翔實地介紹了英國、美國的國情。

再如，《察世俗每月統記傳》所載《論有羅巴列國》《論亞西亞列國》《論亞非利加列國》《論亞默利加列國》《法蘭西國作變復平略傳》等文，介紹歐洲、亞洲、美洲等地地理、歷史知識，介紹了法國的歷史。還在1821年，便介紹了剛剛立國45年的美國，稱其面積寬大，盛産各物，港口衆多，人口增加很快，且有智有力，預料其日後必爲美洲最大國家。〔一〕《東西洋考每月統記傳》所載《通商》《貿易》《公班衙》等文，

〔一〕《論亞默利加列國》，《察世俗每月統記傳》卷七，道光元年。

介紹西方通商理論，認爲通商貿易對商人、人民、國家都有好處，强調通商貿易要篤實誠信，不可食言行騙。

鴉片戰争以前，中國還没有被英國打敗過，中西關係還比較平等，傳教士在介紹西方情况時，心態還不是那麽傲慢，所以，行文常用對話體，以中國人習慣的説書形式出現。爲了迎合中文讀者心理，作者論述問題，每每先引一段中國古代聖賢的語録或故事，然後進行中西比較，説明東方西方，心同理同。這種表達方式，類似於明末清初耶穌會士，而不同於鴉片戰争以後傳教士那種居高臨下姿態。

第二階段，從 1843 年至 1860 年，即五口通商時期。

在 1840 年至 1842 年的中英鴉片戰争中，清朝政府戰敗，被迫與英、美、法等國簽訂不平等的《南京條約》、《望厦條約》和《黄埔條約》，被迫割讓香港給英國，開放廣州、福州、厦門、寧波、上海作爲通商口岸，允許外國人在這些口岸傳播宗教、開設學堂、開辦醫院。於是，傳教士便將活動基地從南洋遷到中國東南沿海，開始了晚清西學傳播史上的新階段。這一階段，通商口岸成爲傳播基地。此前，傳教士的活動局限於南洋一帶，西學書刊雖亦能傳至中國大陸，其所辦學校中也有華人，但畢竟水路迢迢，對中國内地影響有限。五口通商後，麥都思、雅裨理、慕維廉、艾約瑟等傳教士以這些地方爲基地，辦學校，出書刊，進行各種西學傳播活動，東南沿海遂成中國率先接受西學影響的地區。傳教士所出版《聯邦志略》(1846)、《格物窮理問答》(1851)、《地理全志》(1853)、《大英國志》(1856)、《地球説略》(1856)、《地理略論》(1859)等書籍，《中西通書》(1853—1860，年鑒)、《遐邇貫珍》(1853—1855)、《六合叢談》(1857—

1858）等雜誌，包括豐富的歷史學、地理學、經濟學知識，也有一些哲學、文學知識。

比如，《遐邇貫珍》所載《花旗國政治制度》一文，不但介紹了美國的總統選舉制、立法、司法、行政、聯邦及各州之組織，還將英、美政治制度作了比較，認爲各有利弊。再如，慕維廉譯編的《大英國志》與《地理全志》，都是超過三百多頁的大書，前者翔實地介紹了當時世界上最强大的帝國英國的歷史與現實，後者比較宏觀地介紹了世界地理知識。

這一時段，傳教士忙於在通商五口進行傳教活動，出版宗教讀物繁多，所出人文社會科學書籍較少，十來種而已，但是這些書刊在中國士紳中還是産生了比較廣泛而重要的影響。魏源編《海國圖志》，廣泛徵引了《地球圖説》等西書；徐繼畬撰《瀛寰志略》，直接得益於雅裨理等人的西書資料；王韜、管嗣復參加了一些西書與雜誌的譯編，受到這些知識的深刻影響。王韜日後出版《西學輯存六種》，頗得益於他在墨海書館協助偉烈亞力等人的西學熏陶，管嗣復則將其西學知識轉述給其老師馮桂芬，促成馮桂芬名著《校邠廬抗議》的誕生。《聯邦志略》《地理全志》《地球説略》等書還傳到了日本，並有日譯本行世。

第三階段，1860年至1900年。

1856年至1860年，英國、法國在美國、俄國等支持下，發動了侵略中國的第二次鴉片戰爭。中國再次慘敗。侵略者逼迫清朝政府先後簽訂了《天津條約》（1858）、《北京條約》（1860）等一系列不平等條約。通過這些條約，外國侵略者從中國勒索了大筆戰争賠款，取得了一系列侵略特權。其中，與西學傳播密切相關的有：一、增開11個通商口岸，即天津、牛莊、登州、臺南、潮州、瓊州、鎮江、南京、九江、漢口、淡水。後來實際開埠時，牛莊改爲營口，登州改爲煙臺，潮州改爲汕頭。條約規定，外國人可以在這些通商口岸居住、賃房、買屋、租地起造禮拜堂、醫院、墳塋等。二、傳教自由。三、外國人可到中國内地各處遊歷、通商，中國政府應提供方便。四、開放長江。這樣，加上先前割讓的香港，開放的五口，中國被迫對外開放的城市達17個。外國人可以在南起廣州、厦門，中經上海、煙臺，北至天津、營口，東起上海、南京，沿江西上，直到中國内地，這樣廣闊的範圍裏自由活動。其結果，加强了西方列强對中國的政治侵略、經濟掠奪，也便利了他們對中國的文化滲透。

在清政府方面，以咸豐皇帝去世、辛酉政變發生、慈禧太后掌權爲轉折點，中國對外對内政策有了重大調整。總理各國事務衙門的設立，京師同文館、上海廣學會的創辦，以學習西方堅船利砲、聲光化電爲重要内容的洋務運動的開展，江南製造局等機構的設立，中國向歐洲、美洲與日本等地駐外使臣的派出，聖約翰大學等衆多教會學校的創辦，都對西學傳播産生了重要影響。1894年發生的中日甲午戰争，中國再次慘敗，激起變法思潮高漲，維新運動發生，更推動了西學傳播的高漲。

這一階段，譯介西學方面，有兩支力量同時發力，即清政府官辦機構與教會機構，前者以京師同文館、江南製造局翻譯館爲其著者，後者以設在上海的以基督新教傳教士爲主的廣學會最爲突出，天主教耶穌會設立的土山灣印書館也貢獻甚多。

這一階段，所出版的人文社會科學譯著，數量較前大爲增多，約130種，超過以往約三百年所出同類書籍總數。内容也更加厚實系統，有適應瞭解國際形勢與外國情况需要的《萬國公法》(1864)、《歐洲史略》(1886)、《希臘志略》(1886)、《羅馬志略》(1886)、《四裔編年表》(1874)、《萬國史記》(1880)、《法國律例》(1880)、《萬國通鑒》(1882)、《八星之一總論》(1892)、《各國交涉公法論》(1898)、《歐羅巴通史》(1900)等；有介紹外交常識的《星軺指掌》(1876)、《公法便覽》(1877)、《公法會通》(1880)；有介紹西方歷史、哲學、經濟學基礎知識的《佐治刍言》(1885)、《西學略述》(1886)、《辨學啓蒙》(1886)、《富國養民策》(1886)、《地球一百名人傳》(1898)；有適應變法需要、介紹外國變法的書籍《自西徂東》(1884)、《列國變通興盛記》(1894)、《泰西新史攬要》(1895)、《文學興國策》(1896)；有爲變法運動提供理論支撑的《天演論》(1898)、《民約通義》(1898)；有爲教育變革提供學術資源的《西國學校》(1873)、《肄業要覽》(1882)、《七國新學備要》(1888)、《教育學綱要》(1899)；有合哲學與心理學爲一體的《心靈學》(1889)、《治心免病法》(1896)。《格致匯編》刊載傅蘭雅所作的《混沌説》(1877)，概略地叙述了當時中國還不大有人瞭解的生物進化論觀點。廣學會出版的李提摩太翻譯的《百年一覺》(1894)，原爲美國空想社會主義小説，影響極廣。同爲廣學會出版的《大同學》(1899)，第一次向中國人介紹了馬克思及其學説。

第四階段，1901年至1911年。

1898年的戊戌政變，1900年的八國聯軍侵略中國之役，使清朝政府的威信跌到最低點，中國國際、國内形勢均發生巨大變化。一方面，愛國人士、知識分子失望到極點，革命風潮因之而生，留日熱潮驟然而起。另一方面，清政府實行新政，鼓勵工商，廢除科舉，改革學制，繼而宣佈預備立憲。這兩方面都亟需西學（新學）資源。在這兩方面因素的共同作用下，西方人文社會科學在中國的傳播，呈井噴之勢，從内容到方式、從數量到質量都有巨大變化。

此前，西學知識主要由翻譯英、法等西書而來。1900年以後，由日本轉口輸入西學數量急劇增長，日本成爲西學輸入主要來源地。從1900年到1911年，中國通過日文、英文、法文共譯各種西書至少有1599種[一]，遠遠超過此前90年中國譯書的總數。從1902年至1904年，共譯西書533種，其中日文書籍達321種，占總數的60%。

在繁多的中譯西書中，人文社會科學比重加大。以1902年到1904年爲例，三年共譯文學、歷史、哲學、經濟、法學、政治學等人文社會科學書籍327種，占譯書總數的61%。同期翻譯自然科學書籍112種，應用科學56種，分别只占譯書總量的21%和11%。[二]所占比重從多到少的順序爲人文社會科學→自然科學→應用科學，與之前幾十年的情形正好相反。京師大學堂從1898年到1911年翻譯、出版西學教科書有六十餘部一百多册，其中人文社會科學類占62%。[三]這表明當時西學輸入的重心，已從器物技藝等物質文化層面轉到思想、學術等精神文化層面。

〔一〕見拙著：《西學東漸與晚清社會》（修訂本），中國人民大學出版社，2011年，第11頁。
〔二〕以上數據均見拙著：《西學東漸與晚清社會》（修訂本），第11頁。
〔三〕範軍：《歲月書痕》，華中師範大學出版社，2017年，第165頁。

就内容而言，這一階段所譯人文社會科學書籍，舉凡哲學、文學、歷史、經濟、法學、政治學等各學科，都有頗成規模的系統譯作。

哲學方面，概論性譯作就有9部，如井上圓了著、羅伯雅譯《哲學要領》（1902），德國科培爾著、下田次郎述、蔡元培譯《哲學要領》（1903），井上圓了著、王學來譯《哲學原理》（1903）；邏輯學譯作18部，如楊蔭杭譯《名學》（1902），清野勉著、林祖同《論理學達恉》（1902），十時彌著、田吳炤譯《論理學綱要》（1902），嚴復譯《穆勒名學》（1905），大西祝著、胡茂如譯《論理學》（1906），英國耶方斯著、王國維譯《辨學》（1908），法國孟德福著、李問漁譯《名理學》（1908）。其他哲學著作（含哲學家介紹、各國哲學、哲學史）9部，如蟹江義丸著、範迪吉等譯《西洋哲學史》（1903），姉崎正治著、範迪吉等譯《宗教哲學》，井上圓了著、蔡元培譯《妖怪學講義録（總論）》（1906）；心理學譯作21部，如元良勇次郎著、王國維譯《心理學》（1902），長尾槙太郎著、蔣維喬譯《心理學》（1906）等；倫理學譯作10部，如元良勇次郎著、麥鼎華譯《倫理學》（1902），德國泡爾生著、蔡元培譯《倫理學原理》（1909）；教育學46部，如立花銑三郎述、王國維譯《教育學》（1901），能勢榮著、葉瀚譯《泰西教育史》（1901）。清末一度流行哲學救國論，一批學者認爲救國應先救其人，救人應先救其心，救心應先救其學，而救學則應從譯介西方哲學始。因此，舉凡古希臘、羅馬哲學，西方近代哲學，以及重要哲學家生平及其學説，幾乎無一不被譯介。

文學作品翻譯更是繁盛一時，内以小説最多。據研究，從1901—1911年，中國共翻譯域外小説547

部，散文集22部，戲劇1種〔一〕。對英、美、法、俄、德、日、荷蘭、奧地利、瑞士、希臘等國文學作品均有翻譯，内以英、法、日三國最多。英國的莎士比亞、笛福、斯威夫特、哈葛德、柯南道爾、司各特、哈代、拜倫、狄更斯、斯蒂文森等，法國的小仲馬、雨果、大仲馬、朱力士、迦爾威尼，美國的斯士活夫人、布萊特夫人等人作品都有翻譯。譯自英國的，僅林紓就與人合譯哈葛德《迦因小傳》和《鬼山狼俠傳》等20種、柯南道爾《歇洛克奇案開場》等7種、司各特《撒克遜劫後英雄略》等3種、斯蒂文森《新天方夜譚》等。同是柯南道爾作品，就有周桂笙、林紓和魏易、陳家麟、包天笑等人投入翻譯。譯自法國的有，林紓與他人合譯的《巴黎茶花女遺事》《賂史》，薛紹徽譯的《八十日環遊記》，包天笑譯的《鐵世界》，朱樹人譯的《穡者傳》和《冶工軼事》，陳春生譯的《獄中花》，梁啓超等譯的《十五小豪杰》，魯迅翻譯的凡爾納小說《月界旅行》。從1899年到1911年，從日本翻譯過來的小說有55種，其中1907年就翻譯了11部，内有《佳人奇遇》《經國美談》《謀色圖財記》《美人島》《世界一周》等。〔二〕

歷史學方面，比較重要的有102部，其中通史14部，如作新社出版的《萬國歷史》(1902)、支那翻譯會社的《萬國史綱》(1903)、杭州史學齋的《萬國史要》(1903)、上海通社的《世界通史》(1903)、山西

〔一〕鄧集田：《中國現代文學的出版平臺—晚清民國時期文學出版情況統計與分析(1902—1949)》，華東師範大學博士論文，2009年，第502—512頁。

〔二〕汪帥東：《晚清日本文學翻譯研究》，《當代外語教育》，2018年，第2輯。

大學堂譯書院的《邁爾通史》（1905）、江楚編譯官書局的《萬國史略》（1906）。其中英國李思倫白著、蔡爾康等譯編的《萬國通史》，規模最爲宏大，凡30卷，相繼於1900、1904、1905年由廣學會出版。地區史、國別史52部，如東亞譯書會《歐羅巴通史》（1900）、金粟齋《西洋史要》（1901）、商務印書館《亞美利加洲通史》（1902）、文明書局的《泰西通史》（1903）等，還有英、美、德、法、日等國歷史。變政史、維新史、獨立史17部，如作新社的《英國維新史》（1903）、文明書局的《佛國革命戰史》（1903）、商務印書館的《美國獨立戰史》（1911），還有關於意大利、菲律賓、希臘、印度等國獨立或變革史。其他專史5部，如開明書店的《近世海戰史》（1903）、文明書局的《世界女權發達史》。人物傳記14部，包括華盛頓、拿破侖、彼得大帝、俾斯麥等個人傳記，還有世界名人、歐洲政治學家、日本維新志士等合傳。

政治學方面，比較重要的譯編有29部，其中政治學概論性的譯作，有高田早苗講述、嵇鏡譯《國家學原理》（1901），德國伯倫知理原著、梁啓超譯《國家學綱領》（1902），德國那特硁著、馮自由譯的《政治學》（1902）、戢翼翬等譯《那特硁政治學》（1901），市島謙吉著、麥曼蓀譯《政治原論》（1902），美國伯蓋司著、楊廷棟譯《政治學》（1904年以前）；政治學理論譯作有英國斯賓塞著作、楊廷棟譯《原政》（1902），法國盧梭著、楊廷棟譯《路索民約論》（1902），浮田龢民著、出洋學生編輯所譯《帝國主義》（1902），西川光次郎著，周子高譯《社會黨》（1902），馬君武譯《彌勒約翰自由原理》（1903），幸德秋水著、中國達識社譯《社會主義神髓》（1903），村井知至著、侯士綰譯《社會主義》（1903），加藤弘之著、陳尚素譯《人權新説》（1903），福井準造著、趙必振譯《近世社會主義》（1903），英國甄克思著、嚴復譯《社會通詮》（1904）

等。介紹各國政治態勢的有《萬國政治叢考》《最新萬國政鑒》《最新萬國政治制度》《萬國國力比較》《歐美政教紀原》《十九世紀末世界之政治》《美國民政考》等。

經濟學方面，1901年至1911年出版譯作23部。其中，嚴復翻譯的《原富》出版，是西方經濟學經典著作首次完整譯出。1902年，《欽定學堂章程》規定，今後學制三年的高等學堂政科，必須設立『理財學』即經濟學課程，這促進了西方經濟學説引進與傳播。此後，楊廷棟編《理財學教科書》、天野爲之著《理財學綱要》、商務印書館出版的田尻稻次郎著《理財學精義》，均列爲中小學理財學教材。1906年至1908年，政治經濟社等機構出版了《公債論》《租税論》《紙幣論》《貨幣論》《財政學》《計學》《比較財政學》等多種屬於經濟學分支的著作。

法學方面，這一階段譯作特多。從1901年至1911年，共譯法學書籍263種〔一〕，是晚清社會科學中譯書最多的學科。1902年，清廷命沈家本等遴選諳習中西律例司員分任纂輯，延聘東西各國精通法律之博士、律師以備顧問，復調取留學外國卒業生從事翻譯。於是，清政府有計劃地翻譯大量法律書籍。民間譯書機構或出於社會需求，或出於牟利目的，也翻譯了大批法學書籍。從國際公法、國際私法，民法、刑法、民事訴訟法、刑事訴訟法、行政法，應有盡有。不但一般性的介紹法學原理、法學流派、國際法的著作都有介紹，而且各種具體法規法制，如警察學、監獄學，也很豐富。有的同一種著作有多種譯本，

〔一〕田濤、李祝環：《清末翻譯外國法學書籍評述》，《中外法學》，2000年，第3期。

單1903年，《國際私法》就有4種譯本，《國法學》有5種譯本，《法學通論》有6種譯本。1904年至1909年，清政府爲適應法律改革需要，由修定法律館主持審定，翻譯了一大批刑法、民法方面的書籍，包括德國、法國、美國、意大利、日本等國刑法、民法多方面具體法規。1906年以後，中國地方自治聲浪日高，與地方自治相關的自治法規、地方性法規書籍翻譯頗多，諸如《地方自治論》《英國地方政治》《歐洲大陸市政論》《日本府縣制郡制要義》，與地方自治相關的警察書籍翻譯尤多，諸如《最近警察法教科書》《德國警察法》《警察全書》《警察學》《偵探學》。這些書主要自日文譯出，法律也以日本爲多。這一時期引進日本法律最爲全面的一部書籍，即《新譯日本法規大全》，由張元濟、劉崇杰等翻譯，内容相當廣泛，對清末法制改良有着重大影響。

第五階段，1912—1919年。

隨着清廷覆滅，中華民國建立，政治建設、法制建設、公民道德建設等任務提到人們面前，這些方面的譯介著作也隨之增多。與政治建設、法制建設有關的譯作主要有：同是英國莫安仁著、許家惺譯的《英國立憲鑒》（1912）、《英議院權力發達史》（1912），英國布賴斯著、孟昭常譯《平民政治》（1912），美國麥萊著、陳其鹿譯的《美國民主政治大綱》（1912），美國約翰・温澤爾著、楊鈰森、張萃農譯的《美法英德四國憲法比較》（1913），日本田中萃一郎著、畢厚譯《歐美政黨政治》（1913），美國黎卡克著、梁同譯的《政府論》（1914），法國路易・普羅爾著、高仲和譯的《政治辨惑論》（1914），日本齋藤隆夫著、姚大中譯的《比較國會論》（1917）。東方法學會譯編法律要覽叢書多種，由泰東書局出版，包括《民法要覽》《民事訴訟法要覽》《商法要覽》《刑法要覽》等，影響廣泛。

有關公民道德建設的譯作甚多，諸如《國民道德談》(1915)、《道德之研究》(1915)、《品性論》(1916)、《泰西改良社會策六章》(1917)、《新道德論》等。其中，英國著名道德學家斯邁爾斯（S. Smiles，1812–1904）多種著作被多次翻譯，包括《勤儉論》(1914)、《克己論》(1915)、《職分論》(1917)，葉農生、蔣方震、秦同培等均參與譯事。第一次世界大戰爆發以後，有一批與戰爭有關的譯作問世，如《德意志戰論》《開戰時之德意志》《美國總統威爾遜參戰演説》《革命心理》《國際同盟論》。

這一階段，馬克思主義、無政府主義書籍的譯介也有一些，包括1912年施仁榮翻譯恩格斯的《理想社會主義與實行社會主義》，是馬克思主義經典文本在中國早期傳播較爲完整的譯本，是恩格斯的著作《社會主義從空想到科學的發展》在中國的第一次譯介。1919年凌霜翻譯克羅泡特金的《近世科學與無政府主義》。

這一階段，所譯哲學、史學著作，均遠較清末爲少，但文學翻譯勢頭依然很猛。1912年至1919年，共翻譯域外小説250部，散文集35部，戲劇3部[一]，涉及英、法、美、俄、德、日、西班牙、奥地利、瑞士、波蘭、比利時、丹麥等國作家，内以英、法作家所占比例爲高，英、法主要作家被譯作品與清末

[一] 鄧集田：《中國現代文學的出版平臺——晚清民國時期文學出版情況統計與分析（1902—1949）》，華東師範大學博士論文，2009年，第512—519頁。

有延續性，如英國哈葛德、柯南道爾、狄更斯，法國大仲馬、雨果等，增加較多的是美國作家華特生等人的作品，俄國托爾斯泰等人作品也陸續翻譯進來。

以上五個階段，就對中國社會影響而言，每一階段都不能忽略，各有各的影響。但綜合而言，以清末這一階段的影響，最爲廣泛而深入。數以百計的出版機構，數以千計的中譯日書，數以萬計的留日人員，難計其數的雜誌、報紙，將形形色色的西方新學轉口輸入中國。範圍之廣，數量之多，來勢之猛，是此前歷史階段也是民國初年所不可比擬的。這一階段，正是中國廢科舉、興學校的教育體制轉型期，難計其數的各門各科的新式教科書，大多是這一階段編寫的，藍本多取自日本，多取自這一階段的譯書。各門各科的辭典大量引進、編寫，無形中起着規範語言的作用。

四

近代中國被動卷入全球化浪潮之中，遭遇千古未有之變局。在此以前，中國雖然早已與外族有了關係，但那些外族都是文化較低的民族，縱使他們入主中原，到頭來也終歸爲以儒學爲核心的中國文化所化。在中國接觸的世界裏，中國以老大自居，他國也以老大尊之。但是，到了近代，情況大不一樣。中國面對的英國、美國、法國等，絶非先前的夷狄可比。這些對手，既陌生又强大，突兀而來，猝不及防。中國生産方式、生活方式、價值觀念、審美情趣、教育體系、學術體系、語言詞彙，乃至風俗習慣，無不發生深刻的變化。人文社會科學譯著，既是這一歷史變局的産物與證物，也是這一變局的助推器。

以語言詞彙而言，中國今天所用各類新詞彙，大多形成於近代。人文社會科學方面的新名詞，諸如社會、政黨、民族、階級、主義、範疇、系統、規範、唯物、唯心、主體、客體、法學、法庭、民法、刑法、金融、銀行、生産力、生産關係，都是近代出現的，而且大多是從日本移植而來。日常生活所用諸多新詞彙，也主要形成於近代。比如，以『化』字結尾的複合詞，特殊化、現代化、民族化、大衆化、自動化；以『式』字結尾的複合詞，速成式、問答式、簡易式、西洋式；以『炎』字結尾的病名，關節炎、氣管炎、腦炎、肺炎、胃炎、腸炎；以『性』字結尾的複合詞，可能性、現實性、必然性、偶然性、必要性、習慣性；以『界』字結尾的複合詞，文學界、思想界、藝術界、新聞界、出版界；以『感』字結尾的複合詞，美感、好感、惡感、情感、敏感；以『點』字結尾的複合詞，觀點、要點、焦點、重點、出發點；以『觀』字結尾的複合詞，悲觀、樂觀、人生觀、科學觀、世界觀、宇宙觀；以『論』字結尾的複合詞，一元論、宿命論、無神論、唯物論、唯心論；以『法』字結尾的複合詞，辯證法、歸納法、演繹法、綜合法、分析法。還有以『作用』『問題』『時代』『社會』『主義』『階級』等詞結尾的複合詞，心理作用、精神作用、土地問題、社會問題、舊石器時代、新石器時代、奴隸社會、封建社會、人文主義、社會主義、地主階級、農民階級。如此等等，不一而足。

新名詞如此，學科分類亦如此。以『學』字結尾的學科名，財政學、經濟學、生物學、物理學、心理學、家政學、社會學、冶金學，也都在清末定型。

近代譯介的人文社會科學，不但影響了當時的中國社會，而且業已廣泛融入中華文化傳統當中，幾乎無處不在、無時不在地體現於我們的物質文化、制度文化與觀念文化之中，體現於我們的日常生活當中。倘若不信，你且撇開此類新思想、新觀念、新學術、新詞語，寫一篇文章或者講幾句話試試！

鑒此，我們選編了這套《近代人文社會科學譯著選輯》，選擇不同歷史階段較有影響的譯著，分爲五輯，分類如下：1、人文社會科學總論與政治學；2、哲學、邏輯學、倫理學、心理學、教育學；3、歷史學、地理學、社會學、禮俗；4、法學、經濟學；5、文學、藝術、人物傳記。

鑒於嚴復所譯學術名著、林紓所譯文學著作已有多種刊本行世，本書不再收録。

《近代人文社會科學譯著選輯》第一輯第一册説明

本册選録《大同學》《社會黨》《無政府主義》《無政府主義與共産主義》與《近世科學與無政府主義》五部譯作。

《大同學》，原爲英國頡德所著《社會進化（*Social Evolution*）》，1894 年由麥克米蘭出版社在倫敦和紐約出版[一]。英國傳教士李提摩太節譯其前四章，由蔡爾康用文言潤色，1899 年 2 月至 5 月在上海《萬國公報》連載，第 121 至 124 册。同年，由上海廣學會出版單行本，全部十章。

作者頡德[二]（Benjamin Kidd，1858–1916），英國社會學家、統計學家，著名的社會達爾文主義者。《社會進化》是其名著，也是暢銷書，在全世界有多種文字譯本。李提摩太在序言中評價頡德，『先生熟精會計，任事於英國統計之學，教天下萬國之統數，昭晰無遺。著之於書，信而足恃』。

〔一〕李提摩太在《大同學》序言中稱此書出版於 1895 年，抑或其所據譯本爲 1895 年版。

〔二〕《大同學》書中譯爲『器德』，《萬國公報》連載時譯爲『企德』，今通作頡德。

譯者李提摩太（Timothy °Richard，1845–1919），英國浸禮會傳教士，1870年來華，先後在山東、東北、山西等地傳教。1891年到上海，接辦《萬國公報》《中西教會報》，就任廣學會總幹事。曾參與創辦山西大學堂，任西學書齋總理。譯有西書多種。蔡爾康（1851—1921），字紫紱，别號鑄鐵生、縷馨仙史等，上海嘉定人。廪生，鄉試屢薦不授，遂投身報界，歷任《申報》《字林滬報》《新聞報》筆政。1892年受聘廣學會，與林樂知、李提摩太等合譯多種西書，除了《大同學》，還有《泰西新史攬要》《中東戰紀本末》等，影響頗大。

《大同學》第一次將Karl Marx的大名譯爲『馬克思』，並對其學説有多處介紹，因而在馬克思主義傳播史上，有發軔之功。

《大同學》中3次提到馬克思的名字，並述及《共産黨宣言》的片斷。第一章《今世景象》中寫道：『其以百工領袖著名者，英人馬克思也。』（誤爲英人）接着又譯了《共産黨宣言》中的一段話：『馬克思之言曰，糾股辦事之人，其權籠罩五洲，突過於君相之範圍。』（原書第4頁）這段文字在現今《共産黨宣言》中，譯爲『資産階級，由於開拓了世界市場，使一切國家的生産和消費都成了世界性的了』。第八章《今世養民策》中，又提到馬、恩的名字，書中寫道：『德國講求養民學者，有名人焉，一曰馬克思，一曰恩格思。』（原書第40頁）

《社會黨》，西川光次郎著，周子高譯，廣智書局1903年出版。原書於1901年由日本内外出版協會出版。

西川光次郎（1876—1940），一作西川光二郎，日本兵庫縣人，札幌農學校肄業，東京專門學校（後來之早稻田大學）畢業，1896年至1899年學習社會學。中學時代信奉基督教，在東京讀書時開始關心社會問題，與片山潛等參加《勞動世界》的發行，1901年（明治三十四年）參加創立社會民主黨，1904年加入平民社，主張社會主義和非戰論，1906年參加創建日本社會黨。1907年出版《社會新聞》，翌年創辦《東京社會新聞》。因抵制東京市營電車提高票價，被捕入獄，判刑二年。1911年以後退出社會主義活動，晚年作爲精神修養專家專心著述和講演。譯者周子高，浙江仁和（今杭州）人，生平不詳。

《社會黨》是日本宣傳社會主義思想的重要著作，分前後篇，前篇依次介紹德國、比利時、荷蘭、丹麥、波蘭、俄國、奧地利、法國、意大利、西班牙、英國、愛爾蘭、美國、加拿大等國社會黨與工人運動狀況，認爲社會黨發達於內，帝國主義發達於外，是世界發展之大勢，『富者日以富，貧者日以貧』，是社會黨興起的根本原因。書中認爲，政治應『以最大多數之最大幸福爲目的』。後篇專門介紹瑞士的各種社會保護和社會福利制度，包括保護勞動、保護失業、保護貧民、限制酒類、職業教育等，認爲瑞士和新西蘭是『今日之世界上社會主義者之理想國』。

對於作者預防富者益富、貧者益貧的社會兩極分化主張，清末有學者表示贊成，説是社會黨之出現，關鍵在於貧富不均，勞逸殊趣，『故西國之爲政者，皆務有以劑之於平，而不專以彈壓爲用，抑懼民德之不和則國權終以日熸，固仁人之用心，亦弭釁之良策』，但是對於書中稱道不絕的瑞士社會平等狀況，則

表示懷疑，以爲『所述之言不免浮夸之病』。〔一〕

《無政府主義》，署名『自然生』編譯，1903年作爲《蕩虜叢書》第二種在上海出版，没有註明出版機構。卷首書名前題：『絶大怪物無政府主義』。

『自然生』即張繼（1882—1947），原名溥，字溥泉，别署自然生，河北滄縣人。1897年就讀於保定蓮池書院，1899年留學日本東京，先後在善鄰書院、早稻田大學求學。1901年參與編撰留日學生革命刊物《國民報》，1902年參加東京留學生青年會。1903年因與鄒容等人剪去留日學生監督姚文甫髮辮，被逐回國。任上海愛國學社教習，爲《蘇報》撰稿，宣傳反清革命。《蘇報》被封後，與章士釗續辦《國民日日報》，繼續宣傳革命。1904年任長沙明德學堂歷史教習，與黄興、宋教仁等創立華興會。1905年在日本東京參加同盟會，擔任《民報》發行人與編輯人。1908年赴法國，與李石曾、吴稚暉創辦《新世紀》週刊，宣傳無政府主義。武昌起義後回國，任同盟會交際部主任兼河北支部長。1914年起，擔任過參議院議長、護法軍政府駐日代表、國民黨宣傳部長等職。1927年南京國民政府成立以後，歷任國民黨中央政治會議委員、司法院副院長、中央監察委員、國史館館長等職。有《張溥泉先生全集》及《補編》。

〔一〕沈兆祎評《社會黨》語，載《新學書目提要》卷一法制類，見熊月之主編《晚清新學書目提要》，上海書店出版社，2007年，第443頁。

張繼自幼熟讀中國古籍，深受老莊派崇尚自然無爲、反對政府暴力的虚無主義思想影響。留學日本時，正值西方無政府主義流行，他閱讀大量此類著作，深受影響，無政府主義成爲他投身反清革命的重要精神動力。正是在這樣背景下，他根據西方和日本有關無政府主義的資源，參以本人的理解，譯編成這部《無政府主義》。書中介紹無政府主義及法、西、意、德、奥、匈、瑞士、英、美等國無政府黨的歷史和宗旨，盛贊其鬥争手段和鬥争精神，宣揚欲建設必先大破壞，而無政府黨達於破壞之極點，希望中國借其手段以鏟除野蠻奴隸世界。這是中國第一本公開系統宣傳無政府主義思想的著作，也是第一本以『無政府主義』爲題的著作，在中國無政府主義思想史上，具有重要的地位。

書前署名『燕客』的序言，實爲編者自己。序言末尾註明寫作時間：『黄帝四千四百一十四年秋八月』，所用黄帝紀元，是中國傳統紀元方法之一。清末不少革命黨人爲了表示不承認清朝政權的正統性，於是采用黄帝紀元。至於黄帝紀元的起始年份，有不同版本。張繼所用，當據其自己理解的版本。

《無政府主義》作爲《蕩虜叢書》之一出版。《蕩虜叢書》不著編者姓名，輯録反清論著，編爲叢書出版，宣傳反清革命，曾被清廷列爲禁毁之書。僅出三種，《無政府主義》是其第二種。

《無政府主義》書中，張繼提出了驚世駭俗的激烈革命主張，表示要『六殺盡』，即要殺盡滿洲人、殺盡亞洲君主、殺盡政府官吏、殺盡財産家資本家，甚至還要殺盡結婚者與孔孟之徒。可能正因如此偏激狂熱，使得此書在出版時，没署作者真實姓名，也没標明出版機構。

《無政府主義與共産主義》，爲《新世紀叢書》之一，克非業著，真民譯。新世紀書報局 1907 年出版。作者克非業，原書註明其外文名爲 Cafiero，全名 Carlo Cafiero（1846—1892，通譯卡洛·卡菲耶羅），意大利南部阿普利亞地區的巴萊塔人，出身富裕家庭，1864 年遷移到那不勒斯，接受教育，並獲得法學學位。隨後到佛羅倫薩、倫敦等地開始外交生涯。1870 年以後，在倫敦放棄外交官身份與家庭財富，投身社會主義運動，與馬克思、恩格斯有所接觸，撰文介紹過馬克思的著作，與馬克思、恩格斯均有通信往來。1872 年，與無政府主義代表人物巴枯寧接觸，轉而信奉無政府主義。以後從事無政府主義活動，曾多次被當局逮捕。晚年精神失常，1892 年在瑞士病逝。〔一〕

《無政府主義與共産主義（Anarchia e Communismo）》爲其 1880 年所著，在日内瓦出版。

真民即李石曾（1881—1973），名煜瀛，字石曾，原籍河北高陽，生於北京，爲同治帝師、軍機大臣李鴻藻之子。17 歲入北京外語學校學習英文。1902 年，與張静江以隨員身份，隨駐法公使孫寶琦前往法國留學。李石曾在法國先後學習生物、農業、考古等專業，並經營豆腐業，頗爲富有，同時對生物進化論、人道主義、無政府主義有濃厚興趣。1906 年，與張静江、吴稚暉等在巴黎發起組織世界社，作爲溝通和傳播中西文化的機構。1907 年，與張、吴等發行《新世紀》週報，介紹無政府主義。同年，編輯、出版《新世紀叢書》，由巴黎新世紀書報局刊行。僅見第一集，凡六本，前五本爲《革命》《思想自由》《告少

〔一〕關於克非業生平，承蒙澳大利亞昆士蘭大學黎志剛教授幫助查考。

年》《秩序》《世界七個無政府主義家》，主要譯自巴枯寧、克魯泡特金等人著作，第六本即《無政府主義與共産主義》。六書均爲李石曾翻譯。

《無政府主義與共産主義》正文僅 6 頁，不足三千字，實爲文章單行本。首頁爲一漫畫，標題是『體操比力具』。一人舉一大鎚，正向君主與資本家頭上砸去。君主與資本家處於磅秤底部，而自由與平等處於磅秤顯示器處。釋文意爲，對君主與資本家打擊越重，則獲得自由平等量越大，而自由平等的對立面則是奴隸與饑饉。書中對於共産主義、無政府主義的理解與衆不同，別有風致，如稱『無政府即真自由，共産即真平等』之類。正文爲手寫毛筆字的影印，每遇『自由平等、無政府、共産主義』等需要强調的詞彙，均以粗黑體顯示。

1913 年，上海出版的《良心》雜誌第二期，曾選録此文。同年，廣州晦鳴學舍曾重印新世紀叢書。

無政府主義在清末民初中國一度相當盛行，蔡元培、毛澤東、周恩來等都曾受到影響，是爲奇景；李石曾以帝師之子，留學法國，博學多才，經營有道，竟然成爲無政府主義的狂熱鼓吹者，是爲奇人；這本《無政府主義與共産主義》以如此方式呈現，可謂奇書。奇景、奇人、奇書，三奇疊加，使得這本薄書具有特別的韵味。

《近世科學與無政府主義》，克魯泡特金著，凌霜編譯，佩剛印刷兼發行，1919 年出版。

克魯泡特金（Пётр Алексéевич КропóткинPyotr Alexeyevich Kropotkin，1842–1921），俄國革命家

和地理學家，無政府主義的重要代表人物，『無政府共産主義』的創始人。以道德學術聞名於世。其父爲俄國世襲親王，但他拋棄了貴族繼承權。著作甚多，包括《田野、工廠和工場》《互助論：進化的一種因素》《奪取麵包》等。《近世科學與無政府主義》寫於1913年。

凌霜，即黄文山（1897—1982）〔一〕，號凌霜，筆名兼生、兼勝，通稱黄凌霜，廣東臺山人。1915年入北京大學哲學係學習，此後以凌霜爲筆名，爲《自由録》、《進化》《新青年》等多家雜誌撰譯文章，並參加無政府主義者的一些活動。1921年獲北京大學文學士學位，同年作爲孫中山的代表赴蘇聯出席遠東人民大會。1922年留學美國，後獲哥倫比亞大學文學碩士學位。1928年回國，歷任上海國立勞動大學教授、教務長，建設大學校長，廣東法商學院院長，中央大學社會學係教授兼係主任、中山文化教育館研究部主任。1949年赴美，曾任洛杉磯中國文化學院院長、中國臺灣大學及香港中文大學客座教授。

黄凌霜是1919年前後宣傳無政府主義的代表性人物之一，除了譯有這部《近世科學與無政府主義》，還譯有克魯泡特金的《無政府主義及其發展之歷史》（載《進化》第1卷第1號，1919年1月20日）。撰有《克魯泡特金之進化論》（《實社自由録》第2集，1918年5月）、《克魯泡特金的社會學説與未來》（《民鐘》第1卷第3期，1922年9月1日。《學匯》，第122—126期，1923年2月26—28日，3月1—2日）等。

〔一〕黄文山生卒年份有不同説法，此採趙立彬説。見趙立彬《政治趨迎與學術爲用：黄文山歷史觀的『文化學』闡釋》，《人文雜誌》，2013年，第6期。

西歷一千八百九十九年
上海廣學會校刊

大同學

光緒二十五年歲次己亥
初次開印計二千本

大同學節譯本自序

英國文教蔚興。多士殫心著述。每歲印行書籍。恆以五六千種。計。其中覆印舊作。約僅一千餘種。初印新編。乃四千餘。美法德諸國。亦多崇尚學業。歲出書籍。與英國不相上下。特綜而衡之。一切新書。大都新印之時。購者絡繹。及其售罄。卽似滅跡銷聲。蓋方之積薪。後來居上。前作味同嚼蠟。無取乎陳陳相因也。然其中必有數種要書。大有裨於人世。卽至流傳日久。人仍以先睹爲快。問諸書肆。幾似通行之典籍。印售者自層出不窮。英國器德先生所著之大同學。由此其選也。先生熟精會計。任事於英國統計之學。教天下萬事之統數。昭晰無遺。著之於書。信而足恃。西歷一千八百九十五年。錄本既成。家絃戶誦。明哲之士。尤共津津樂道。且有人譯成數國之文字。以通行於他國。嗚呼。可不謂盛歟。余嘗受而讀之。知書中之命意。實見夫居今之世。講求格致等諸新學者。日衆日盛。又見夫考工之政。開物而成務。通路之法。輪舟而火車。通商之人。梯山而航海。更見有各大國者。競築兵艦以爲雄。其鑄械巧於前。其練兵又多於前。或疑各國之興。莫不由是。滔滔不返。孰指迷津。於是各大國整軍經武之需。爲地球自古以來未有之鉅。及至環顧斯民。則不但自求口實已也。更代國家養數千萬坐食之兵。民生安得而不困。且募兵製械之數。尚不知何所底止。小民顛連窘迫。勢亦必歲有所增。先生心竊憫之。特著此書。或大聲疾呼。或微言隱諷。俾人共知善治國者。必以善講天道為指歸。凡不願講天道之國。無不衰敗隨之。此理甚深。非止關繫於一國。實亦關繫於全地。明哲之士。無不擊節嘆賞。余寓中華垂三十年。知華人亦有步外國之後。而同受其迷者。此余所深不願見者也。余常願中國盛行救世之大道。而成有知有道之國。不願其趨此迷途。而墮入無知無道之中。因取先生之書。循誦數四。譯作華文。惟中西文法不同。不必句繙字譯。故僅節取各章中扼要語。臚舉無遺。中國不乏賢智。苟能俯賜披覽。或亦不無小補。爰書數語。弁質當塗。

西歷一千八百九十九年五月英國李提摩太菩岳氏序於廣學會之寓樓

大同學目錄

廣學會譯本

英國器德元本　李提摩太譯
上海蔡爾康筆述

科学發達

大同學

第一章今世景象

英國李提摩太菩岳節譯
上海蔡爾康芝紱甫纂述

大圜之下。烏飛兎走而成旦暮。扇涼爐煖而成冬夏。歷旦暮冬夏之所積。飄瞥而逮於今世。其關繫之重且鉅。竟爲百世之所未有。明哲之士。類能知之。且類能言之。或更創爲高論曰。自今以往。將別成一新世界。不佞獨居深念。兼博考通人之撰述。竊冀折衷至當。奉爲治理今世之凖繩。不謂十九周中。泰西以耶穌降世後每百年爲一周。就華歷言。自中國嘉慶初年以迄於今。是爲第十九周。分講格致諸學。以專門名家顯者。所在多有。更有講生長變化之新學者。析理之精。曠代亦鮮出其右。及進而究大同二字出禮禮運篇。蓋禹湯文武成王周公之治。猶僅小康耳。之理。縱使名流接踵。多冥心屏氣而不之道。其偶有道及之一二人。亦復淩躐失序。雜亂無章。不亦大可異歟。

英國才人施本思。或譯作斯賓塞爾善談名理。會著萬理合貫一書。高築選樓者。評之爲今世要典之一。間嘗受而讀之。喜其能舉生長變化之學。推諸萬學。乃萬學之冠。有如大同學者。竟未能明言其理。豈不可惜。德人某施本思之高足弟子也。甚欲講大同之學。以彌其師之缺憾。然亦未能妥洽。至於英士胡思禮實爲英國格致家之領袖。嘗暢論今世安民之法。不料流於謬妄。竟如俄國之伲係俐黨人。尤爲通儒所齒冷。更回溯至十八周之世。西歷一千七百一年以後。當中國康熙中葉至嘉慶初元。是爲第十八周法國有喇飛雷者。恒語人曰。居今之世。人必以自主爲君。斷不可再爲暴虐世界之奴隸。此語流傳至今日。人共知以自主爲君。其妙不可思議。然而槁餓而死者。卽此君也。則將若之何。

民爲邦本。古有明訓。乃不能餬口者。偏屢見於民之中。此所謂本實先撥。枝葉未有不受其害者也。美人哲而治有言。試問今日之君相。有眞能得安民之良法者乎。藉曰自以爲既得矣。乃起視斯民。仍終其身於困苦之中。所謂安者何在。哲而治又曰。民皆平等。宜共操舉官之權。意非不善也。特舉官以治民。而治民之官。仍任民間有豪富之一流。又有赤貧之一類。是殆舉三角形之物。而強令一角之植立於地也。顛仆之禍。僾焉如不終

民權發達

日矣。英又有士提反者，著書立說，亦甚擅名於時。其言曰：今之講學家，分門別戶，各具專精之詣，乃安民善學，獨置不講，是舉其細而遺其大也。至若強作解事，作總挈語，實則含胡籠統，不關痛癢，徒裝門面，庸有濟乎。

十八周之季，法國改革制度，奪世家上品之權，以予中品之紳富。其後更徧分於下品之編氓，比戶皆得舉官，民心大饜。相沿至十九周，歐洲諸國大半仿行。於是士人之旦夕營求者，不在宰制之權，而在格致之學。精誠所注，金石爲開，故雖新法之經其創獲者，曾不過千百之一二，而一切工藝，興也浡焉。第就製成大機器而言，已宏開草昧經綸之局。是故皇古無論矣，百年以前五洲暌隔。寂寞荒寒。西被東漸。徒傳虛語。今則輪聲帆影。陸讋水慄。無遠弗屆。有感斯通。而且電綫之長。以一京五兆里計。傳消遞息。萬國比鄰。利便斯民。莫可倫比。特是民生雖便。民力已殫。茅簷蔀屋之中。競求更定安民之善法。爰有人言。今世金銀氣重。壓損愁眉。有財者富駕侯王。罔知饜足。無財者貧如乞丐。莫可告哀。且也鄉閭務農之人。日見其少。城市傭工之子。日見其多。究之居肆以成事者。巧雖恃乎機器。力終出於工人。相彼百工。乃僅可餬其一口乎。且夫機器與人力並興。固世之所藉以生利者也。豪富之家。安坐而享其成。特所謂分利之人耳。分利之人日益富。生利之人日益貧。事之不平。孰甚於此。且富家更施一網打盡之計。一事也。獨力不能勝。則合什伯千萬之衆。盡力以霸占之。是曰糾股公司。工匠輩恒詈之爲股盜。昔年。歐洲有大商局。肆行龍斷之毒。衆商呼之曰局盜。又有世爵之家。怙勢殃民。萬民呼之曰爵盜。今日之股盜。猶局盜也。猶爵盜也。工匠則煢煢孑立。生命懸於呼吸。坐視天下之美利。雲驅風捲。以盡入於富室之貪囊。嗚呼。天下之人。大抵不外二等耳。有一等之閒人。斯有一等之傭人。有一等篡位之人。斯有一等失位之人。有一等之劇盜。斯有一等之事主。有志安民者。於此能了然於心。則孰當愛護。孰當懲創。自不煩言而解矣。

歐洲百年以前。已有斷斷於二等之人類者。及至盡人操舉官

同盟罷工

之權。足以限制乎舊法。又惜其未能善用有權。遂一如無權。而受苦之傭人失位人與夫被盜之事主依舊慘無天日也。但物極必反。閒亦有圖洩其忿者。合衆小工而成一大力。往往停工多日。挾制富室。富室竟一籌莫展。似此舉動。較之用兵鳴礮。尤爲猛厲。其以百工領袖著名者。英人馬克思也。馬克思之言曰。糾股辦事之人。其權籠罩五洲。突過於君相之範圍。一國吾儕若不早爲之所。任其蔓延日廣。誠恐徧地球之財幣。必將盡入其手。然萬一到此時勢。當卽係富家權盡之時。何也。窮黎既至其時。實已計無復之。不得不出其自有之權。用以安民而救世。所最苦者。當此內實偏重。外仍如中立之世。迄無講安民新學者。以徧拯此垂盡之貧傭耳。

泰西有教會焉。近年講道士人。多喜講雷同之事。而不甚講矯異之端。且多喜奉行善事。而不甚研求名理。殊堪惋惜。但天主耶穌兩教中人皆言。上帝之道。不第使人盡得天生之福已也。更使人共享今世之福。而與格致家爭辨不少屈。格致家之言曰。格物創新諸學。事在人爲耳。道學家則曰。世間若但知創法。而不知修心。民何以安。歷年以來。兩家相持不下。乃至今而復有更變矣。格致家言天地萬物之成。非有無量年前之上帝。特意創之也。天地萬物。本由熱氣而生。熱氣盤旋於空際。不知其若干年歲。由漸增涼。涼氣凝結。乃成日月星諸毬。地亦一星也故言星可以

一元論

括地今專以地毬言成毬之後漸生植物而亦非盡百草萬木有人徧造之也。從一物始。不知其幾歷歲時。漸變而化成諸物。其後於植物而生者。厥又有動物焉。一如植物之遞變而遞異。亦越於今。鳥獸蟲魚。胎卵濕化。各有主名之可指。問其世系。實皆荒遠而不可究極。必謂太初之始。有人辛苦經營。則虛誣彌甚矣。此一說也。格致家之外。又有經學家。經學家博士之說曰。天下各國相傳之經典。大半由後人裒集古書。指爲某聖某賢之懿訓。初非眞出於聖賢之手也。此又一說也。泰西人緣此二說。遂視教會爲無用之物。而謂祇有格致之實學。大爲世輔。苟能是是亦足矣。

昔日之講求格致者。大半皆教會中讀書得閒之士。其有不受洗禮。而專講格學者。往往兼信卜筮星相諸事。實樹正道之敵。故教會中人恒駁斥之。且勸衆人毋爲所惑。若輩之氣大沮。迨今一二百年來。講求天文地輿諸學之士。雖未盡躬入教會。而多崇尚實學。更有專講格致之眞諦者。實已盡掃虛誣之習。與教士殊塗同歸。然前怨未忘。故居恒論列是非。仍與教士格格不相入。當法國百年前大變之際。甚有以沙汰教會之說。明目張膽而道之者。

特是教會之興。已歷一千數百年之久。縱使末流多弊。教律漸乖。然砥柱中流。正復大有人在。且沈幾觀變之士。恒憂世變之日亟迫而動其求道之心。不但教會中人。不得傳其道。則熱中也。竟有素不好道者。亦諄諄然語人曰。斯道一日不立。斯世一日不興。職是之故。雖有誚教會之無益於世者。更有斥教會之有害於世者。甚至以學術宏深之胡思禮。堅持排斥之說。而卒無以服人。英國奧刻師福（譯言牛津）大書院諸生。皆彬彬乎博雅才也。且願分肄業之功。代宣天道。蓋道心之淪浹於人心。如此其深且久矣。

近數十年來。又有博採東西各教之嘉言者。彙集成編。按期宣講。從而受業之士。亦復實繁有徒。

法國創立格致學會。專講人事。力闢天倫。（以人事天是曰天倫）會中主席之士。博學多聞。辨才無礙。然立會僅數十年。會中人漸次星散。可見人心本具秉彝之好。雖以格致學之精詣。究不得而滅之也。

格致家評量事物。悉按公理而蠲私見。且遇事留心細察。務期闡明其理。而後卽安。獨至一語涉於教會。卽大異於講求他事之肫誠。是故敬天修心。明明有實詣焉。格致家乃漫不加察。一概指爲虛影。且天道之興衰。實繫國家之成敗。格致家復一筆抹倒。迄未理會及之。竊思眞有才人。遇極無用物。亦將分肌擘理。期化朽腐而爲神奇。若夫教會之於世道。大有關繫。各國歷代史記。堪爲明證。乃格致家仍屛不道。心偏孰甚。後世必有明理之人。起而痛責其誤者。

格致家與教會有夙仇。上節曾言之。實則講學爲天下之公道。豈能參以私見。英人達文。創講生長變化之理。固馳名於五洲者也。其於教會也。忽問以有何用處。遍考格致家論辨他物之際。必先查明何事。然後講明何理。從未有作此長柄葫蘆之問者。不知人世既有教會。自當格出眞諦。方盡格致本分。而乃達文之外。或則曰敬天修心。本無理取鬧之事。或則曰教會如空礮臺。豈能守國。或更曰俟至徧地大興學校之日。盡人而能讀書。彼教會者。自遁歸於無何有之鄉矣。施本思與其門弟子。尤蔑視教會不已。嘗言教會如野草。任其自生自滅而已。施君著書。多講物理。亦未有作如此不了漢語者。是皆深堪詫異者也。且格致家之學問。不但不能助教會已也。一行作吏之輩。欲究治民諸學。格致家亦罕有良法以助之。故如師米德暨米勒二君。同著富國新策。苦心孤詣。推究入微。然書中多講積財之法。並未究安民之學。故抱道而憂時者。多未能心悅誠服。惟馬爾沙別著一書。以道德爲宗。以史事爲證。以歷代之治法爲準。言治者庶堪借鑑焉。

要之。專精於格致之學者。雖能體會物理。洞晰毫芒。然試與之講論安民良法。政如隔絕十重簾幙。聲息不通。或者動物學一門。庶可藉以爲迷津之寶筏。特舍此之外。吾見亦罕。民困將奚自蘇哉。夫天下大同之治。本不易致。然民吾同胞。苟任其窮而無告。己飢己溺之謂何也。乃格致之學。盛行者一二百年。而安民之學。竟共置諸腦後。事之可嘆。孰甚於斯。所願後之研求格致學者。由動物學而推諸安民學。則不徒處士免虛聲之誚。更可使蒼生躋福祿之林矣。

第二章 論進境

人之所以異於禽獸者。無他。能求日進無疆而已矣。原夫上天造物之始。禽獸與人。同屬動物之一類。惟人實冠於萬物。用能日進無疆。不特超出於羽毛鱗介諸蟲。更裒然爲倮蟲之長。且充其秀靈之孕毓。能各就其土地。聯合而自成爲國。且有君以宣其化。有民以承其流。民之從君。一如士卒之從將帥。號令既出。莫之敢違。

人爲萬物之靈。不第明君民之分際已也。盈天地間皆氣也。而人能一一畧知之。有化學家出。更能審其質而標其名。分其類而知其用。甚至電氣之屬。供人驅使。不啻主之役僕。夫氣。其至虛而無麗者也。其至微而無定者也。天地之大權。乃旁落於人中。人不幾與神同其智能哉。

或問人亦一物耳。而竟能登峯造極者。何也。曰。人之由漸而明。一如國之由漸而興。就其淺近者言之。人如飲食合宜。則充實壯健。否則病且死。有定理焉。惟國亦然。行大益事。則興。若緣不明之故。而行大損之事。亡也忽焉。

昔有達文者。善能考察萬物生長變化之理。盛名鼎鼎。然究其始。則實因考察各國之廢興成敗。而推其理於萬物者也。於此有人焉。覆由萬物生長變化之、理。而推諸治國。因遂迴溯各國歷代日進無疆之成跡。豈非絕妙之事。而無如明此理者之絕少也。

苟欲洞明此理。首宜知國家之興。亦如動物之生長。多有不相上下者。然苟無人治理。不但無從興國。而且逐代遞降。試以物論。欲水之流。祇須一端稍低。水卽率其順下之性。悠然竟去。其低更甚者。流卽更速。此不易之理也。由物以推諸人治國之道。

貴乎得人。苟能擢用賢才。而沙汰其不賢不才者。國勢卽蒸蒸日上。若所選之人。僅能畧勝於庸駑。國終不克大興。然究勝於誤用匪人者。若眞得出類拔萃之人而用之。不崇朝而大治。一如水之飛流矣。

專以國論。凡國之所以興。惟在進賢退不肖。中國之選賢也。必取學校中讀書之士。法制實超於各國。蓋人旣讀書向學。識見必較高於常人。國家用之。通國人皆沾其惠。國卽由是而興。他國之興。今多突過中國者。無他。其讀書人多求實學。國家卽利賴無窮也。

學如逆水行舟。不進卽退。者諸治國。又有甚者。達文之言曰。人必生人。人日增而法不增。必致不足於食。人皆有患貧之苦。國安得不隨而衰。夫人之生人。以傳種也。乃不知求新法。其種必澌滅殆盡。欲救之者。惟選賢以爲之長。而黜不肖而已。此不但興國之理然也。近百年來。格物之士。創獲至要之新理。以保護一切生靈爲主。因而推諸天空水底山頭。知其皆有微蟲。而其爲生靈之數。不知其億兆京垓正壤秭載也。乃其藉以爲保護者。實皆此理之所彌綸。噫嘻。可以人而不如物乎。

凡求進境者。不可無爭勝心。爭者。勝之祖也。與世無爭。未有不退者也。惟物亦然。飛禽自澤其羽毛。爭於色也。百囀於深林之內。爭於聲也。由飛禽而推諸走獸。獸有嘉德。亦有善心。皆相爭也。牡者毛色華麗。牝爲所誘。生子更美。遞爭而遞勝也。由禽獸而推諸人。人能說理。又能合衆。爭機伏焉。自古至今。凡不知教化之國。人皆畏而避之。知教化矣。其有至善之教。人更樂與來往。於是善事日增。惡事日減。藉非爭也曷以致此。

更覽五洲歷代之史。太古時日尋干戈。多與斐洲內地生番無異。既而有首出之一人。先創章程。以爲律法。然仍簡畧而麤疏也。智者繼起。增庳培薄。遂合數千萬人而立一君。其國即由是漸興。然苟有人於此。章程愈善。武備愈精。新國更興。前國遂爲所敗。問何以敗。曰惟未善故。問何以興。曰惟較善故。

凡國之所以日進無疆者。又必於相爭相勝之道。歷經試驗。而以至善爲歸焉。然其中又有自然而然之理。宰治者初無容心也。昔者亞述巴比倫波斯埃及希臘羅馬諸古國。類如此也。之數國之君。如波斯之古烈。希臘之愛烈珊德。羅馬之該撒。皆有囊括天下。席捲八荒之志。而不知各國興盛之眞機。卽在於相爭相勝。試觀羅馬大國。鯨吞蠶食西方之地。皆隸版圖。其心曰今而後。莫予爭也已。然卽此無所爭之一心。衰兆遂從此始。歐洲三百年來。各國相爭。實爲相勝之吉朕。其中有英國焉。爭心尤過於他人。試觀五洲新闢之地。大半皆操英語者之所轄治。且英人每至一地。見其人之愚蠢無知也。卽設教養諸善法。於是美洲斐洲澳洲及太平洋羣島中人。皆被英國教養之澤。

然諸地之人。生齒仍不見增者。厥惟爭勝之心。不敵英人故。
三十年前。美國南北大戰。原其禍始。特欲省釋黑奴數兆輩。俾
爲平民耳。今美國有獲釋之黑奴。七兆餘人。國家待之。無異白
人。幷予以舉官之權。然若輩仍視若無關。一切悉任白人爲政。
近有白人言。莫妙於發遣若輩。各回原藉。又有久居於黑人之
中者。爲言黑人雖蒙優待。不下於白人。然較之白人。實有天淵
之判。特遠推至上古之世。白人亦猶是黑人也。惟其能相爭相
勝也。故遂高出黑人。黑人惟其不知也。遂永無媲美白人之日。
且不但白黑之判然也。同種之人。亦分類分黨。以爭。故溯厥古
初。族與族爭。其後國與國爭。及至目下。則所謂最上之國者。其

人倘實有足以相勝之機。可自至賤之品流。一躍而至至尊之分位。則人與人爭也。若以經商作工言之。亦皆以相爭相勝爲尙。昔者。人之執一藝以成名者。類多悠游自得。今則若不各竭其力。必致墮於人後。可知爭勝之日益加緊。且昔之相爭。僅在一方及一國耳。今則廣而至於萬方萬國。而況古人有範圍不越之道。同鄉同業同宗。皆有拘忌。卽皆阻人之前進。今則就執業一途而論。父不能强子。主不能强客。官不能强民。衆人皆任意獨行。相爭之機乃益廣。

查英美等國之人作事甚勤。東方之人。則似甚閒散也。者深維其故。始知居於寒地。卽赤道迤北四十度以上者。皆矢業精於斷之意。五洲大事。遂太半歸其掌握。東方人及居於赤道下者。精力較短。遂荒於嬉。若使一種人相爭。大抵居寒地之人。必將較勝一籌。居於寒地者。英美等國是也。英美之人。雖求天下同享太平之福。而不得不留意於相爭。既爭矣。未受教化之人。必不能敵。試觀太平洋諸島。雖經英人設法教養。而生齒日見其少。惟印度及居美之黑人。生齒尚復如故。然相爭相勝之心。即生人興旺之至理。若輩仍茫然不知也。

第三章 相爭相進之理

天生蒸民。有物有則。民之秉彝。好是懿德。此其所以超出於禽獸。而為萬物之靈也。且人之所以為人者。又各具喜羣而惡獨之一念。度必先知合衆之有益。復知專欲之無成。因而聯人成家。聯家成國。千百載後。當更有聯國成一統天下之一日。斯喜羣之量。交盡而生人之理大全矣。

地球之懸於天空。團團然一物耳。乃有至靈之人以居之。實爲百思不到之奇事。顧遠溯至皇初以上。固未嘗有所謂人也。今泰西格致名家中。有創講生長變化之新學者。皆言地球第一生靈。孑孑蠉蠕。祇適有一節耳。譬諸鳥卵。或僅一黃。或但一白。絕無耳目手足之利用。亦不關骨肉血髓之類。妙合而凝。既而有二節。俄而有三節。以迄於五六十節。乃又小節變爲大節。一形化作數形。積之久焉。更變而爲各種魚。化而爲各種鳥。後於魚鳥而生者。厥又有各種獸。綜其大要。後起之物。必較勝於先生。如造塔然。更上一層。必較下層爲畧高也。千變萬化。千生萬長。至於終極。遂合千萬節而成一人。迴視向者適有之一節。相去誠霄壤殊矣。

思之思之。抑重思之。向者適有之一節。非徒一類已也。有若干之一節類。奄然而就死。乃有若干之二節類者生。抑自三節類者生。以盡滅乎二節類者之物。由是遞死遞升。遞生遞滅。爰有百千萬節之物。而仍共趨於相爭相進之一途。試觀大海之游鱗。寥天之飛羽。與夫深山窮谷之獸族。歷代以來。非弱肉而強食。卽影鑠而聲銷。要其相爭不已之時。敗而死者。當不下恒河沙數。勝而存者。殆已可僂指計矣。然物既戰勝而生存。必較諸敗且死之物。彌多力亦彌多壽。似此至奧極妙之理。竄人苟潛心默想。當共失聲長歎曰。斯世恒河沙數之物。何必令漸滅殆盡。而彼可僂指計者。仍未能造極登峯乎。然又不敢責造物之不仁也。其迫而出於優生劣滅之一途者。錯綜糾紛。使人不可思議。姑衡以井蛙之見。大抵若操他術。亦可成此人世。上帝必將改絃易轍。以善全乎無限生靈矣。

人爲萬物之靈。固也。然人類之始生。斷不能偏察地球之繁賾。洎乎層累而上。曲折而赴。今世學業。遠邁古初。遂有侈然自足者。陽托於與世無爭之美德。實則晏安鴆毒。所謂今女畫耳。不知人而無爭。必將每下愈況。故欲蕲今之勝昨。務在舍讓以趨爭。如超距然。偶一徘徊。提足者恐已先登。自顧微軀。瞠乎後矣。試專以爭言之。一則其專謀利己者也。一則其兼謀利人者也。公私之殊。不可以道里計。然而歷代之進境。不問其爲公爲私也。爭焉而已。是故上古之世。父子兄弟聚而成族。遇事與他族戰。有衆一旅。（五百人爲旅）決勝於蝸角之鬪。強淩弱。衆暴寡。爭也。既而有百里之君。成師（二千五百人爲師）而出。彼零星之族靡矣。既而有王者興。張我三軍。（萬二千五百人爲軍）鼓行而前。列國諸侯。俛首聽命。亦越於今。每一大國。養兵數兆。戰勝攻取。無往不利。諸如此類。要仍概以一爭。及爲之溯厥本原。則悉起於好羣而惡獨之一念。

羣愈盛。卽爭愈奮。爭氣愈熾。卽勝概愈雄。是蓋有莫之致而致。不期然而然者。而猥曰。聊以固吾圉耳。無事長駕遠馭爲也。其仆也。可立而待也。

且也。居今之世。爭勝負於疆場間者。其非徒坐擁重兵之謂。詰朝相見。旗幟連雲。試按籍以句稽。兵數大畧相等。然而兵機之利鈍。明眼人從旁豫決。有無待乎兵刃旣交者。是豈謂鬼神來告哉。國勢之盛衰。端在人才之消長。聖君賢相之圖治也。務使其全國之民。氣體充實。識見廣遠。德性粹美。兼能上循天理。下處人事。以此衆戰。誰能禦之。及察與之爲敵者。則竟陷溺其民。事事適與之相反。雖有十倍之衆。非交綏卽潰。直不戰自焚耳。

由是觀之。欲國之強。必先使一國中人。無一不強。斯無畏乎敵國外侮矣。乃世之祇圖安逸者。則曰何忍以一己求勝之故。而導天下以爭。甚至爭地以戰。殺人盈野。爭城以戰。殺人盈城乎。不知戰敗而死者。大抵其才其德。較遜於戰勝而生還之人。故其死也。固可慘也。而後世之人。反因其死而受其益者。則緣繼繼繩繩。皆戰勝者之苗裔。遂化弱而強也。或又曰。時會至今日。已非古世蠻荒之比。何忍仍令各國。一爭而無不爭。則請正告之曰。所貴乎人者。以其有相爭相進之心也。此心既亡。人類卽漸歸於無何有之鄉矣。今世生存之人。卽先代爭進之人之苗裔。苟不能繩其祖武。則在家爲不肖子。在國爲無用人。夫使一國之人而盡成無用也。尚足以爲國哉。
今世之爭。恐將有更甚於古者。此非憑空揣測之詞也。試稽近代學派。有講求安民新學之一家。如德國之馬客偲。主於資本者也。美國之爵而治。主於救貧者也。美洲又有柏辣彌。主於均富者也。本廣學會前譯百年一覺之書即衍其義英國之法便。尤以能文著。皆言人隸律法之下。雖皆平等。人得操舉官之權。亦皆平等。君主之國無此權也獨至貧富之相去。竟若天淵。語語翔實。講求政學家。至今終無以難之。卽格致家最著盛名之胡思禮。亦曰若無善法。以救貧民。吁莫若天空現一大彗星。與地球之行同軌道。突然相撞。盡成虀粉。人不論賢愚貴賤。死無噍類之爲愈也。余嘗偏察英法諸國。凡開辦大工程之地。貧民四集。如蟻附羶。萬一機鑪盡息。閉門謝衆。瘡痍滿目。惟飢死耳。且非徒胡思禮之言也。英人有布忒者。徧查倫敦情景。終身不厭。著書八卷。實爲專門名家之業。中有言。旅人紛集倫敦。乃赤貧之民。大抵居百之三十。且倫敦爲地球第一富埠。然鉅富之家。合諸小康之戶。祇居百之十七八。可與胡說互相印證。至於美洲之爵而治栢辣彌二人。詳論其本洲之事。與胡布二人之論歐事。亦復如出一轍。此欲不爭。安得而不爭。

或曰。讓至德也。亦美名也。苟舍讓而啟爭。擾擾紛紛。民生不將大亂乎。故英人米勒。講求富國新策。獨出冠時。其書中有言。安民之學。宜使無爭。殊不思人盡安貧。世事即江河日下也。與米勤並世而生之達文。獨闢相爭相進之妙理。其警句云。貧民亦自謂不可爭。嗚呼。非不欲爭也。其力不能奪他人之利。而其利反爲人所奪也。沈痛之語。使人淚下。

今之最可痛者。世間縱有無窮之妙法。而救貧即以安民之理。迄無人體會入微也。且余之所謂相爭者。又有利己與利衆之爭焉。私心太重之人。專爲利己而爭。固屬有害於世道。然苟爭求利衆。而竟盡去其利己之爭。則將盡學夷齊之首陽槁餓乎。是故兩者之爭。如衡誠懸。宜使之適劑於平。不可顧此而失彼也。乃歷代善言性理之人。亦未能講明此理。惟有考求動物學者。二千三百餘年來。苦心孤詣。始知物種之先有一節。人身之具有全體。要皆彼此相爭。然後古今相進。因而推諸人事歷歷不爽。且重言以申明之曰。人若不爭。卽一代不如一代也。

第四章人世第一大事

上章言有以一人而敵衆人者。亦有合衆人而成一人者。此理既明。則知論世事之第一大題目。實在於此。而凡居此世界之人類。當共求進而益上之際。果宜恪遵何道。始能彼此不相殄滅。而世事已日異月新哉。夫能安輯人羣。兼能裨益人生者。誠人世之莫大機緘。卽論世者之絕大題目也。謂余不信。試罕譬以道之。

假如有一種生靈。出自星球。而來人世。乃先踵格致學家。請作導師。冀徧睹地球重大之關繫。彼格致家者。自必導游各大國之都會。及古今諸名勝之地。而一一指示其崖畧。比經禮拜堂門外。卽使高華典麗。凌帝所而轢仙宸。格致家必傲然過之。而不一迴顧也。星球客已心竊異之。既而旅居稍久。游蹤更廣。但見似此高華典麗之屋宇。實爲人世之弁冕。況有恒河沙數之人。出入其間。營營不已。則必將問於格致家曰。此何地也。先生曷爲而有不屑之意。幸明告我。格致家或當听爾而笑曰。此蓋上古不明眞理之時。流傳之舊俗也。或亦語之曰。此往者拜初祖之地也。或更曰。有教會中人者。競言有治理天地萬物之鬼神。人乃皆入此室而拜之。但今之智士。已不願隨波逐流。再作似此之事矣。且昔之教會中人。恒指摘格致家之謬誤。吾等視同水火。至今心未釋然也。星球客聞之。即知格致家甚不願齒及此事。亦不再問。迨與格致家握別後。重遇他人。則皆語之曰。我人之於教法。關繫匪輕。人世各國。無教亦無以立也。星球客乃細察而深究之。始知格致家之所講。皆係一身與接爲覯之物。他事皆置不道。惟入禮拜堂者。則從耳目所能見能聞之事。推而至於不能見聞之理。之兩說者。如柄鑿之不相入也。然各執一端。斷無一誤。欲分優絀。戛戛乎難。則試再考其近狀。因知此一二百年間。雖有格致家之精詣。盛行人世。若上溯數千年之久。厥有教會中所訂之條規。實與世道人心。互相維繫。格致家雖與之齟齬。然亦有一切風氣。本開自禮拜堂者。輙不覺其樂於遵守也。然則教會之事。斷非如格致家見到之小事。而教會之扶翊世道。匡正人心。實超出於格致家萬萬也。

星球客固善知識也。體會入微而後。又覺兩家互爭之語。實各有其相助之機。然歐洲名宿暢論教會之理。試爲考其精警之語。亦復微有參差。甲若曰。教會知有上帝而願效其至善。乙若曰。教化遵天命而行。丙若曰。教也者。教人樂於修德也。丁若曰。教會最敬人之地位。戊若曰。是恭敬心。是畏懼心。是順從心。己若曰。人當知何以待五洲萬物。庚若曰。人之微靈。能知創造天地萬物者。有無窮無盡之靈。辛若曰。凡見有德之人。當敬之愛之慕之。壬若曰。奉造化主者之命。癸若曰。願擇斯世之至善者。竭吾才力。則而效之。故不必求有益於己也。但求有益於至善之事。且充其信心之所至。共覺萬物之外。有一眞主焉。人在艱難困苦之中。可默冀主力之相助。似此十說。備哉粲爛。而未已也。子又若曰。奉教之人。實深知天地萬物之來歷。及人在其中之本分。丑若曰。教化起於敬。深於慕。寅若曰。教會中人。共信有無始無終之上帝。在天地萬物之中。爲之主宰。其治人也。一如人世之帝王。

星球客備聞此言。乃知地球上人。有專講目前者。有推及於人目所不能見惟人必始能見之者然專講目所能見之人必與多講必所能見之人互相牴牾故格致教化兩家自古一分而不能合且迄今不讓而必共爭惟是既啓爭端教化家獨擅勝場格致家反遭敗績歷驗不爽純任自然夫教化家之所以能奏凱而歸者豈有異術哉無亦治理歷代之人心有兼容并包者在也

然而格致家之與教會本非蓄掃塵滅跡之心也惟其意若曰目之於色也耳之於聲也鼻之於臭也口之於味也手之捫而足之蹈也皆有跡象之可憑教會乃叩寂而課虛孤行而冥悟顯樹實學之敵不得不辭而闢之耳夫豈知兩家所執之理不

在於實有虛無也。而在於近觀遠察。格致家所恃爲實有者。特其近觀而得者耳。教會則遠近畢賅。虛無且迥超於實有。蚍蜉撼樹。庸有濟乎。

第五章大道關繫於興世

泰西有究心動植物者。專門名家之學也。乃往往強以其理。推諸世道。而謂世道與動植物學。罔有區別。苟明乎此。即通乎彼。試爲平心察之。世道之與動植物學。誠有相通之處。人皆不可不知。惟是動植諸物。或爲一節。或爲全身。自古迄今。互爭不已。人之與人。一如物之與物。相爭相進。無窮無盡。然使人各專謀利已。即不能成世界。又或專爲人謀。而絕不顧已之有利與否。

世界亦不能持久。故利人利己二者。要貴並行不悖。而無任其有所偏勝焉。斯人道立而世道成矣。

遍考世人之心。大半求有利於己。而不知兼利乎人。遂病相沿。艮堪浩歎。歷代格致家。遇事必極深研幾。以衷至當。乃獨有一事焉。能使含生負氣之倫。不專爲己謀。而兼爲人謀者。迄未嘗體察及之。豈非格致之闕憾哉。奉天宣教者。則知有古今不變之大道。苟能深入乎人心。自不第存爲己之私心也。更當仰體造物之公心。而冀在世之人無一不得其所。然則世事之關繫。孰有大於道者哉。小用之而小效。大用之而大效。又孰有過於道者哉。

法國有康特者。生於數十年前。博學之名。噪於遠近。嘗著一書。專講人生在世五官百骸經歷之事。名曰官骸之道。而絕不講在天之上帝。亦不講一切神道。英國有西麗者。亦著一書。名曰自然之道。與康特用意正同。且格致家之設心。大半皆與二人相似。殊不知本此以立論。惟導人專爲己謀。毫不顧他人之苦樂耳。責以大害於世道。亦復何說之辭。

伊古以來。凡事之可稱爲道。而大有關繫於人心者。必其論及臨乎人上者也。不然。實不合稱之爲道。臨乎人上者之理。即生人之絕大關繫。若世道果與動植物之理。沆瀣一氣。因而悉心推究。知其同隸於無聲無臭之眞主宰。則較諸研窮一國之事。

尤爲緊要。且較諸研窮一種人之事。更較諸研窮全地球各種人之事。亦皆莫可倫比。然而專講動植學者。又往往舍本而逐末也。甚矣其惑也。

要之。人之興衰。一以道之淺深誠僞爲衡。而林林總總之中。有專謀利己之一種人。又有上體世界主眞意之一種人。此二種人者。彼此相爭。仍並育而不相害。卽世道大興之絕妙機緘也。

夫教之爲用。在於約束人之私心。使人作事合乎衆意者也。若專就教會言。或論上帝。或論神道。或論治心。或論修道。其說亦極紛紜。惟借臨乎人上之眞主宰。以收斂乎人心。則教雖萬殊。訓歸一致。至論立教之源。則又有二說焉。一曰太古始有人類之時。人皆一物不知。既而漸見日月星辰。運行不亂。春夏秋冬。周流無滯。即思有掌理天地萬物之主。而道生焉。一曰鼻祖生於古初。上帝現身說法。躬自教之以大道。無奈閱時既久。漸失眞傳。但古初何以有道。尚無文字之可紀。即無端緒之可尋。竊謂近世不乏野蠻。伏處於五洲偏僻之山林。散居於大海蒼茫之島嶼。固皆未知教化爲何物者也。乃察其士風。究其習俗。無論是何種類。莫不道及上天。信有神鬼。更知有他物焉。能爲吾儕之禍福。因而遞相警戒。漸能斂戢其私心。由是觀之。古之有道。亦即若是焉耳矣。

立國之最古者。曰埃及。曰中華。曰敘利亞。曰巴比崙。曰希臘。曰羅馬。盛名鼎鼎。各自有其教法。然其稱世界主之監察人心。實屬毫無歧異。

印度。亦古國也。釋教興其中。人罔不致敬乎佛。試問佛爲何物。則曰。臨乎人上者也。回教代興。亦復到處宣揚。令人歸順眞主。試舍古而言今。今之泰西。名國林立。乃其人之入禮拜堂者。仍太古之遺風也。且讀其講道之書。措詞雖不能從同。然無不本其識見之界限。舉天道以傳諸人世。使人篤信謹守。所謂君子遵道而行者。其孰以加於此哉。

英國名流施本思獨曰。惜乎哉。人之講道也。夫古人混沌未鑿。偶有誤會。誠無足責。乃至眞理大明之今世。仍執上帝賞善罰惡之一言。不知賞善罰惡。本自然之公理。何必有上帝以司之。噫以若所言。何見其偏而未會其全哉。竊謂施本思之徒。既能知賞善罰惡。爲自然之公理。倘兼知爲上帝所定。豈不更形完備。乃徒懸此偏而不全之說。信之者曾無幾輩。是施本思之爲道學家惜者。吾轉爲格致家惜矣。道學家恒言。上帝賞善罰惡。并暢論愛人救世之理。天下人皆信而服之。其有不服者。其即施本思之流亞也夫。

設教之士。有專言以人治人之道者。衆雖洗耳以聽。而皆漠然無所動於中。苟一語及於天之治人。則人心莫不感動。故雖僞教如美之木門。亦因其能講天理之故。用能別樹一幟。又有眞教如康特諸人者。舍天理而不講。人心卽寂然不動。從可知欲使大衆之人。盡願舍己以救人。必先使其信上帝有好生之德。願舍己以救人。然後能以上帝爲模範。而求有益於衆。不敢專爲己謀。夫至人皆具此公心。世道之興。尚有涯涘哉。吾蓋觀於泰西諸名國。而知國之最興者。實皆緣道之大行。有心世道者。當留意於此絕妙之機緘。無徒沾沾焉究心於動植之物也。

第六章泰西教化上

泰西教化大行。多成亘古未聞之大事。故如萬國通商也。造機器以造物也。銀行也。國債也。水陸舟車通道也。立學校以教人。男女皆讀書識字也。數京金貲本之貿易。數萬人傭力之工肆也。皆新氣之所沾濡者也。雖然奇至此矣。近代一二百年閒。方興而未艾矣。而不知本原之地。有先立於一二百年前者。莫謂今人之遠勝古人也。

法國仕途中人恒言。似此新事。皆從吾國改革舊制而起。而工藝之徒則曰。近代一二百年之事。與古世絕不相干。是皆至淺極陋之說也。苟無歷古植其根。安能至今結此果。故今之新工藝。新法度。嘉果也。非新根也。或問此根植於何時。則曰羅馬古國初廢古教之時。即有救世之新教。浡然而興。囘溯羅馬古世。本自有其教法。行之日久。有名無實。奄然就廢。即使該撒志興古教。民皆視爲無足重輕。惟因惕於淫威。姑向諸神膜拜耳。於斯時也。厥有基督教。自猶太國遠傳而入。前後凡三百年間。信從日衆。該撒常懸爲厲禁。而終無濟於事。甚至殺一而增十。殺十而增百。不但該撒不能制。卽合各處之人力。亦終無能爲役。蓋基督教中人所講者。求合天心之公心也。他人但有私心。私自不能與公敵。且又博施濟衆之普心也。衆人但存偏心。偏又豈能與普敵。然當時羅馬國中。號稱明哲之士。皆不解救世教能力之所存。因言信其教者。皆愚民也。任其傳播數十年。自音沈響滅矣。於是更有著書立說。力闢而痛詆之者。噫嘻。以若所爲。是任最有能力。善於變化人心之事。置其目前。而竟熟視若無覩也。其愚也可憫。其瞽也又可嗤矣。

且此教之興。非特有絕大才人。著書以闡其理也。又非特糾聚多人。避世以修其道也。徒以得道之人。與他人迥乎不同。既不懼帝王之禁令。更不惜一己之身家。惟知恪遵天命。虔修救世之事。宜百折而不回耳。至欲究其能力之所存。則卽近世歐洲中。以博學著名之士。亦或未能確指。然卒無一人焉不知其能之實駕於世上萬能之上也。

當中國元明之世。泰西以博學稱者。無不奉基督教爲眞宰。此非一人之誇詞也。試深究乎泰西之史學。灼知基督臨世而後。救世教獨主於歐洲。不論政治風俗。經商赴工。以及萬般善法。皆受教化之轄制。且相沿一千四百餘載。未嘗失墜。是故含生負氣之倫。皆知無窮之人事。必受臨乎人上者之統率。亦越於今。泰西教澤涵濡。凡新興之諸事實皆生於當日之靈根也。乃或者曰。當日既有此靈根。何以不先結嘉果。直至千餘年後。庶事大興之日。竟盡歸其功於教化。而指爲明效大驗者。何也。噫爲此說者。抑何識見之褊淺也。天下有大事焉。收效必不在目前。且所事愈大。收效愈遲。歷代皆然。屢試不爽。曾是教化之大。而能今歲試行。明年收效哉。

泰西格致家。大半專講利己之事。語以安民治國之道。舉不足以攖其心。然究其從出之源。則亦基督教之偉烈也。歷代古人。倚仗臨於人上之權。卽知盈天地間有無窮之能力。更有無限之妙法。又知總理天地萬物之主。秉好生之德。具普愛之仁。迄於近四百年。人遂多研究天地萬物之理。而漸得其益。且愈明其理。愈能生有益於人之法矣。

若綜基督教之大要。有二道焉。一曰。萬事必聽天命。斷不可擅自妄行。一曰。愛人如己。己得所益。必告諸人。此二事者。考諸古史。具有明徵。而即此以推。確知人世之興。又有萬不可缺之二理。其一曰。必有臨乎人上之權。以隱攝乎人心。使人不敢逆其命。其二曰。研窮性理。無人能阻。且任意求之。即任意傳之。似此明白曉暢之二理。不論東西各國。苟缺其一。世界不能長進。人與國亦無從興盛。

泰西各國善士。於遵天命以修人德之理。既皆能滔滔宣講。衆人亦入耳會心。乃至四百年前。尚有天主教皇者。不知遵天命。又不能體上帝好生之德。而惟欲使衆人之敬畏。遂擬天命於皇言。衆人心大不服。皆謂天命爲先。人言爲後。修德爲本。守律爲末。而歐洲北境。卽別設復元一會。力矯教皇附會聖教。自便私圖之失。是亦於泰西教化中。顯其大用大效之一端也。

更溯基督教初行於羅馬之時。羅馬聲名鼎盛。而與其四周之各國。專以窮兵黷武爲雄。乃基督教徒既至。自戰不持寸鐵。竟歷敗善於用兵之國。使之盡歸天國。於以兵氣盡銷。而化爲學校中之善氣。及至近百年來。泰西又盛稱兵事。然決非泰西教化中本有之義也。此種囂陵之習尚。大半起於法前皇拿坡倫之貪權。基督教徒憂之深矣。

再考中古之世。希臘羅馬諸國。以崇拜多神爲設教之法。而不知有臨乎人上者。全權全能。更全乎其好生之德也。乃又不知教人以自主。故二國中遂有無數之庸奴。更不許各人自以其意。究心新法。民氣益委靡不振。或謂希臘創行民主之政。今歐洲各國。尚復被其遺澤也。似也。然希臘之民主。實大異於今世。推原其故。無非教術之乖。遂不獲臻郅隆之治也。

又如印度國者。相沿喀私德之古規。祖父曾操何業。子孫斷不許改。外人若與之交。任民劫掠無禁。且人盡勒充卒伍。專圖利己。不顧害人。風俗如此。豈能久安而無事。至其在朝之官吏。多藉祖父之餘蔭。白戶萬難倖致。故其國之人。不知公心爲何物。羅馬興於歐洲。以富家奴婢之成羣。列於政典。故全國之人。得以自主者。僅得其半耳。且自主之人。亦惟知黷武窮兵。不知道德爲何物。私心默計。但冀殘毀人國。微其賦稅。以裕生計。其入市而貿易者。盡奴才也。國中之大小工程。亦惟奴輩任之。世家富室之人。與夫軍中之將弁。皆賤視工商諸藝。萬萬不屑染指。下此之平民。則萬事皆聽官命。死生禍福。皆不自由。無一人敢謂我實自主也。似此大弊。皆起於好戰之一心。遲之日久。國中祇有官權。故一半之奴無論矣。其半雖曰非奴。而悉聽在上者之指揮。亦與奴才無異。流極既衰。富者日富。貧者至苦難言喻。若統其全國而言。雖大有權。實大無道。於民無益。於事有害。明眼人從旁默察。惟願茫茫塵世。不再有此景象耳。

有人推論及此。因以二事相質。一曰。目下泰西之教化。何以異於羅馬之古教。二曰。泰西之今教。既異於羅馬之古教。試問遞相改變者。在於何事。則請正告之曰。泰西今教。與羅馬適相反。羅馬古教。競蓄多奴。泰西今教。不但知民皆平等。務欲釋奴自主已也。釋其身者。更釋其心。國中政教之所措施。風俗之所好尚。任民各出己見。擇善而從。且非偶然之事也。歷數百年。未之遷改。

試考各國今定之律法。而知民權之益大矣。四百年前。泰西盡釋諸奴。官權亦漸貶抑。田主財主之權。相隨銳減。溯其階級。先有中等之商人。興於國中。漸削世家上等之權。繼有下等之農工等人。興於郊外。又漸減中人以上之權。故泰西之新律。悉爲平民而定。似此優待。實爲古來之創局。

且其權之均於衆者。不第定律之優待已也。小民得操舉官之權。亦與上中諸等人。無分軒輕。似此新律。雖奪上等之權力。以均分於平民。然又非使之無爭也。而實使之互爭。且更甚於昔日之爭。譬諸互較超距之藝。昔者祇限若干人。得入廣場耳。今則無論何人。皆許入場。以角藝。此非導以爭端之尤乎。藉曰使之無爭。是使之不進也。曾是泰西教化。而若此乎。古世之充奴僕者。國家即使大興。依然婢滕奴顏。毫無望於子孫之富貴。即至今世。凡守喀私德陋規如印度者。賤民亦不得沾興國之利。祖父身充賤役。子孫惟仍執賤工耳。要之。斷斷於分等者。無論闤闠之商人。庠序之士子。廊廟之官員。大都因陋就簡。國即緣之而坐困。斷難望其振興。泰西諸國知之。去其阻興之大壩。國勢蒸蒸日上。試稽西史。一目了然。由是以推。凡代人開路通商。或任人自興新法。皆興世之樞機也。

第七章　泰西教化下

泰西教化之隆。釋奴而任其自主。一也。人得自以其意經營商業。國家概不阻撓。二也。明人共操舉官之權。官不得以私意相鈐束。三也。風俗卽久相沿襲。而凡有益於人之事。不妨除舊更新。四也。似此舉舉數大端。豈竟緣人民學問日深。而馴致於高明之域哉。推原本始。實起道心。此道心者。爲貴賤之所同具。既共知舊染汙俗。不合大道。卽如芒刺在背。逐漸改正。然後卽安。且夫泰西之道。何自昉乎。曰有二源焉。一爲羅馬盛時之救世古教。當中國漢代。以還徧行於歐洲四境。歷一千數百年之久。而當中國明代。救世今教興焉。遂改舊法而爲新法。考救世古教。華人稱爲天主教。而稱今教爲耶穌教。學識較淺之士。觀此二教。以爲適相反也。而不知其同具奉天救世之心。所異者。惟在前後古今之風會耳。

當古教之初創也。凡能通泰西史學者。皆知其救世之大旨。惟以愛人爲主。又知當時諸國之人。皆分入主出奴爲兩類。主人之待奴僕。直與禽獸無殊。救世教中人則曰。此非天意也。天之生人。豈分主僕。冥漠降監。不異弟於兄。是善氣凝薰。孚於遐邇。顧當時之官吏。仍不能保護而襄助之。者則何也。聞諸輿論。皆以爲皇帝之法律。卽本於上天之命令。乃救世教專講人理。不講王法。彼眼光如豆者。不知講理之有益於我也。祇覺皇帝所定。祖宗所傳。業皆由於天命。此種人出而講理。必將損及我等。驟而觀之。莫不歎先民之愚蠢。實則當日之民。其識見之所及。

與夫相傳之教法。不過爾爾也。且當日之官吏。祇知自保其國。乃教中人欲去其爲己之心。易而爲救人之心。更推而廣之。以自保一族之心。易而爲同保一國之心。甚且推至各國。推至他洲。而人心遂與天心相合。然返諸羅馬各處之舊教。則大不相同矣。故民皆羣起而攻之。官亦不得不袒民而逐之。

遲之既久。人漸知救世古教之益。且有謂世間不論何教。皆不能及者。教士又宣講其理曰。人之生也。住世百年。特小事耳。百年之後。千年萬年之事。大莫與京。又曰。事奉一國之主。僅小節耳。敬信萬國之主。大無與比。職此之故。卽有避世潛修之士。更有著書勸人講學療疾等事。其救苦救難者。法天也。其救貧救弱者。亦法天也。迴念救主耶穌在世之日。救苦救難救貧救弱。顯爲我輩之模楷。於是帝王之尊。卿相之貴。石崇猗頓之富。往往捐棄財産。收養貧民。冀上合乎天心。而卽下安乎一己之心。又念救主耶穌有言。善待貧人。卽如善待己身。故甚至有願爲貧民洗足。以效法救主者。此誠爲人謀之登峯造極矣。

中國明代。救世今教出。更不肯營私以利己。且救世古教昔祇自行其善耳。至此。則更欲闡明妙緒。使衆人悉爲人謀。故改定國律。固期有益於衆也。其移風易俗也亦然。與救世古教。初非歧而二之。實則愈推而愈遠。收效乃倍見其宏也。

或曰。教士自詡行仁。而專以救貧爲主。不知貧民皆無能之輩。

好仁而不知義。非徒無益。且反以害之也。噫。以若所言。誠淺之乎測救世教矣。救世教救人之心。非但救一二苦人已也。遇事皆思捨己救人。跡其好善之量。直可優於天下。故古時羅馬國中。亦不乏心存救濟之士。但大半專顧本國。不暇顧他國。豈暇顧他洲。若至近世各國。仍各自顧其國人。恐不轉瞬閒。天下必有紛爭之禍。於是有修明武備。思以一戰強其國者。卽有同心禦侮。究心於無益人世之事者。幸有救世今教。設法以救眾人。而俾各國皆有機會以成有益於人之事。仁心之溥如此。開闢至今。莫與倫比。且又不但仁心之溥而已也。古往今來。更無有似此明效大驗者。

斯賓塞爾之平權公利說

惜哉。施本思之講道學。不能洞晰其理也。故其言曰。近來泰西之教化。有二事焉。使各人皆有平等之權。以盡得各種之利。一也。設法使衆人公利。不使一人或一種人專利。二也。似此二事。非相反乎。噫施本思殆未明二者之理耳。試觀英美二國每歲所行之善事。絕後空前。但就倫敦一地而言。歲集英金五兆鎊。充博施濟衆之用。外此又有無數善會。且每月必出新會以匡不逮。至於他國。亦復如是。平權公利。直並行而不相悖矣。

更考爲人謀之善心。先由釋奴一事發見。昭著。既而英人聞他國之民。有備受苦楚者。往往代設解免之法。且也泰西各報館主筆之士。見人如在倒懸。恆作論說。大聲疾呼。勸人解救。又如大荒之年。意外之災。害人之惡俗。亦必操觚紀述。此非爲己也。爲人也。且不但待人也。更推仁心以及物。試問似此諸事。若非道心之醞釀。人卽具有學問。豈肯漫相干豫哉。

古之希臘。歐洲之望國也。乃家庭之間。仰事俯畜。多以苛酷爲主。遠遜今人之仁愛。卽亦無新法以興其國。今泰西之仁心。日深月盛。遇事生新法以救人。有心問俗者。嘗問仁心之大用在於何處。凡以此爲問者。必須憶及羅馬當初之貧民。蒙省釋而免於奴隸也。當其爲奴也。衣食皆仰給於主人。旣蒙省釋。得自爲主。必求自爲養。不得不與同釋之人爭。旣爭矣。又必竭力以冀其勝。是釋奴一事。實使人不再禽處獸居。而使人自主自創新法。自得其益者也。此非因有學問深沈之人。代之想度。亦非因有權力出衆之官財產富豪之主。欲設法以救諸奴也。實皆因有人傳授天道。講論良心。而明乎捨己救人之事也。故澈上澈下以觀各種之人。讀史者應知救世教中之士。實爲變法變俗之人。而使人各自得其應得之利益者也。

救世教初傳至歐洲時。爲奴之人。直居其半。積之既久。歐洲南北各國之奴。盡行開釋。此皆因教士講道之時。常言人爲萬物之靈。決非禽獸可比。又言人生不論何等地位。或官宦富厚之家。或奴僕貧苦之輩。畢竟毫無歧異。人既同此族類。上帝必視爲眞兒女。世人宜視爲眞弟兄。乃世俗謂爲大有區別者。皆因王法與國俗之不善也。傳道之人。皆作如此語。然當時之有學問。有權勢者。皆覺主僕之分。爲天生自然之道。永不肯設法以施救。更有謂既救若輩。孰爲我役使者。一片私心。令人失笑。即如近數十年。閒美國未釋奴僕以前。無論官吏士子。嘗言。黑奴者。上帝命爲白人傭力者也。故凡欲救之者。非官而非士也。傳道之人也。傳道人云。上天有普救世人之心。故雖觀其同儕。大有區別。而上天視之。實爲平等者也。若使一等人歷代受苦。一等人歷代享福。必非天意。又云。人若盡得天下之財寶。而失其靈魂。究竟有何稗益。故上帝非觀人外貌也。亦非觀人有何功名。有何財勢。有何學問也。但觀人心之善否。以定等差。凡有善心者。皆上等之人也。無善心者。皆下等之人也。似此講論。關繫實無窮無盡。道既徧傳於各國各地。然後爲官者亦漸丕變其心。而非數世家代膺顯職也。凡有地若干頃畝者。得操舉官之權。又閱歲時。讀書人及常人之能識字者。雖無地畝。亦得舉官。而未已也。又使各人如經商等事。得以自便。不必稟命於上。諸如此類。藉非有救世教之傳入。曷以臻此

百年前。法國大變之時。多謂拿坡倫與當時之人。創興大事。殊不知苟無人焉。先傳道於歐洲。卽使拿坡倫素具幹才。與其當時之人。萬不能成就大事也。故有多人。願從拿坡倫以捨其命者。試問其故。則曰。我國受苦太深。實不能忍。他國亦同此苦。亦

不忍受也。似此之心。皆從傳道人宣講慈心而起。故人皆言此非天意也。執政者治國之不善也。甚至執政之人。亦自覺民言之有理。故行事似無力者然。若輩既知其誤。卽願改而正之。且也。是時之官吏。所讀書籍。又異於前。故當其年少之時。既讀新學諸書。不但知本國列代治國之法也。更知各國歷代之治法。不但知歐洲之書也。更知亞洲之書。故中華印度之經史子諸書。亦盡究心焉。若輩既明新學。適遇民閒之欲改舊政。卽亦不甚阻撓。蓋其心亦以爲分所當然也。且既變矣。卽速甚矣。舊日之法。一掃而空矣。

西國叛逆之事。歷代在所不免。惟此次法國之變。較諸從前之變。大不相同。當時之氣勢。亦與前迥異。試觀英國及他國。昔有多人樂就武職。及至是時。各武員改講貿易。改尋工藝。改創新機。其所用心而盡力者。大非黷武窮兵之比。而且古之奴。亦變爲今之貧民矣。

英國改變政事。垂數百年。每變一次。必多讓官權以爲民權。上溯成法。甯有是哉。歷代遇有大亂。削平之後。官權或因之加重。惟在英國。則反讓權於民。然非因治國之人不知政事也。亦非因英民之讀書識字。今勝於古也。實因有教民識字者。馴至於今。幷令人人皆識字。此皆起於慈心。憐人無識見。卽無能力也。且知並非天之使人無知無能也。似此之心。亦從救世教而起。

然後報館遞相講論。使一國之人。皆以爲不謬。然又非緣私心而起也。仍起於慈愛之心。又因共覺衆人皆上帝之子女。不可茫無知識也。

憑權藉勢之人。改定律法。乃能讓權於民。此爲亘古來罕見之事。其在歐洲也。久有人傳愛人救人之道。不可倚勢以壓平民。服官者既知此道。不俟百姓之求。早自願分權以給之矣。此皆因所傳之道。講天下皆兄弟。凡存道心者。俱常存救人之心也。近代歐洲工匠。多結黨以求增工價。此非因到處有學堂。人人識字也。亦非工人之識見大於前也。又非因各報館之論此事也。且非因工作廠之日多。而國有鐵路。遠近人易於來往也。實皆因有人講道之故。且曰。上下貧富。皆一家人。不可使有天壤之別也。故凡停工之人。先述其意。分刋各報者。因知上下之人。皆有愛心。而冀垂憐也。不然。何益之有哉。

國家之行政也。亦然。各國皆分新舊兩黨。而一以道爲歸。不然。卽其同黨之人。亦不肯服。何論敵黨哉。乃彼存私心者。則曰。大權既在我手。我用之。以利我也。究竟此權之能力較小。不如遵天命而溥善心於衆人者。力較大也。

總之。爲己之私心。不如體天爲人之公心也。若歐洲執權之人。但皆專爲己謀。此卽如古世未受教化之希臘羅馬諸國。專以權勢逼人矣。是故世俗之學。有歷代之長進。非專恃人之識見學問也。恃人之有道心。一也。道心從教法而生。二也。人既知爲平等。彼此鼓勵。益復前進。三也。

泰西教化之盛。開人智識。廣人見聞。肇興於四五百年前。惟以天道新民耳。若論天主古教。與耶穌今教之別。不過有先後有淺深耳。乃施本思誤謂救人之心。今勝於古者。皆因人習慣自然之故。德人韋師滿言施本思講此理。與動植之學相反。必非正理。實則學而無道。祇使人私心日熾。而忘衆人。若欲以善及人。必於學問之外。培養道心。故凡私心勝者。不惜害人以利己。而道心勝者。則願捨己以救人。此非從人心生也。生於天心也。假如施本思所言。人所學者何事。其能歷代相傳於後。如上代有好祖宗。則子孫必無劣品乎。又按韋師滿言。人所學者。不必能傳於後人。惟求精進於前人。則其所學者。必超出於平等之人。不然則一代劣於一代矣。

第八章 今世養民策

欲論養民之理。請再思上章所論之事。夫所謂動植諸物者。或經播種。或係孳生。同一土也。同一氣也。弱者必滅。強者必存。此萬古不易之常道也。舍物而論人。試稽史乘之所流傳。亦復同此理境。故凡爭先者強。爭新者亦強。強必勝。弱必敗。強民之道。則有力大於身之二事焉。一曰聰明才智。大半專爲己謀。一曰道德仁義。兼顧代爲人謀。歷代名邦。必皆有此二者。若使祇存其一。則如鳶欲戾天。忽少一翅。何以能飛。又使二者俱全。國卽浡然而興。且才智愈大。道義益宏。國家亦必愈興。此古今東西不易之大道也。

今世各國之人。互相講論之第一大題目。厥惟養民。欲明養民之法。不能專恃法國之法也。昔者法國人盛講民權之理。爰推而及諸養民。於法固無不合也。旣而忽復君權。置道民撲於度外。且亦不可恃德國之法也。德國讀書種子。雖多論及此題。乃國家不許照行。空言何補。而又不可專恃美國。美國新國也。所得之地大莫與京。地廣而遂覺民稀。卽無善法以彌綸。民亦尙堪餬口。善講養民者。其惟英國乎。英國富家。多醵重金以立公司。

從而工作以謀生者。亦復人多於蟻。卽不得不亟立善章。以蘇民困。是以一百五十年來。求新之士。設爲新法。有益於養民者。既多且善。綜其大要。如任民操舉官之權也。如任大小商人自治其事。官不敢加以阻撓也。如各城鎮修路派捕點燈通水藏書行車等事。官不與聞。惟由民公舉就地之賢者。以利益本地之人也。又如爲官吏者得功名者。非屬皇家。非屬世家。而惟賴其人之才智。以躋於顯貴之職也。且其使民間有舉官之權也。又使男女無不識字。俾明其理。以行其權。是皆求新之明效也。原求新者之本意。視民平等。俾人人出其才力。卽皆有上進之路。而不任世家大族。私鑄横財。故官商士庶農工。各自有其平等之權。官吏祇能保護其民。不受他人之害。而不能以官法之如爐。妄有所鍛鍊。凡英人講富國策者。多主此說。卽在他國。亦皆以英之善法爲宗。然而似此諸法。非偶然湊泊而成也。先讓舉官之權於數萬人。皆田連阡陌者也。甫越數年。增至數億人田不必過多矣。今則人各有其權。前後相去。僅百年耳。此皆起於爲官者之一片善心。不忍見人之疾苦顚連。始克造此地位也。

然今尚萬方多難。有爲從前所未及知者。國家既任人不論貧富。自立章程矣。乃爲時不久。卽知有一等鉅富之家。設立工作諸廠。其僱工時。特志在招攬多人耳。迨人集日多。工價自卽日減。於是每日所得之傭值。甚至不敷衣食。亦無奈甘心俯就。噫操是術也以往。是一國之權勢。不在官吏。而轉在醵金設立公司之富室矣。況乎積日累月。卽有天良盡喪。不顧民之受無量苦者。更就名城鉅鎭。立一大局。將民閒所有之糧食。盡行囤積以居奇。既又囤積金銀等類。獨操壟斷之術。更或施諸日用之煤油。先向出油處所。全行包攬。遂成諺所謂獨行生意也者。其他一切用物。亦復如是。先爲一城一鎭之獨行。後爲一國之獨行。運之又久。竟爲全洲全地之獨行。價值任情操縱。忽貴忽賤。惟利是視。萬民乃莫不受害矣。

民衆遭富室之誑。物價既日貴矣。工價又從而日賤。貧民不得不求一綫之生路。立工匠會以勒加工價。不料若輩正在創議之際。富室卽下令閉門。先停工作。若輩無所得食。其苦更不堪言喻。

富國之舊法。既不可行。乃創爲新法者。又有害於民生。於是一國之人。無分貴賤。皆謂工匠同是人也。豈可聽富室任其私意。威福由己。國家乃爲之代立工章。稚子則不許入廠也。入廠工作之人。日僅八點鐘也。工價之極廉者。以某數爲限也。皆所以子惠困窮也。國家又別立一法。多教貧民以識字。而使貧者可不終於貧。不但此也。國家更定新律。預杜富室苛待貧民之弊。所惜求新之官。至今仍無有甚著名望者。能爲之振臂一呼。廣設養民之法耳。工匠會知其然也。乃共私訂嚴律。求國家俯准照行。俾貧民免受大害。

回溯昔年求新諸官。創定新法。任人各自盡其心力。官不加以阻止。今既知此法既行。實歸其權於富室。貧民雖明有舉官之權。實則依然受苦。於是有別求善法者。顧瞬息間未有當也。德國講求養民學者有名人焉。一曰馬克思。一曰恩格思。又有美國人伯拉米者。即著百年一覺奇書者也。廣學會曾譯其書若輩立言大旨。非欲助世人更得新法高於歷代之法也。亦非借民力以教民新法也。惟欲除貧富相爭之法。此法果除。覺百姓自無苦難。自然福祉日臻。堅強獨立。人之聞其言者。大半覺相爭之法。實爲民禍之原。若輩所言。無可駁辨。但養民學家。又深知徧地球一千五百兆人。每歲以生抵死。百人中必多一人。假如今年出一法。可以均財。人人皆可度日。但仍任人孳生如故。明年必又增一千五百萬人。此輩衣食何來。不將又肇爭端乎。抑將重設妙法以養之乎。故伯拉米所稱太平之法者。恐反致年年不得太平也。則奈何。或曰。古有一二國。設爲不使人孳生日廣之法。俾歷代人數適相等。既相等。卽無比賽。既無比賽。卽不必思新法以求進境。然試問似此不振。國勢能免於墮落乎。且環視各國。依然相賽而相先也。又奈何。若夫爭進之理。前數章業已備述。不必再贅。但有人謂似此立論。依然空言無補也。人生在世。五洲種類雖異。而斷無不思比賽之人。越在今世。歷代增人日多。不得不創伊古未有之法。且養民學家所講。非爲後世之人計也。大半專爲當境之艱難。以求解免。要知當今第一要事。即在民閒之傭值。按其所應得者。或不過得半而止。其半盡爲醵金設立公司之富室。日漸侵蝕。以充成本。積之既久。竟成億兆京垓之鉅欵。甚至富於帝王歲入之帑。貧民則爲其剝削。所得之值。或至不敷餬口。其或患病。或遇他艱。囊無餘資。安能存活。若求富室佽助。則謂其人既不爲我作工。豈能空予以錢。於是貧富相仇。幾成不解。此爲近代各國第一難處之事。迄尚未有善法以處之也。

小販受總行之吞噬。不止一業已也。各業皆然。彼釀金之大公司。辦事各有次序。大有規模。直如名將之練兵。行列森然。無懈可擊。故其爲首之人。必日以富。而貧民則必日以貧。但既有諸富室。練習萬般工藝。貧民至困極之時。即借其向所練習之者。以反制乎富人。使之不得不按公道以分財。恩格思有言。貧民聯合以制富人。是人之能自別於禽獸。而不任人簸弄也。且從今以後。使富家不得不以人類待之也。民之貧者。富家不得再制其死命也。此言也。講目下之情形。實屬不刋之名論。

人世本有大病。急宜設法以除之。除之之法。惟在拯濟貧民耳。特是貧富相爭之事。本非創見。亘古以來。各國皆同。所異者。相爭之法耳。今世之貧富相爭。或謂到此時會。萬國相通。在所不免。或謂此非出於自然也。屬有奸商壟斷其間。不顧人之疾苦。以致於此。但似此之爭。無論其何因而起。必有一法。可以挽捄。昔人議論及此。大半祇目爲貧富之相爭。而忘卻世人歷代之講道德。凡講道德者。則曰人不論貧富皆上帝之子女。上帝不觀其貧富而觀其善惡也。久而久之。人皆不以財勢爲主。而以德行爲主。凡各工人既各有舉官之權。將來必舉有德之人服官以改律。苟使人不恃乎大道而但各出其私心。以相爭競則使有權者之私心。與無權者之私心。彼此相仇而仍有權者必勝。與歷代無異也。但近代著書作報之士。治國辦公之人。無有敢明言我恃私心者。此皆因今世之人。不論貴賤。皆衆口一詞曰。必救苦難。此可見天道之散布於人心矣。

千年以前。歐洲競脩武備。迨天道徧傳於各國。用兵殺人之心少。讀書救人之心多。卽至百年以前。雖有拿坡倫起而練兵。傳至於今。歐洲各國。寖成風會。練兵仍不見少。但原其練兵之心。不在殺人以利己也。在於防人之效法拿坡倫以害己也。若驗民心。至今實願敦崇睦誼。其用兵也。出於無奈也。萬國萬民。旣皆有弭兵之心。善士創立之弭兵會。必可期其有成矣。

若細察養民之本始。厥有不可忘之二事焉。一曰養民之法。今善於昔。二曰似此善法。皆因比賽而生。

欲知第一事。先考數千年前之古史。當時各國之君若民。每欲佔取他人之地。搶掠異族之牲畜財帛。兵連禍結。類皆緣之而起。又考歐洲一千年前之新史。當時之小民。大都貧迫無聊。於是世家大族。得任意以使令之。故貧民皆奴隸也。有王者興。立法亦不甚善。貧民仍受其暴虐。獨至今世。英法兩國之貧民。絕勝於百年而上。英有救民之人。氏曰吉芬。創立一表。開列五十年前貧民所得之工價。迤邐以至今日。但見工價則歲有所增。而物價則歲有所減。於是工人蓄積之財。存諸小銀行者。日見其富。其居處亦日潔而日精。逐日操勞時刻。與夫操勞之苦。又日少而日輕。其識字也。則日多。其工暇而尋樂也。又日覺其去惡而從善。甚至服官政者。更謂。赤貧之人。亦可拯救。迴念貧民先世備嘗之苦況。今將悉遁諸無何有之鄉。藉非善機洋溢。曷以臻此。至於法國昔年。以荒歉爲常事。今則久未有聞。昔者法民食皆麤糲。衣皆敝垢。所居皆湫隘。至今則有勝於前五倍者。更有勝於前十倍者。

更考今之英國。見富室之得財太易。而貧民仍太多也。因欲設法以均財。均財之法。非取富室之財。以予貧民也。假如一人身死。遺留五百鎊之產業。國家百取其一。有一千鎊者。百取其二。有一萬鎊者。百取其三。有二萬五千鎊者。百取其四。有五萬鎊者。百取四五。有七萬五千鎊者。百取五。有一億鎊者。百取五五。

有一億五萬鎊者。百取六。有二億五萬鎊者。百取六五。有五億鎊者。百取七。有一兆鎊者。百取七五。有一兆鎊以上者。百取八。國家歲有此欵。不必多取諸貧民。則財不均而自均矣。又以法國言。法國全境。約如中國兩省之廣袤。而其民可歲入英金一萬鎊者。約七八百人。歲入二千鎊者。約一二萬人。西歷一千八百六十九年。迄於八十一年。前後凡十二年閒。國債則陡增一倍。但其富家集貲以貸於國者。則增四倍。其願購國債券者。亦復歲有所增。巴黎都城中國債券以一股爲一紙者。約居其半。至於民閒之居室。共有八兆三億五萬餘座。其中五兆四億六萬座。皆己產也。較之賃廡以居者。實占百分之六十五。此皆法人先貧窶而後饒裕之實證也。而卽此可見泰西濟貧之法。雖未十分美備。然較之昔年。則已深入佳境。所謂養民之善於昔者。此也。

若論比較而生之第二事。試觀泰西諸國。設爲減官權以增民權之法。民間幾有求必得。而無扞格之憂。然求益者日見其多。比較之事。必因之而愈盛。此不僅一二國然也。英美爲最興之國。亦復如之。民愈有自主之權。斯愈恢其比較之理。回溯昔年。歐洲俗尚。皆重武而輕文。王政既行。昔之以多畜奴僕爲富者。一曰釋令自主。昔多巨室。歷代食其采地之祿。儼若諸侯。沿及孫曾。附近貧民。多聽號令。甚至農工商賈。亦皆受其指麾。迨至教化大行。人漸知自主之重。居鄰巨室者。皆得無拘無束。且昔當舉官之年。操舉官之權者。卽此富室也。終窶且貧之子。絲毫不得與聞。今則幾盡人而操舉官之權。而因各自有其權。每作一事。彼此常相比較。逆料後世衆人。不但隸王法之下。而爲平等之人。更得舉官而有平等之權已也。凡事須得平等之機會又不但宦家富室。及讀書士子。各占利便已也。人各有其機會。以規利便。故所趨之途雖異。而利便則同。似此大同之景象。今共神遊目想。未知何日可償虛願。然職是之故。而知泰西今日措置諸事。尙屬權宜之計耳。試申論之。

泰西數百年前。欲民得伸自主之權也。乃先分以舉官之權。其始。一國中得舉官者僅數百人。後乃增至數萬人。今則幾盡人而有之。是已得民皆平等之道矣。後此之所宜辨論者。則在求貧富之平等。今之富室。田連阡陌。貧人無立錐之地。富室金銀山積。貧人半菽不飽。特初非富室之有心壟斷也。昔年之大權。操於官家。寄於富室。今則官權已削。富家又不得畜奴如牲畜。王法亦屬平等。獨至無窮之財利。仍存世祿之家。欲求得一平等之機會。實屬戛戛其難。爰有政學家起。衆口一詞云。欲使今人勝於古人。祗有比較之一法。不然。人皆習於懶惰。自墮於貧苦窟中耳。然不可如目下之比較。但見貧富之差。幾如天壤也。又不可貧富之適均。宜使有財者之處境。仍畧勝於平人。則人仍卒其昔年比較之常。彼此競求進境。卽藉以爲鼓勵人才之道。不然。則人將自以爲知足。盡舍新法而不求。譬之於水。畧有欵側。自然流通。所謂流水不腐也。若平甚而水不流。天下尚有生氣乎。然如今日之富室。恃其財力。專務奢華。不顧人之疾苦。使人何以堪之。此泰西政學家目下所論之情形也。

由是觀之。知其舊氣之猶未盡滌。而平等之機會尚未有望也。試思今之發大財。執大權者。非富室乎。舉一切之人所宜求者。非盡出富家之手乎。一國之中。富家之外。無人能得大學問。亦無人能交結名流。以增其大識見。是誠大不平之事也。故泰西各國政府。往往設法以減富人之權。而增貧民之權。藉免目下大不平等之景況。更欲定一新律。俾工人每日作工時刻。以八點鐘爲限。亦皆原本於此心。其行政也。又欲使富家納重稅。貧民如不知有賦稅然者。亦維此故。又緣世家大族。昔之共恃豪強也。今欲改其制度。亦緣此故。更有初年之書院。本屬爲民而設。不甚令多糜脩脯。乃遲之日久。各種有名大書院。盡歸富家之執掌。富家子弟。卽盡人肆業其中。貧民無從顧問。此又富家大不平等之根源也。今欲改之。直可云大書院中讀書人。如昔年之財主。不獲入院者。則如昔年之奴隸。此非因人類之分貴賤也。人心有明昧之分。國家亟宜改之。更查泰西近百年來。凡富家子弟之讀書者。常阻遏養民各新法。俟至他年新法既成。

則當天良發現之時。不得不稱爲善事。實則求新以養民之人。大半非席豐履厚之世家也。出於中等之人及平民之力也。亦非若輩之高出於富家也。若輩多具體天心。講天道。捨己救人之心。不忍民受萬般之苦。而必欲求新法以養之也。異日者。欲使萬民盡得平等之機會。國家必別改制度。不可再學富國之淺法。彼淺法者。任富人之簸弄貧民。如貶損工價。抑勒工時。促隘工人之居處。漠視工人之老病。國家全不顧問。嗚呼。於保富之道。則得矣。其若濟貧之無術何。

欲改制度以養民。必先使民有平等之機會。若就目下而言。國家必須多掌各項工程。又必設立新章。以免貧民之受害。但國家又不可自立工廠也。自立工廠。卽絕民間比較之理。此理既絕。仍害於民。若能別立善章。無害於民。而有益於工。則將來仍由富室多設工廠。仍使人互存比較之心。夫比較之心。卽斯民獲益之源也。但富室之立工廠。大半專求己利。非爲人謀。故國家必設法以新民。務使上中下三等之人。不以利心爲重。而皆知仰體天心。俾衆人悉受其益。然若無善講天道之人。國家無論設何等法。皆不能有益於民。民既損矣。國其能有益乎。

總而言之。天下有二理。斷不可忘。此二理者。外觀似相尅也。而實則相生。故必使人有益而無損。一也。必使衆人盡有益而無損。二也。其第一端之理。雖爲至要。但不能爲一人受益之故。而任其有損於衆人。

凡專爲一己謀者。不問其學問之如何深廣。從未有無害於人者。故必有人焉。講求天道。以期有益於衆。蓋凡善學天心者。必其有益於衆。兼有益於己者也。泰西旣遍地有禮拜堂。每閱七日。必有善士在堂宣講天道。以訓衆人。使人皆知捨己以救人。或疑善士將以愛衆之心。滅愛己之心也。但樂道諸人中。往往所行之善事。雖曰大於衆人。而仍躬爲名宦。一國之人盡樂輸將。以供其用。又或親操商業。其業轉盛於他人。可知利己利人之二事。非相尅而實相生也。

天道如春氣然。凡有益於人之事。皆可發榮滋長。人若不肯與善講天道之士游。則如中寒氣。雖唐花或供養於盆中。而不能使芳滕之自然生長也。且不體天道之人。但顧一身目前之事。而不顧後代之益。倘使盡人如此。則必道心泯沒。不問天心何若。而近代諸國之結局。必如古時之羅馬矣。古羅馬之末造。執政諸人。祇顧一身目前之歡樂。國勢遂分裂而不可收拾。我等生當晚近。而尙學其存心。天必將我國我權。改交道德純備之人。凡曾讀西史者。皆知其禍之顯而有徵也。嗚呼可不懼哉。

第九章教化本於道心非出於學術。

昔日之民。拜神誦經。遞相傳習。目爲教化。誠不免遁入虛無。迨至近百年中。人爭講求實學。凡以格物名家者。共謂敬天之虛

非出於學術

願。今宜較淡於昔年。噫爲此言者。抑何其不思之甚哉。夫學術。末也。道心本也。苟崇學術而失道心。遂胥以學術爲教化。泰西諸國。今雖隆盛。恐僅如優曇鉢華之一現。時會既過。芳菲銷歇。尋春之士女。感慨係之矣。試稽各國史乘。當教化大行之際。人皆以道德爲首務。國勢卽隨之而日興。今亦猶是國也。猶是人也。欲躋世界於郅隆。而不務諸本原之地。猥曰格物徵諸實遠勝敬天之索諸虛也。吾爲世界懼矣。

歷溯各國往事。若者最重道德。而能於利己之外。兼謀利人者。國中基址既固。萬事卽如堂構之一新。更横覽當今之世。所謂最盛之國者。一在於有潛心修道之人。遇事期溥公利。一在於

有才無德之害

有論道之書。精益求精。迥超舊典。凡此古今之明證。非一二人之私言也。及衡以格致家言。卽知其歷講教化興衰之理。舉不免失之毫釐。繆以千里矣。

人之獨具靈才者。不必其兼具道心者也。且靈才之與道心。又截然其各不相謀也。然不啓其道心。而專恃靈才以逞辨。則侈口而陳道德。抗顏而述教化。未嘗涉其藩衛。豈能窺其室家。彼徒見一二千年前傳教之徒。講道之士。嘵嘵廣座。僕僕通衢。或不免失之惷愚者。遂執以概今人。而欲今世之學人。盡以愚人目教士。殊不知以學術論。昔但知其麤跡。今始得其精詣。惟道心也亦然。歷代以來。通變化裁。易麤疏而進以精純。迥非昔年

非出於學術

重學術輕道德之三謬說

之比矣。且彼之獨具靈才者。固嘗熟讀古書者也。古人有道無道。互相角逐。有道之人。必操勝劵。書史中歷歷言之。彼顧習焉忘之乎。豈昔年有道之足以勝無道者。今豈緣學術維精之故。反足以勝道心之維微乎。吾有以知其必不然矣。

嗚呼。各國之興。不緣無道。而實緣有道。固所謂古有明訓。今有明徵者也。乃重學術而輕道心者。不謂然也。推其謬論。厥有三端。或曰。今人之學業。迥超歷代。回視古人。直田舍翁耳。一謬也。今學之所以日深者。特就舊學而遞增之。非增新學而別創之也。即有新增。亦屬寥寥無幾。然則學於人耳。豈眞增於己哉。或曰。受教最深之人。無異於未嘗受教之人。故不知教化爲何物者。授以學術。亦能心領神會。二謬也。教化之大興。出於道心。非由於學術也。或又曰。一國之中。大興學術。其國勢亦必大興。三謬也。試觀學術著名之國。往往道心淪喪。即日漸而成積衰之勢。衡諸史册。歷歷不爽。似此三謬。實於世道人心。大有關繫。善爲政者。亟宜熟思而審處之也。

泰西有究心動物學者。察物之腦。而知物之性。腦愈小。即性愈蠢。愈易受人之制。腦極大。即性極靈。甚至生氣遠出幾與人埒。格致學家因共言各種人類。亦猶是也。人之富於靈才者。必占人先。靈才不足。則茫無知識。甘居人下。謂余不信。則如有一國焉。其人多勤學好問。必有無窮之妙法。馴至於既富且強。又有

古說人種上之腦與天才觀

非出於學術

一國焉。其人多不學無術。必致一無成就。以若所言。理非不合也。特其膚淺焉耳。試思三四百年前。歐洲新學初行。或謂。希臘國人。頭腦滿而靈才盛。歐羅巴西半洲各國之人。皆所不逮。此語傳至今日。經格致家悉心察驗。知其確有證據。且言。不但希臘數名人之腦與靈才。多於他國也。卽其平常之人。腦與靈才。亦傑出於西半洲人。更爲之考其實曰。希臘之靈才。較之歐洲諸人。實多十分之二。若欲窮其比例。則白人之靈才。多於黑人。亦僅十分之二耳。又有名流言。泰西今日之教化。本從希臘之學問。遞衍而來。信如是也。希臘當時之教化。何以遠遜於今日之泰西乎。是知教化之盛衰。非關腦之滿不滿。亦非恃靈才之

羅馬天才博學家世匹附之定律

富不富學術之深不深也。道心宰之也。不然。泰西諸國之人。亦徒林林而生。總總而羣耳。其能有此隆平之極軌哉。

至於泰西之靈才學術。今雖有格致家測驗之分數。然卒未能窮其究竟。故明敏如英前相格蘭師敦氏。人莫能與之比肩。亦日。吾斯之未能詳也。格蘭師敦氏之外。又有考求世人死生之總數者。更有考求各國生計之總數者。皆知格致家所稱頭腦靈才諸說。未可盡信。試稽羅馬國史。當其全盛之日。頒行定律。專選富於靈才深於學術之人。賜以世爵。且詔之曰。汝等諸世家。不許與尋常百姓通婚媾。意蓋謂世家世爲婚姻。夫婦皆具靈才。皆通學術。所生之子女。必不致愚蠢如平民也。豈知數百

世家衰落之原因，在經營事業而遲婚

年之後。世家有絕嗣者。有生子而不慧者。不但稽其生齒之數。絕少於常人也。僅有瓞衍瓜緜者。亦與平民無異。衆始知此法之不足恃。然歐洲諸大國。仍不免蹈其覆轍也。英國之興。世家五百。其能傳三百年者。止五家耳。法國諸世家。數傳之後。亦即無著名之人。

今試究其致此之故。有較然易明者。門弟既高。聲華赫奕。又有不許與平民聯姻之例。遇事必高視闊步。自命不凡。然以游山言。身登絕頂。無可再上。徬徨四顧。孑然一身。不得不降格相從者。勢也。且又有說者。讀書士子。如教師律師醫師之屬。富家鉅室。如掌理家人生產之輩。往往心有專注。頓忘宜室宜家。故其娶婦也。必較遲於常人。甚至有終身不娶者。若輩之後裔。自因之而較少矣。

婚姻遲早與後嗣盛衰之關係

欲明婚姻遲早之關繫。則如有甲乙二人者。今年皆二十二歲。若衡諸壽天適中之數。則尚可冀其在世三十三年至五十五歲而同卒。乃甲卽於今年娶婦。旣而生子。亦二十二歲而娶婦。世代遞嬗。不相上下。乙則曰我欲先積財而後娶婦也。遲至三十三歲。始有閨房之樂。子復生子。孫復生孫。恪遵乙訓。皆三十三歲而有妻。於是如甲家者。每代加一倍有半。百年之內共生三代七分有五。乙家則至第二代。但加一倍二分有五。積至百年。祇生二代有半。照此核算。甲家於百年中有人十八口。乙家同此百年。僅有七口。若至二百年之久。甲家人口。多於乙家者六倍。更推算至三百年後。竟有一十五倍之多。夫甲者。一平民之比例也。乙者。一世家之比例也。平民之多於世家。一甲裔之多於乙裔也。多而不已。生生不絕。少而不已。卽有絕嗣之憂矣。

昔有比較各種人之元首者。開列清單。以示於衆。因知盛世之人。其頭必大。衰世之人。其頭必小。而頭大頭小之異。則緣腦滿腦耗之別也。但尚有不能盡明者。犯罪之人。頭反大於平民。斐洲有居於山洞之野人。直與獸族爲儔。而其頭反大於巴黎人。考其實數。不可以尺寸分量言。則如平民者。○○○也。犯罪之人。○○○○也。又如巴黎人者。○○○○○也。斐洲野人○○

○○○○○也。此其故何也。

上文言教化之盛衰。不在乎人腦之大小。固也。若取受教最深之人。以與全未聞教之人較。相去遼絕。則盡人而知之矣。但其所以然之故。昔人所言。殊多誤會。若論受教者之學問。自深於尙未聞教之人。故如天涯海角之相暌。瞬息閒電報往來。直同面語。又如日月之薄蝕。彗星之軌道。行星相會之時刻。皆可於數百年前。布算而知。分毫不謬。又如特製機筒。留聲於內。子孫可聆祖父之遺訓。更如造分光之寶鏡。以窺天上之星辰。而知其體質。餘如一切致用之物。甚至若舟若車。能自行於水陸。無不得心應手。告厥成功。是受教者之靈才。固超出於無教人者萬萬也。特其所以立教者。初非如上云云也。試思古有著名之國。亦有著名之學。今則國就滅而學失傳。是豈學之罪哉。古人無自永其國之道也。今人多傳新法。必由新學。然亦非學之功也。處此時局。使人有無窮之善法。以永其國。國祚既永。創新法者。往往並世而興。不謀而合。故凡言興國而專恃學術者。又言學術廢而國隨以衰者。正如一人置身塔頂。下視衆生。營營如蟻。遂目人爲蟻。而不知特其本身高踞於數十丈之上耳。倏然下行。亦一蟻耳。又有人言。歐洲北境有一種人。枚舉雜物。非三即五而止。再加一數。即不能知。似此下愚。較諸精於算學之人。相去不知其幾許也。而不知又有人焉。以游牧爲生。牛馬成羣。

日之夕矣。爾牧來思。一望而知其全否。此特盡識諸牲之毛色形狀。因而有會於心。非有人教以布算也。或又謂有大馬辣人者。不知記數。直如犬族之陋。蓋犬生數子。人盜其一。犬不知也。此大謬之說也。我生之初。何嘗知數。若使大馬辣人受教。一如我輩。十百千萬。一目瞭然。豈能因其偶不識數之故。遽笑其犬而人哉。且安知大馬辣人者。不有他法以記數哉。故論教化之所成。不可謂因學術而生也。宜曰、實從生學術之道而生。

人有恒言。皆曰。印度國與緬甸國人。雖不及歐洲人教化之美。然靈才殊敏妙也。不知若輩之在印度。或赴歐洲。與各大國人同學肄業。及至考試之際。竟有可駕歐人而上之者。且不獨印

非出於學術

法國種族上之天才

度緬甸之人然也。甚至新西蘭人。及澳洲之土人。與夫美國之黑人。使之一讀歐書。往往不在歐人之下。然問其國勢能及歐洲百一與否。則又夫人而知之。是知國之興衰。誠不專恃人之靈才與其學術也。或曰。此種土人。與歐洲人同場考試。間或出一頭地。然終不能每試必冠其曹。偶也。此說若確。尤可見凡國之興。不在靈才。不關學術。由於有能使之永其靈才。深其學術者。

歐羅巴各國之人。同處一洲。而實互分族類。祇緣數千年來。彼此互通婚媾。幾難細別淄澠。然仍有兩種人。矯然不羣。莫能相溷。其一種曰客涕。法蘭西人。即其族類也。別一種曰土脫泥德意志英吉利諸國之人。爲其苗裔。若究兩種人之靈才。亦屬各不相同。客滞人講求治國之法。研究格致雅藝諸學。聰明智慧。正如希臘古人。至於土脫泥人。於客滞人所學諸事。亦頗有條不紊。特不能如客滞人之明若觀火耳。然考十九周中。泰西各國。雖共隨法國之後。盛稱民爲邦本之至理。但土脫泥人。凡事皆興盛莫比。法國則淡然漠然。凡事幾付之流水。此中消息。深識者默喻之矣。

一千七百四五十年閒。英法之戰。不特歐洲諸國。紛紜徵調。全境驛騷已也。禍延斐美二洲。以及亞洲之印度。𡽪弗檜林彈雨。殺人如麻。甚至蒼茫大海之中。亦復互角雌雄。鮫鱷半遭荼毒。

非出於學術

似此猛鬭實爲生民以來所未有而其關繫之鉅更獨步於千秋迄今追憶前塵當未分勝負之時凡憑軾而觀者鮮不曰法國生齒既多且財富而兵雄似宜可操勝算矣豈知法屢戰而屢蹶君爲人俘齊奏凱歌者反在諸事不如法國之英人也是果何道歟然而英人者固非諸事不如法國者也試稽列國淸册一千七百八十九年英國戶口祇九兆六億有奇耳法人乃有二京六兆三億有奇英之國帑亦僅歲入英金一京五兆餘鎊法則有二京四兆餘鎊英之不如法也明甚乃甫越百年而至一千八百九十年與英國生同族類者遞增至一垓零一兆人其屬地之人及美洲之黑人尚不與其列也更考法國則同

法國人口減少之真象

時僅增至四京人。且英人每至一地。不論他洲異族。大都穩固不搖。他國皆望塵莫及。不但此也。卽近廿餘年來土脫泥之別支。如德國也者。法又不能與之抗。但迴溯百年前泰西各國俱謂法人極有靈才。佐以學術。實足超出人上者也。亦越於今靈才未嘗忽昧。乃凡事墮於人後。則其故可思矣。再考戶口之數。英國千人中。每年以生抵死。大抵增出十三人。德國增出十人。法國則僅多一人。且有數邑。竟倂一人而不增者。故法國一百五十年之內。生齒旣蕭條於他國。一切興盛之基。亦俱不能及英德。甚至國中之地。無人承買。遂漸入外人之手。法國某大吏憂之。曾勸國家特頒新令云。凡來購法地之人。宜卽改入法籍。

每年以五萬或十萬人爲率。庶幾法國之地。仍在法人掌握。某法報則言。似此江河目下。再閱五十年。恐在法而操英國方言者。增至十人。而操法人之土語者。祇一人矣。又一法報言我國頹唐至此。爲時不久。必更不如義大利與西班牙。而爲歐洲之三等國矣。諸如此類。皆法人自道者也。然而法人之靈才自在也。學術未衰也。特既遇同具靈才同研學術。而兼備道德之人。自不覺瞠乎其後。且富靈才而喪道心。不但不能持久。更如羲輪過午。催令其速薄崦嵫也。惜哉。

法事之敗壞。非有他人敗壞之也。其人之自願趨於卑下也。若問法人之法。何以不增。試查法國之男子。逾二十歲而即娶婦者。每千人中。僅有六百零九人。且能生一二嬰孩者。每千家中。僅有六百四十家。而其中之二百家。則竟不生一孩。或謂法人恐生齒日多。流於貧窶。故強自裁抑。毋俾遺種也。又有法名人言。似此不生子女之惡俗。但行於無道人中耳。若有道之家。固各有子女也。語雖不同。然可證法人中固有不欲廣其生育者矣。總而言之。希臘人極有靈才。而國祚衰薄。英國天下莫強焉。乃其人靈才之燦著。不及道德之光華。再考人腦之大小。及最與之國之靈才。以與未受教化之人較。不見其顯分軒輊。所異者。不過有能傳後與否耳。更以國較。亦可知立國之永久。不但因人之靈才。實因有能使靈才之可以永久耳。不然。彼人之但具靈才者。不幾如上云云。催其國以趨衰敗之地乎。似此一切明證。灼知凡國之興。不可恃人之靈才。亦不專恃人之學術。必有忠厚長者。本其道心。釀而爲公平和睦之心。以之治事而事治。以之秉國。而國可久長也。吾更願重言以申明之曰。人生世上。道德爲先。靈才爲後。凡求國之興者。必先培養人之道心。而後教以學術。濟以靈才。則夫日上蒸蒸者。若決江河。沛然莫之能禦也。若有國焉。祇講靈才。祇考學術。而置道德於不顧。即使勢處極盛。而禍機已伏。旦暮間衰敗隨之矣。

凡講動植物之學者。常言凡事皆有兩相敵者。其一曰。按那玻璃。其二曰。揩他玻璃。其以按那玻璃勝者。無論禽獸草木。轉瞬萌芽茁壯。莫可遏抑。若以揩他玻璃勝者。必病而死。歷試不爽。持論不刊。若論國家亦有相敵之二事。利人一也。利己又一也。人有道德。能仰體天心。俯利人類。國罔不興。反是以思。凡人不問天意。但求利己。國罔不敗。乃淺見之士。尚沾沾曰。我有靈才也。嗚呼。靈才云乎哉。

第十章總結

數千年來。恆有究心於動植諸物之學者。顧皆雜亂無章。不足爲訓。近代格致名家。始考得其要理。歷一二百年之久。至於今日。進而益上。著書立說。以餉後人。迴視古書。直糠粃矣。本書創講天下大同之學。質諸通人博士。若許爲與理不差。逆料後世之講是學者。精益求精。亦必與昔年大異。前數章論利己利人二事。恆言彼此實有相敵之勢。衡諸近二百年中。英國名流所講之性理。截然相反。歷代諸名流多謂。天演之道。欲使偏地球人。大富者居太半。而其小半之未富者。亦可由漸而致大富。故如施本思者。名流中之英絶領袖也。亦曰。現在世間之太半人。應如何而席豐履厚。又應如何而保世滋大。然自我觀之。所謂天演之道者。非特使現在之人。何以致富。上推過去。中更現在。下究未來。務使之胥出窘鄉。同遊樂國。然後其道始盡。而其量卽由是以愈宏。施本思所執之理。蓋欲化爭競而敦仁愛。直如父母之待子女。

皆願捨身忘己。相與保抱提攜也。此不第與達文所言。迴不相同也。竊謂。世人若眞能如此。卽屬均富之學。亦卽如德人韋師滿所稱。世事敗壞之始矣。施本思復閉言。人生斯世。如家人父子之互相扶助。此理自然而具。絕無勉強。殊不思人有恒言。皆曰。父母之事。不能由子女專主。豈有今代之人。而可任後人之爲政乎。古世之希臘羅馬。今世之法蘭西。皆雄國也。乃無敬天之道以貫之。故一敗而不可收拾。若其歷久而不敝者。必有天道。以莞攝乎人心。使人不但求一己之益。更能仰體天心。俾衆人悉受其益。

古來黷武窮兵之國。往往以甲冑代袞冕。民氣乃鬱而不舒。迨及今世。皇皇天道。深入於各國之民心。然後執政之人。不得不按公道以治民。又如古來著作家。亦有專講勢力。而不知道德之關繫者。近代哲人。如英之馬奢者。講富國學之第一流人物也。乃其言曰。居今之世。苟不能舉至德要道。徧傳諸民。而求富之戛戛乎其難哉。且以傳道而言。今又非昔比矣。昔者。藉教皇之威力。逼衆人以守道。今則教士以眞道化人。故凡誠心受教者。無一不存敬天之心。亦無一不效法救主。願捨己以救人。是以泰西諸望國之興。皆肇基於抱道之士。盛講道學。感孚民志。遲之又久。眞力彌滿。朝野上下。萬事皆煥然一新矣。

天下無道之人。專務泥古而已。有道之士。則活潑潑地。遇事皆妙於變通。然又非師心而蔑古也。古法之善者。依然極力保全。
毋俾廢墜。今法之善者。則更毅然身體而力行之。斷不肯墨守
舊章。自貽伊戚。跡其心存救世。惟期康濟兆民。以視斷斷於新
法舊法之分。而矜言舍舊謀新者。其命意尤加一等矣。
上溯三百年前。英國當重新眞教之際。歷年無阻。遍國盡興。牧
民諸老臣中。向有恃刑驅勢。迫爲長策者。至是皆潛移默化。自
覺其昨日之非。於是畧讓其權。分於民衆。馴至今日英民皆得
操舉官之權。且猶不第使民與官紳得有通權之道已也。教澤
之涵濡。匪伊朝夕。官紳自不敢恃其門第。以壓平民。平民乃爭
自濯磨。卒爲善士。而得與世家子弟並肩入仕。卽亦可擅操奇

計贏之術。紫標黄榜。莫汝瑕疵焉。然又非有犯上作亂之人。如法蘭西之君民交鬨。而始强改爲民主之國也。譬之嘉樹開花結子。發榮滋長。行所無事。故英吉利崛興之眞諦。實不在政令之善。而在天有顯道。徧種於通國之民心。

近年以來。歐美二洲南部諸國。亦許其民操舉官之權。第觀其一切制度。似與歐美北部諸國無分軒輕。然南部之民。常以紛爭釀禍亂。北部則民情靜謐。一若舉官以保己。卽藉以治己者。有不期然而然之樂也。此無他。天道之深入於民心也。

若論人種之別。亦有可證道心者。凡居於溫道之上品人。轉徙而入熱道。遂雜居於未受教化之下流人中。無論虐使之也。卽使憐其愚蠢。特從優待。下流人亦必日漸澌滅。求其子孫繁衍。瓜瓞緜緜者。必屬上品之人。水土雖惡劣萬分。亦不得而夭札之。今試考太平洋羣島中人及美國之土人。具有明證。更考赤道之下。經西班牙和蘭英吉利法蘭西諸國之人。各於數百年前。自歐洲航海而至。深入其阻。或犄或角。剖分而食之。然地脈雖極肥沃。而天氣則極炎蒸。生於溫道之人。不能觸暑而往耕也。爰移斐洲之黑人。至中美洲。使操耕耘之業。而西和英法諸人。居然自命爲田主。而目黑人爲佃奴。酷虐苛殘。無復人理。乃若輩正役奴以致富之際。歐洲善人。日衆。苦心修道。苦口講道。而謂黑人亦同此血氣。同此心。知所異者。惟在秀頑與靈蠢耳。

英國贖奴之金額

我輩白人宜體上天好生之德以拯黑人於苦海之中迨其道徧傳於通國執政者亦愀然不安於心然後昌於朝列云釋奴自主實爲當今治世之第一義旋又推諸治軍凡入伍之士卒昔年有遭將帥之屈抑者至是亦懸爲厲禁諸苦人乃有生之氣無死之心矣

西歷一千七百九十二年英議院删改買奴之律垂爲令典一千七百九十四年法議院援照英律加惠黑奴一千八百三十四年英議院重定新律舉徧國之奴隸盡由公家代贖俾與平民爲伍凡糜金二京鎊（以光緒己亥市價稽之約合華銀一萬四千萬兩）一千八百四十八年法奴亦蒙省釋一千八百六十三年和蘭續頒釋奴之

律。一千八百六十五年。美國亦釋其奴。且猶不止此也。十九周一即西歷一千八百一年至九百年將滿之時。南斐洲昔屬西班牙諸地。一一自立爲國。然立國者。其名學歐洲治法者。亦其外貌耳。既無歐洲善講天道之人。其國卽無能自振。且有更不如其隸人字下者。自中美洲以達於南美洲。共有小民主之國二十有二。國中有土著焉。占籍四分之一。但已與歐洲寓公互通婚媾。行將成一美洲之新種。夷考其地。則廣大無垠。肥沃無比也。而其民則甚少。且卽仿美洲民主之善法。而國祚終不克綿長。循行隴畝之閒。又多荒蕪不治。推究到極至處。皆因不明眞教之故。若取泰西之教。與其地之自稱爲教者。互相比較。相去直若天淵。若面人者。既無至德要道。以啟發其靈明。則其廣大肥沃之地。不能不受治於泰西之善國。特今尚姑待之耳。若問白人之欲占其地。不免大負初心。豈黑人之迫而成之乎。非也。出於白人之自願也。更問白人何以有此願。則請正告之曰。無已則有一焉。凡講天道者。不分國。不分洲。不分種。但曰凡爲人者。皆兄弟也。皆當秉公道以待之也。而益以見十九周中講道之人。關繫誠非淺鮮矣。

橫覽當今之世。亟應措置合宜者。厥有二大事焉。其一。爲均富之法。各有利弊。辨別不可不審。其二。爲任地之法。今徧地球溫帶之地。已爲均富者所分占。故必熟察乎白種黑種之人情。而知何種人宜於溫道。何種人宜於熱道。因而各奠其居。昔者。赤道（即熱帶）之下。沃衍彌望。爲五洲諸地之冠。而其民不知種植。任其大半荒蕪。薄游是鄉者。惟見豐草長林。爲毛蟲之窟宅耳。今欲富民。必設善法。以墾闢赤道下地。而資其土產。以爲人世之大用。誠如是也。向居熱帶之人。固終身之飽煖。亦可藉以養溫帶之人。或疑歐洲之人。既不能遷居炎方。欲以黑人充佃奴。又覺不合乎大道。然則任黑人生老病死於其閒乎。開墾又未知何日。則將若之何。或曰。赤道下之人。生長愈多。不得不代謀良策。使之自墾其地。然後天下之人。無論熱帶。亦無論溫帶。皆得受其益矣。

今試就英國言之。英國自命不凡。其人又善講道德。乃強占印度全國。以爲藩服。未免跡類貪婪。不知英雖占取其地。而實未嘗虐待其人。亦不以改教易俗等事。強人就我。惟不許其國人仍如昔年之日尋干戈。而進以太平之景象耳。猶未已也。更爲之築鐵路。興郵政。通電報。聯四境而成一體。且徧立大小學塾。使其人周知五洲之情狀。又使之仰事俯畜。綽有餘裕。生計數倍於往年。蓋自古迄今。熱帶之地。從未有似此墾闢。似此富饒者。英人得行其道。於本國固自有益。然先受其益者。實惟印度本土之人也。英國更一視同仁。凡有利藪之可居。悉任印人之善自爲謀。毫不加以抑勒。甚至通商他國。亦得占英人應占之利權。故英之取印。不徒有益於英。有益於印已也。更能富其利源。以益萬國。明哲之士。蓋皆衆口一詞。無異議焉。

更試舍英而言法。法國在斐洲北岸。剖取拖泥泗全地。以爲己屬。亦赤道下地也。芨夷草昧。極意經營。雖其治法。如一千八百九十三年定章。不許他國商船。往運客貨之類。大半專謀利己。然法國商船。依然運其土產。分售各國。則各國亦均受其利矣。

再考埃及國事。更可知開闢赤道下土田之關繫矣。埃及立國。雖云最古。徒以僻處炎荒。智識愚闇。六千年來。毫無生色。越在近世。歐洲人接踵而往。教以各國之善法。其君若臣者。頗能心領神會。不謂其用此法者。祇以利己。非以利人。遂成地球自古訖今未有之大弊。論世者深以爲憾。溯查一千八百七十六年。埃及試行新法。當時所負之國債。僅由英金三兆鎊。增至六兆鎊耳。乃荏苒十三年。遞積至八京九兆鎊。增於前債三十倍。及覈其全國之財產。竟如赤貧之子。問其貸欵之所在。則盡飽君若臣之貪囊。且一入而不可出。堂堂債帥。絕不作還債之想。似此奇事。良堪駭詫。既而消息傳入英國。訪知受其累者。法人而外。多屬英人。心甚不平。然時值求新黨人執英政。向以善於治內爲主。不欲與人家國事。英人皆深知之。喪失鉅金。幾絕望矣。不料政府大臣。忽發奇想。竟共投袂而起。越俎而謀。遂遣重臣。代主埃政。諸議員不以爲然。指摘紛起。且共嘆曰。以歐洲之白

埃及之棉花地面
積
埃及出做作物增收

種。遠謀赤道下異種之財政。兼代理他國之債務。事必無成。徒貽笑耳。更不料英國才人。至埃而後。諸事悉歸掌握。曾不數載。不但國帑所入。足供按期還債之需也。且入欵多於出欵。民不病而國有餘。維我英人。豈眞有點金之術哉。開鐵路以運貨。修水利以灌田。利民之政。罔弗興也。而害民之事。則更在所必除。卽如埃及向例。遇事必科派於民閒。英制。則改爲取償於官府。埃例。徭役頻繁。不予工價。英人則計口授食。俾共有趨事赴功之樂。第以農業論。農田三分之一。悉種棉花。英人授以農學新法。向之畝收千斤者。至是可收千五百斤。民既富矣。國家何至獨貧。故昔日國債券一紙。實借英金百鎊。賤至五十九鎊。始有願購之人。英一變之忽又貴至九十八鎊。似此絕大之漏巵。轉瞬間成爲金穴。亦豈英人之才智。遠勝埃人哉。良由英人以不貪爲寶。公而忘私。又不忍埃民之困苦顛連。遂出其道心以救之也。且英雖爲政於埃及。而考其所定章程。乃纖微無損於他國。各國人任意往來。竟與英人無異。埃及則經此整頓。商業亦緣之而漸興。但英人在埃之貿易。實占各國之大半。英人獲利不貲。投木瓜而報瓊瑶。此可視爲分所當然。並無愧怍。況英無不許他國貿易之例。治埃一如其治印。各國乃借重英人之力國債之本利。無憂缺乏。其商人更視埃爲樂國焉。

近代泰西各國之人。競言赤道一帶之地。不可視爲石田而棄之。故十九周中。卽以剖分斐洲全地。爲第一大事。美國立志。不願歐人羣赴美洲。開墾新地。然其命意。大抵無異於歐人。居今日而衡後事。欲知何人之往治此等地。不必視何色之人種也。亦不必視何人之學問。但有一國。用人行政。穩固不搖。卽知其國將來。可治此地。若問穩固不搖四字。於何徵之。則曰。何國最重道德。何人認眞辦事。凡事誠實無僞。卽穩固不搖矣。若使不修道德。專尚計謀。如南斐洲諸小國者。無有一國。能穩固不搖。永享國祚者也。

又考印度一國之人。何以臣服於英。而無貳心哉。英兵之戍印者。蓋寥寥無幾人也。乃久不聞有叛亂之警。蓋其大半之人。已知英官之惟欲認眞辦事耳。英在埃及。亦復如是。故欲知二十周中有何國盛於他國。祇須熟察乎其人之道德。其人苟道高德備。其國卽長駕遠馭。罄無不宜矣。

英人有雷啟者。良史才也。生平著作等身。而其講各國興盛之本原。則曰。其國之人。修心治家。皆有道範。經商則誠實不欺。又願設法以益衆人。而立身則不尙奢華。立心則正直無私。見人坦然。無所畏縮。凡事合乎時中之道。且其中也。不專因學問而起。衆因道心而生。故欲知將來其國之能興與否。惟視其人之有此數德與否耳。更試思之。凡博人之欽佩弗諼者。非十分誠信之人乎。非十分淸廉之人乎。遇事小心謹慎。而與大道有息息相通之勢。斯人盡敬之矣。今有語我以何國中多此種人者。我卽對之曰。他日大興於天下。卽此國也。有歷代之史記可互證也。非憑空武斷之比也。試觀將來。斷不能離此理。

總之。目下之光景。確知上帝欲五洲各國各種各教之人。彼此各治其事。而俾五洲之人。共仰望而稱譽之。將來卽以各洲之權勢歸之。彼第知守舊者。多恐愚民有權。必致萬事淆亂。殊不知今之民。非古之民也。一則讀書多於古人。二則不但讀書人共講道德。卽衆人亦畧知一二。民既躬被教澤。心知大道。乃如之人。分掌國權。實世間第一有益之事。維彼愚人。則恐有道者遽分其權耳。

大同學附表第一　婚嫁年歲勻計

英國男婚女嫁。逐年各有清單。惟視其操業之隆汚。以判其成家之遲早。今將一千八百八十四五年分清單。具列於左。是二年之前後。雖或閒有參差。然大致皆不甚懸殊。卽不必再行臚舉。至續娶及再醮之男婦。則皆不與其列也。男婚女嫁之年歲大柢皆酌中定數非謂一律如是也

操業	男婚之歲零數以百分計女同	女嫁之年
礦工	二十四歲零六分	二十二歲四十六分
織工	二十四歲三十八分	二十三歲四十三分
鞔工衣匠	二十四歲九十二分	二十四歲三十一分

細工	二十五歲三十五分	二十三歲七十分
麤工	二十五歲五十六分	二十三歲六十六分
司帳	二十六歲二十五分	二十四歲四十三分
店主	二十六歲六十七分	二十四歲二十二分
農夫	二十九歲二十三分	二十六歲九十一分
富室書家	三十一歲二十二分	二十六歲四十分

大同學附表第二 各業嫁娶實年

年歲		礦工	織工	粗工	細工	甃衣	店主	司帳	農夫	富豪
不滿二	男	[illegible]	[illegible]	[illegible]	[illegible]	[illegible]	[illegible]	[illegible]	[illegible]	[illegible]
十一	女	[illegible]	[illegible]	[illegible]	[illegible]	[illegible]	[illegible]	[illegible]	[illegible]	[illegible]
廿一至	男	[illegible]	[illegible]	[illegible]	[illegible]	[illegible]	[illegible]	[illegible]	[illegible]	[illegible]
廿五	女	[illegible]	[illegible]	[illegible]	[illegible]	[illegible]	[illegible]	[illegible]	[illegible]	[illegible]
廿五至	男	[illegible]	[illegible]	[illegible]	[illegible]	[illegible]	[illegible]	[illegible]	[illegible]	[illegible]
三十	女	[illegible]	[illegible]	[illegible]	[illegible]	[illegible]	[illegible]	[illegible]	[illegible]	[illegible]
三十至	男	[illegible]	[illegible]	[illegible]	[illegible]	[illegible]	[illegible]	[illegible]	[illegible]	[illegible]
三十五	女	[illegible]	[illegible]	[illegible]	[illegible]	[illegible]	[illegible]	[illegible]	[illegible]	[illegible]

三十五	男	〡〤	〡〦	〡〩	〡〥	〡〣	〥〢	〡〣	〦〥	〩〧
至四十	女	〡一	〡〧	〡〹	〡〦	〡〹	〡〧	〡〧	〦〥	〢〤
四十至	男	〦	〡二	〡〧	〡〧	〦	〡〩	〡一	〤〧	〥〢
四十五	女	〤	〧	〩	〨	〸	〧	〧	〹	〡〤
四十五	男	無	〥	〧	〤	〨	〦	〦	〡〤	〢〦
至五十	女	〤	〤	〥	〤	〤	〦	三	〹	〡一
五十	男	一	二	〥	〥	〦	〤	二	〡〤	〢〤
以上	女	一	〤	二	二	〦	〥	三	〡一	〡〧

右大同學附表第二。蓋考一千八百八十四五年分英國婚嫁清單。而知其年歲之確數也。表中所記若干人。皆就千人

中而言。故總數卽合千人。續絃再醮。亦不在內。

綜觀以上兩表。因知英民之貧者。婚嫁最早。而富家子則最晚也。故礦工其最貧者也。乃男子千人。不及二十五歲而娶妻者。多至七百二人。富室書家之子弟。僅一百五十一人耳。以礦爲生之女子。不滿二十五歲而嫁者。千人中凡八百二十七人。富室書家。亦僅五百二十九人耳。若以遲早勻計。礦工之娶妻者。大抵二十四歲。其嫁夫者。大抵二十二歲半。富室書家之娶妻者。大抵三十一歲。其嫁夫者。大抵二十六歲半。此皆載於第一表。更以貧富合計。大抵富家子遲娶七年。富室女遲嫁四年。

再考英國之貧民。大抵皆已牉合。其以鰥魚寡鵠終身者。苟非富家。卽係士族。向嘗疑自顧不贍之子女。婚嫁必致愆期也。今細察之。乃適相反。因以推諸他國。當亦不甚相遠。

大同學附表第三　美國生齒

美利堅立國之初。全地祇十有三省耳。百年以來。開闢日廣。今共增至五十省。而其南境之十八省。則以黑人爲多。今特取外來之白人。及土著之黑人。歷年孳生總數。(零數不計)及其分數。列表於左

紀年	白人	黑人	白人千人有黑人	白人百共增	黑人百共加
⿰丨⿱八百年	一兆七億	九億一萬	五百三十九		
⿰丨⿱⿰八卄百年	二兆二億	一兆二億七萬	五百七十五	廿九	卅八
⿰丨⿱⿰八卄百年	二兆八億三萬	一兆六億五萬	五百八十三	廿八	廿九
⿰丨⿱⿰八卄百年	三兆六億六萬	二兆一億八萬	五百九十七	廿九	卅二

一八百四十年	四兆六億三萬	二兆七億	五百八十二	廿六	廿三
一八百五十年	六兆二億二萬	三兆四億四萬	五百五十三	卅四	廿七
一八百六十年	八兆二億	四兆二億一萬	五百十三	卅一	廿二
一八百七十年	九兆八億一萬	四兆五億五萬	四百六十四	十九	八
一八百八十年	一京三兆五億三萬	六兆一億四萬	四百五十三	卅七	卅四
一八百九十年	一京六兆八億六萬	六兆九億九萬	四百十四	廿四	十三

由此觀之自一千八百三十年以後黑人雖生生不已而以白人相較則生育尤繁矣

大同學附表第四　法國生齒

昔年。法國生齒之盛。於歐洲各國中。可屈一指。乃近百年來。竟至遞年銳減。列表於後。

紀年	每千人中每年共生
一千八百一至十年	三十二人
一千八百十一至二十年	三十一人
一千八百二十一至三十年	三十人
一千八百三十一至四十年	二十九人
一千八百四十一至五十年	二十七人
一千八百五十一至六十年	二十六人

一千八百六十一至七十年	二十六人
一千八百七十一至八十年	二十五人
一千八百八十一至八十五年	二十四人
一千八百八十八年	二十三人

國以民爲本。民生日見其少。國事斷難日見其盛。秉國者於此。所宜深長思也。

廣學會書目書價附均以洋銀計

萬國公報每月一本　一角五分　每年十二本　一圓五角
中西教會報每月一本　一角　每年十二本　一圓
花之安著
自西徂東　八角　性海淵源　二角　經學不厭精　八角
聖蹟五彩圖　救主　約瑟　摩西　大闢王　所羅門王　以斯帖　但以理　路德氏　各二角五分
韋廉臣著
格物探源　壹圓　基督實錄　壹圓　治國要務　二角五分共九篇備列於後零售亦可
治國要務總論　國之三寶　致治之本　煤炭礦利　林木之益　修路之益　機器之益　人非教不成
二約釋義叢書　六角　女兒經　三分　耶穌紀要　一角五分
非忠恕不可　各四分
慕維廉著
聖書綱目　二角　格致新機　一角　人心交與上帝　二分　破船救人記　二分
林樂知著
自歷明證　七角七分現有十二種備列於後零售亦可
卷一印度教柏得門奇信道　一角半　卷二羅馬教奧古斯丁信道　一角　卷三回回教依美德定信道　三分
卷四猶太教洛士伐里信道　三分　卷五婆羅門教瑟的那但信道二分　卷六日本教新島約瑟信道　一角
卷七印度教但以利信道　六分　卷八歐洲古時人信道　八分　卷九印度女氏信道　三分
卷十巴西等人信道　三分　卷十一英國得基督教緣始　二分　卷十二基揣斯登　一角二分

安仁車　一角二分　中西互論　一分五釐　辨忠篇　四分
厖笛論道探源　八分　教堂買產公牘　一分　崇一論　三分
聖人說　五分　家用禱告文　六分　興華新義書　三分
印度隸英十二益說　二分　中東戰紀本末初編　一圓五角　中東戰紀本末續編　七角
文學興國策　二角　戰紀初續編文策全函　二圓　李中堂歷聘歐美記
中國度支考　一角五分　英興記　三角五分　中東戰紀本末三編

富翟氏著

聖經釋義　五分　爲道受難記　三分　太平洋島受道記　三分

李提摩太著

泰西新史攬要　貳圓　時事新論圖說　陸角　中西年表五彩圖　一元　救世教益　三角
教士列傳　五角　五彩天樂圖　二角五分　三十一國志要　一角　喻道要旨篇　一角二分
列國變通興盛記　一角五分　生利分利之別　六分　五洲各國統屬圖　一角　傳教定例　五分
八星之一總論　五分　百年一覽　五分　八大帝王傳　五分　中西四大政　六分
五洲教務問答　七國新學備要　三分　花圖篇一百張　一元五角　養民有法篇　一分
大國次第記　救世有道　一分五釐　新政策　四分

名人雜著

新學彙編　幼學操身　一角五分　正道啟蒙　一角五分
論機器之益　勉善會揭要　六分　華英讞案定章考　五分　農學新法　三分
修水口以利通商說　名公三序　三分　修命說　二分　山東貧窶考　二分
稅斂要例　傳教論旨　五分　中國變新策　二分　電學總覽　五分

社會黨

欽命二品頂戴江南分巡蘇松太兵備道袁　爲
給示諭禁事本年二月十二日接
英總領事霍　來函以香港人馮鏡如在上海開設廣智書局繙譯西書刋印出售請出禁示止翻
刻印售並行縣廨一體示禁附具切結聲明局中刋刻各書均係自譯之本等情函致到道除分行
縣委隨時查禁外合亟出示諭禁　爲此示仰書賈人等一體遵照毋得任意翻印漁利倘有前項
情弊定行提究不貸其各凜遵毋違切切特示

光緒二十八年　三月　初二　日示

欽加三品銜賞戴花翎在任候選道特授江蘇上海縣正堂汪　爲
出示諭禁事奉
道憲　札接
英總領事霍　來函以香港人馮鏡如在上海開設廣智書局繙譯新書刋印出售請給示禁止翻
刻印售並行縣廨一體示禁等由到道札縣示禁等因到縣奉此合行出示諭禁　爲此示仰書業
人等知悉嗣後不准將廣智書局刋印各種新書翻刻出售如敢故違定干查究其各凜遵切切特
示

光緒二十八年　三月　十七　日示

日本西川光次郎著

社會黨

上海廣智書局印行

社會黨目次

後篇

社會黨目次終

社會黨

日本　西川光次郎　著

仁和　周　子　高　譯

緒言

嗚呼我國民處今日最大最猛最劇烈之世界風潮中而猶不自省耶

人何以生有其資生之具也資生之具窮而人類之大恐慌起優强民族之亡人也豈必虔劉而侵殺之絀其資生之具而已閉關農業之世界朝而食暮而飲偷一息之安猶可也器械與世界通列國競爭今世界之國蓋無不以商工立國矣於是又無不瞠目疾視曰帝國主義帝國主義解之者曰今日之帝國主義經濟的也故社會黨發達於內帝國主義發達於外世界之大勢則然也夫經濟革命爲將來世界上之一大問題而我國於社會黨之歷史之發達乃瞠焉未知聞國於環球之上固未有不適世界大勢之所在而能自存者也區區小册固未足以

盡其萬一。然審敵之道。蓋有在矣。世之君子。庶幾覽焉。

社會黨何以起。夫欲天性也。而疾苦慘怛之迫於身者。尤爲不可終日。安同是血肉。同是體魄。彼何以富而逸。我何以貧而勞。況聯合公司成。（西名脫拉司脫）則。富者日。以富貧者日。以貧人誰。無心其能。默爾而與之。終古乎。夫固曰政治者以最大多數之最大幸福爲目的。然則彼疲其筋骨。流其汗血者。非於社會占最大多數者乎。自由之發達也。十九世紀中不知幾多之若君若相若貴族。傾全力以倒之而卒不可得。革命一聲。卒以至今。處今日而言。社會黨蓋亦如十八世紀中民權論者矣。政治之命歟。經濟之命歟。有開先有承後。固自然之勢所不可逃者歟。

社會黨前篇

日本　西川光次郎著
仁和　周　子　高　譯

德意志之社會黨

德意志不行中央集權之制。如英法。故個人主義發達至於極端。而反對者之起亦最烈。自粟穀海克與斐畝出。始發明社會思想。及羅特海得司與馬克出。其思想益擴充。然鼓吹乏人。故社會黨未能遽興。

後拉薩出。折衷於羅特與馬克之說。自千八百六十三年五月二十三日建德意志全國勞動協會。至千八百六十四年八月以一婦人之事鬬死於瑞士之時止。僅一年五月。拉薩東奔西走。布其主義。遂使德國勞動者大醒。奉拉薩如神明。稱之爲政治之謨罕默德。(回敎之祖)至今猶有人疑其未死云。

拉薩之喚醒勞動者也神速可驚為時雖短而其說深入人心牢不可拔幾疑若神助發言皆出於至誠其遊說萊茵河諸州時到處極意經營或以演說或聚衆開會或草雜誌日不暇食務欲喚醒下等社會故其功成也偉使時人有（一日之中能作許事）之嘆

拉薩之始遊說招致勞動者也所憑藉者有二當時之中等社會敗於革命而失勢一也中等社會心醉於孟德斯鳩之經濟說專與保護保勞動者之人反對二也拉薩乘此二機一舉而使勞動者成一獨立政黨向使德之中等社會有勢力如法國之中等社會則雖百拉薩亦安能免勞動者不附屬於中等社會之下哉

先是有威靈母立夫奈者以千八百二十六年三月二十九日生於德國旃聖之海叟市世家甲胄長於紈袴十六歲時讀霜雪夢小說大為感動歎曰（大丈夫豈能為衣食而求學哉）欲為大學教授逆其希望因欲移居於美國

千八百四十七年移居之意決乘美國郵船而行與一瑞士志士邂逅相遇縱譚

天下大勢。頗相愛悅。瑞士志士勸其游美不如游瑞士立夫奈之遊美原無一定之目的。遂首肯。赴瑞士居於素籬。靜以待時。未既。果有法蘭西革命事起。立夫奈聞報大喜。卽日向巴里而進。不幸待彼到時。革命之火。竟息。大失所望。因而得疾。後聞本國革命之機。將熟。扶病歸國。足始踐德境。而革命之火。同時爆裂。於是與友人共奔走於海霧野之麾下。致力於共和之事。奈海霧野非大將之才。士卒都未經訓練。遂有毒伸巴之大敗。彼忿事之不成。憂慮交集。舊疾復大發。不能步履。仍退於素籬養疴。垂手。然彼。熱血。如焚。寧爲革命粉身碎骨。不願。終於床。席。病小愈。又渡萊茵河。從事於革命軍。復大敗。見俘於敵。陷於縲絏者九閱月。雖然。壯夫。行事。百折。百回。立夫奈出獄。復從事於共和之舉。爲普魯士政府所迫。逃於瑞士之。善乃巴始有志於勞動運動。不幸又爲普魯士所知。逼瑞士政府逐之。復不得居。欲潛歸本國。未入境爲警官所捕。送於巴里。復遷諸英國。幸英政府寬大。許之寄居。因與隱垓氏相識。遂得與馬克往來。凡寓英十三年。專志於政治經濟等學。

千八百六十二年。伯林之北德意新聞社招之爲新聞記者。始歸國。未既。社主聞其曾爲比斯馬克公所惡。大恐。謝絕之。於是悵無所之。周流既久。自知斷不爲政府所容。遂決意投於拉薩爲勞動運動。將大展其才。及拉薩死。遂欲自樹一幟於是遊拉被溪。說培勃。培勃者。千八百四十年二月廿四日。生於哥龍。以鏇盤工起身。爲拉被溪之一資本家。初聞沙利鳩特里裘國民銀行主義之說。悅而從之。集一部之勞動者。自爲領袖。與拉薩反對。及聞立夫奈之說。遂棄舊而從之。信馬克之說。於是二人共爲領袖。社會共和勞動會起矣。

翌年。普法大戰事起。戰畢。以牙薩陸萊茵二州隸入德國版圖。勞動會以其有損於社會之共和。極力反對之。遂觸政府之怒。誣培勃立夫奈與海菩那三人謀爲不軌。下之獄。勞動會之勢大失。千八百七十三年。德國財政困乏。社會共和勞動會乘時復其勢。來年總選舉此黨中人爲議員者十人。前下獄之培勃立夫奈亦與焉。政府聞之大驚。竭力壓制之。并及一汎德意志勞動協會。彼兩派。本具有并合之意。今均爲政府所苦。同患則相扶特。遂於千八百七十五年五月兩派會於穀濕合而爲一。別立一黨。名曰。社會共和黨。政府聞之。益驚懼不知所措。

雖然。政府據上游之勢。蓄意壓制小民。欲加之罪。何患無辭。稍有使得藉口。則壓制更酷。勢所必然也。社會黨不幸。竟蹈此轍。貽政府以口實。悲哉。時德皇出遊。忽爲一少年名忽德兒者所狙擊。其衣囊中有社會黨領袖之小照。政府遂欲誣社會黨大逆不道。議會不可。以爲一人之非。斷不能累及全部。始得無事。不意一月之後。復起一大風波。德皇乘馬車出行。忽有飛彈自月樓而出。皇負重傷。急捕其人。亦社會黨中之人也。於是輿論騷然。咸非社會黨。政府乘勢彰明較著。施其壓制手段。提其事議於議會。以爲不可施壓制者得百四十九票。以爲可者二百二十一票。居多數。議遂決。稱所施壓制法。爲鎭壓法律。比斯馬克公聞鎭壓律准行。摩手笑曰。（自是如追豚矣。）社會黨亦聚衆開會。其領袖靜立而說曰。（吾人。不好行革命之手段。故每事惟和平是求。然吾人欲戰則得戰。不畏強也。比斯馬克平。曷憶千八百四十八年三月十八之日）蓋指昔日革命之事也。是年十月至來年冬。共解散勞動者之俱樂部百八十九處。禁止定期刊行之新聞雜誌五十八種。禁發賣出版之書二百十種。雖然。壓制不可久也。外患愈急。內團益固。勢所必然。況社會黨人才濟濟。政府之壓制。適足爲其鼓吹。殊不因壓制而可屈。國內既禁其雜誌出版。乃以新聞雜誌印刷發行於英之倫敦。密輸入德國者。往來無休日。其費用均由各處捐集。黨人之爲議員者。即利用議員之權。爲之主腦。千八百八十三年。及八十七年二年之大會。均開於瑞士相近之古城中。坐於蓁草之上而聚議焉。其勢益彰。可謂驚人之舉矣。自行鎮壓律以來。千八百七十八年。社會黨之議員九人。其投票總數四十三萬千八百。八十四年。投票總數五十四萬。議員二十四人。較前有增。待鎮壓律廢。千八百九十年之議會黨人之投票總數驟增至百四十二萬。議員增至三十四人。其進步之速。殆無可比擬。壓制愈重。

則興起愈盛。斯言信不誣矣。
自是進步仍未有已時。千八百九十三年。投票總數百八十七萬。議員增至四十四人。千八百九十八年。議員又增至五十八人。此後之總選舉。尤當有增。不禁拭目待之。又社會黨之人。於市會議長。亦增加飛速。今者。德意志全國三分之二。皆入社會黨矣。前年立夫奈始去世。其葬儀冠絕一時。時有親覩其盛而記之者曰。

八月十二日。行偉人立夫奈之葬式。遠近勞動界來集者十五萬人。自其宅至墓凡六英里。均執紼步送。路之兩側觀者如堵墻。皆肅靜致敬。午後五時半。靈柩達於墓所。培勃起而演說。以述追悼之意。中有言曰。「自有柏林至今日。未見葬儀如此之盛也。夫帝王之崩。送者傾城。特不過勢力所在。迫之使爲耳。若今日之來者。諸君吾敢言其皆出於至誠。敬此偉人而來也。

立夫奈雖亡。而培勃陰垓諸偉人尚在。故社會黨之勢。仍駸駸日進不已。先是議閉會後。議長必宴諸議員。而獨不招社會黨議員。本年始招之。同席有海德公者。

故英后之孫也。與社會黨議員相談頗悅。德皇室之官吏大驚。

自是尤有一可喜之事。卽社會黨之會員皆擴其主義於婦女中是也。初陰垓言德之社會主義者曰。（一家之內。男子爲資本家之代表。婦人爲勞働者之代表者也。）因欲擴其主義於各階級之婦人。後男女之問題及階級之問題。自然而別。上等社會之婦人。皆欲自由與男子爭。自知見苦於男子與勞動者之見苦於資本家相若。因悅其主義。自千八百九十年廢鎭壓律以來。社會黨大更規則。始定婦人得爲會員之律。又設委員專從事擴充社會主義於婦人。出一星期雜誌。名〔平等〕及他書。分布之。故今日婦人之入社會黨者。甚多。或別結一團體。所在皆是。然德之法律。禁婦人入政治團體。故此等團體特外示爲非政治團體。其實與政治大有關係也。

德國社會黨之事。既詳述之。今復就其遊說之法記焉。

（一）報館。德意志全國有社會黨之機關新聞雜誌。百六十餘種。傳遞迅速非常。

(二)演說會。柏林每夜必有社會黨之演說會一二處。勞動者攜妻挈子。相將往聽。或飲皮酒。或吸紙煙。其樂頗自得。演說者則靜立而言。時或議論激烈。則命解散。勞動者行歌而歸。以爲常。各處又有俱樂部。勞動者日相會於是。互相辯難。以備他日遊說之用。

(三)運動會。每年夏日無事。勞動者必開運動會。男女無別。相將來遊。於黨中勢力擴張之事大有益。

(四)下等飲食店。此等店之主人。皆社會黨之人。故不時得開小集會或小演說會於是焉。

(附)社會黨之機關新聞雜誌。百六十餘種。其中日刊新聞三十七。一星期及三日雜誌四十一。　科學評論一。　家庭雜誌一。　商業雜誌五十五。

其餘另有二種。

白耳義之社會黨

白耳義者。地不及日本十分之一。海不設一軍艦。陸軍不過四萬。渺乎小哉。然世人稱之爲小歐洲。蓋其地之商業極盛。國人甚愛自由平等。以是社會黨最昌。冠於萬國。而各國之社會主義。皆自此國所分出。故不可不詳述之。

千八百三十五年。有哥靈斯者。始著書說基督教之社會主義。千八百五十年。有秀陰者續其說。其弟子配來。有名之經濟家也。復伸其義。適當時馬克及陰垓避法國之難。逃於菩塞。盛言社會主義。於是社會主義之思想。始大發明。千八百六十四年。馬克等之建萬國勞會協會也。實唱於白耳義。次有薄耳盲者。復出而遊說。遂成德、意、志、風之社會黨。千八百七十九年。勁督之新聞記者愛特華鴉雪創議。設共同麵包製造所。又設勞動俱樂部附屬之。頗有効。千八百八十四年。有所謂〔家族主義〕之共力結社者。起設於菩露塞及巴比牙二處。至千八百八十八年。幾遍全國。自是共力結社。與社會黨相輔而行。故白耳義之社會黨。遂爲萬國之冠。蓋〔家族主義〕者。一面有消費組合。他面爲社會會黨之基礎。勞動者之活動中心也家家壁上皆紀有（今日之勞動者一無所有然他日之勞動者將無所不有也）（嗷嗷求食勞動者自然之聲無人能禁之有、勞、動、者、將、爲、建、教、會、之、巖、石）等語

時社會黨之勢力雖頗大然爲代議士者尚不過二十八人蓋以爲代議士用選法而來者不正且恐不利於社會主義故不貴代議士之多時毒來誘司之事起人心大動加之經濟流通故國民自由之精神大煥發不特社會黨然也凡有進退之精神者皆大惡嘉剌利之保守政策然欲削其權勢首當改正選舉法於是急進主義者社會主義者基督教共和主義者悉相結合立普、通、選、舉、及、比、例、代、表、期、成、會共從事於改正之事

同時社會黨之人復獨開大會或於俱樂部或於郊外勢頗盛欲示威於人屢與憲兵衝突一時胆却者幾疑內亂將起民心大惶恐於是嘉利東黨之大臣無奈千九百年遂改選舉法定普通選舉及比例代表法萬國皆未行唯瑞士與白耳

義實首行之。於是千九百年六月之總選舉。社會黨所舉之代議士增至三十二人。又得元老議員二人。白耳義之社會黨。非軍隊主義。其運動頗有力。因詳述之。

夫社會主義之與軍隊。固冰炭不同器。勢必所然也。茲將白耳義徵兵之法。以次言之。

（一）每年於徵兵期。檢查體格。合式者約四萬人。乃拈鬮。使萬三千人入營充役。如賭博然。

（二）被徵之兵。可出金脫役。其金之多寡。每年由國王定之。其條理。約有千六百餘條。

（三）白耳義者。中立國也。外敵頗少。故平時養兵四萬。戰時有軍二十萬。足備內亂矣。時軍務大臣。公然言於衆曰。以此軍隊。足備勞動者矣。故社會黨聞之。益與軍隊反對。時社會會黨之團體。全國有百二十處。其會員總數。一萬餘人。互相聯合。置中央委員。以董其事。力攻軍隊主義。其運動之法。約有數端。列之如左。

(一)每年徵兵二次時以法蘭西及荷蘭語作二書名曰(兵營)每部刊五萬部發賣以動搖人心行之數年政府畏之屢捕其主筆禁錮六月而仍不改其常

(二)於徵兵之日各處大開演說平日六時聚衆演講專攻軍隊主義

(三)黨中之青年被徵入營仍與外人暗通私攜社會主義之書入營於是社義主義膨脹至兵營矣

政府聞社會主義乃能衝入軍營也大恐使兵營戒嚴雖於休日禁兵士不得住社會黨聚集之所然兵士殊不稍畏甚至有寅夜越營往聽社會黨之演說者於是政府無奈欲借僧侶之力以救之

政府使高僧從軍士遊因乘機勸其勿復入社會黨辯其利害時或偕往教堂及軍人俱樂部此處備各種書籍遊具縱軍士行樂欲得其歡心無奈社會黨之吸力神出鬼沒軍人仍趨之如流水政府用盡心力竟歸無效社會黨之勢力有如

是哉。

今者。白耳義社會黨之領袖。爲野德華及野米兒二人。野米兒者初學於菩塞之大學。卒業後爲敎師。有所感發棄其業而入社會黨。爲領袖。能文善辯。爲白耳義之偉人。此後。社會黨之進步。尙不可思議也。

（附）白耳義社會黨有六七種日刋新聞。爲其機關。

荷蘭之社會黨

荷蘭之社會黨。興於千八百六十四年。萬國勞動協會告成之後。蓋是其支部也。然其前已有一二俱樂部與一二雜誌說社會主義矣。千八百七十二年。開萬國勞動協會之總會於哈尼。馬克派與巴克尼派大爭。各相分裂。萬國勞動協會立散。故荷蘭之社會黨亦遂不振。至千八百七十九年。有成衣司野旂該巴者起。再興社會黨。然有才而無辯。故不能大盛。時有牧師牛陰秀者。極希望社會主義。其人物與德之拉薩相似。熱血如焚。於是。

荷蘭之社會黨遂大盛。

千八百八十八年。牛陰秀舉爲代議士。社會黨之勢因之有加。今者各地支部分布。每部有機關新聞雜誌。市會議員亦多社會黨人。有一市中全議員十五人。社會主義者竟居其八。

丹馬之社會黨

丹馬者處於德之北方。與瑞典腦威僅隔一海。地勢白耳義稍大。亦小國也。然是國之皇室。曾出希臘王俄羅斯后英皇后。故稱爲歐洲之神經線。且其國人民精幹强毅。文明之進步甚速。雖蕞爾小國。頗不易侮。

丹馬工業之發達。始於近三十年。千八百七十年爲工業者居全部人口百分之十五。千八百九十年。增至百分之二十三。千八百九十七年。丹馬之勞動者其中百分之二十。在用工人百人以上之工塲。百分之二十四。在二十一人以上之工塲。百分之二十三。在六人以上之工塲。百分之三十三。在一人至五人之工塲。

近世工業日興。勞動運動驟然而起。理當然也。千八百七十一年。五月。丹馬京城閣本海郵便局之書記名握比者。一少年也。著書說社會主義。自此書出後數月。復與同志者出一星期刊之雜誌。卽名曰社會主義。於是都中之勞動者大感動。此雜誌之出也。不特都中勞動者之腦筋一變。卽農業地之勞動者亦搖搖有欲出之勢。同時萬國勞動協會之支部。分置於京城。其勢益盛。千八百七十二年之初。改（社會主義）雜誌爲日刊。抑何進步之速乎。

凡事。有進步亦必有阻害。是年五月。握比及其他之二三領袖以文字之禍。爲政府所捕。禁錮數年。因又禁人民於京城郊外開會。有犯禁者。政遣軍隊驅逐之。夫政府雖能投改革運動之首領於獄。能以力解散社會黨之集會。然其心中之改革心中之集會。不能解散也。及千八百七十六年。社會黨大開會。至者五千五百人。果較未壓制以前大有增加。

翌年其黨之翹楚握利爲政府所賣。逃於國外。因之社會黨之支部大散。機關新聞減至三分一勞動者受創甚深然此痛創實社會黨不幸中之大幸何則蓋自經此役以後其黨中崇拜英雄之心一旦掃盡黨之職員皆由衆選不以之爲主權者而視爲黨中之代表者

自是至千八百七十八年勞動者之政治運動與經濟運動益明有區別然兩派皆互送本部之代表者交相聯絡後勞働組合專爲經濟運動而社會黨專爲政治運動兩派並立勢力益大茲先述社會黨之所由興

千八百八十年新聞紙(社會主義)共消二三千張千八百八十四年增至七千張千八百八十一年社會黨之代議士投票數千二百九十五票千八百八十四年增至六千八百五票有代議士二人然社會黨既發達而反動力亦大起千八百八十五年鍛冶工與鐵工同盟排斥事起全體費用六萬餘磅延時六月備嘗困苦始得使資本家承認勞動者全體之利權

其後有述虛無黨主義者有述基督教社會主義者而最發達者實惟馬克主義

之社會黨。千八百八十七年。社會黨之代議士投票數。八千四百八票。千八百九十年。增至萬七千二百三十二。千八百九十二年。又增至二萬九千八千八百九十五年。二萬五千十九。千八百九十八年。直增至三萬三千四十八票。代議士亦增至十二人。元老院之議員二人。自治體之議員市長。二百二十人。日刊新聞八。星期雜誌五。月刊雜誌十一。

（註）丹馬之法。男子三十以上。始有選舉權。故丹馬之有選舉權者。不過全國人口百分之十五。

社會黨之勢力。既如前述。茲復言勞動組合之事。

丹馬之正長勞動組合。實起於千八百七十八年也。千八百九十三年。其人員之總數。三萬五千人。千八百九十六年。增至四萬二千人。今則八萬人以上矣。夫勢力既盛。不可無聯合之處。千八百八十五年。有人唱此說。千八百九十八年。始設全國勞働組合中央事務所。

其發達之大要蓋有二端。（一）工資甚昂。千八七十二年。其京城中上等工人每年之工資二百佛郎。田舍間百五十佛郎。千八百九十二年。京城中增至二百九十五佛郎。田舍間增至二百佛郎。（二）作工之時減少。千八百七十二年。平常日作十二時。今則大都會皆日作十時。以爲常矣。

雖然。其發達固種種不同。要之其大原因。實在於資本家。資本家同盟。求壓制勞働者之一事。千八百九十九年。資本家同盟。以敵勞働者同盟。是年五月。木匠三百人與其資本家衝突。因罷工。國中同志。聞風興起。而助之。務欲屈服資本家。到處經營。全國同志。遂罷工三分之二。其鄰國瑞典。拿威。德國。之勞働者。亦爲援應。丹馬之勞働者。雖竭力堅忍支持。尤不能敵。因飛檄天下。求援於同志者。於是英國之工人。助銀二萬元。各處亦復不少。乃始得堅持苦戰十六禮拜。遂得大勝。其後社會黨與勞働組合。皆大有進步。今則社會主義。漸衝入農業者之腦中矣。

波蘭之社會黨

波蘭者昔日亦曾爲歐洲一雄國今則社稷爲墟黯然之國矣其地爲俄德墺三國所宰其人爲强鄰暴主所奴雖有愛國志士如哥加思國昔曾與拉否特拔刀助美獨立然千方百計絞盡腦血心血與異族戰而今尚未得達其保全民族之目的雖然國之存亡在精神不在形質嗚呼欲定波蘭果爲亡國否乎請一考其民氣波蘭國民之欲求自立也以爲非發明社會主義終不得脫奴隷之籍故其於勞働運動尤爲注意雖時爲偵探所捕可薩克兵所戮倒而復起屈而復伸處於世界最專制强暴俄羅斯政府之下尤能自樹一幟互相扶持懿歟鑠歟吾焉得不拜倒哉

悲哉波蘭志士既有求自由獨立權利之思想然處於虎狼蛇蝎之間故其社會黨皆秘密結社其運動之方法大略如左

(一)用秘密出版之手段千八百九十五年正月至九十九年十二月止社會黨於國內秘密出版之雜誌小說等十八萬四千餘種分布於勞動者又於倫敦之

印書局印十二萬三千餘種私運入國中散布之即此一端知波蘭社會黨勢力矣以上係五年總出之書逐年分之則九十九年國內六萬三千四百七十五册自外輸入者三萬六千三百九十七册以是知其黨年有進步也

(二)用行軍之手段每年五月爲社會黨流血者之紀念日是日集勞動者行軍於市赴殉國者之墓行奠禮焉雖政府防禦嚴密無甚忌憚歌(赤歌)之歌使同志者精神煥發此風千八百九十五年尙不過行於二三都市今則幾遍全國矣

(三)用同盟罷工之手段俄國最陰狠之國平和不足以敵之故波蘭之工人皆勇猛激烈凡有要求於政府及資本家概以同盟罷工一法對之政府與資本家遇此舉動小則以警察彈壓之大則禦以可薩克兵然社會黨人儼若水蒸汽壓力愈重而爆裂愈甚千八百九十五年起至九十九年計同盟罷工一百八十六次罷工者極少至數十萬人其中勞動者得勝百二十七次敗者五十九次嗟嗟以亡國之民寄人籬下尙能自相團結與異族政府相爭相抗以視國雖未亡低

首下心志願爲人奴者果何如耶。

據上所述故社會黨之工資增加工時減少。然政府時與資本家相合而壓制勞動者。且波蘭非獨立之國乃亡國也。故社會黨有二大目的。

（一）知農民之中必須擴充其社會主義。五年前有人遊說於農民間。政府聞之大恐。竭力阻之。急立圖書館發政府所刊之雜誌與農民。欲以代社會黨之說。而百姓明知其欺己。益趨於社會黨。於是勢力遂及農民。

（二）波蘭中猶太人甚多。猶太人者固極重社會主義之民也。深惡俄國之專制。勢不得與波蘭社會黨相契合。五年前有能讀波蘭書之猶太人者。以猶太日用之語編一書。刊萬餘冊。分布於衆。其結果至今遂集猶太人之在波蘭者另立一社會黨。亦自有機關新聞紙矣。又波蘭人之居於外國者。亦別結一團。與國內者互相聯絡。故政府無奈之何。

俄羅斯之社會黨

地廣而瘠民衆而不均其國必內訌嗚呼俄羅斯社會黨之起有由來矣
自法皇拿破侖馬首東瞻歐州文明思潮乃衝突入俄土漸至貴族與軍人亦有
知本國專制政體之不善而反對者千八百五十五年塞巴司卜陷此勢日盛至
千八百六十一年農奴解放後其勢益激所謂(青年俄羅斯)(土地與自由)諸
秘密結社一時並起總稱爲虛無黨
此等秘密結社之人大都青年學生及貴族閨秀彼等始讀馬克之書愛之然悲
俄羅斯之境遇以爲入馬克主義寧入巴克尼之無政府主義於是或爲商旅巡
遊村落遊說農民述其主義或變服爲工人入紡績工塲推其主義於諸工人然
農民愚而無知甘受政府之壓制工人雖稍勝之究未能大發達反使遊說者爲
政府之犧牲
(改革者之所最恐者在以殉難者之墓石刺其心)當時之名言也初虛無黨人
多爲政府流於西比利亞而死故同黨會員益激怒別立所謂恐怖黨者專以刺

殺君主官吏爲事。初則警視總監梅茶陰鳩被刺。負重傷。次則克陸菩金公爵被暗擊。至千八百八十一年。皇帝亞力山大二世。遂被殺。皆此黨之人爲之也。其刺二世也。蓄意已久。前二次爲其所覺。志不遂。至三次。始克成大功。然慷慨赴義者。僅一前聖彼得堡知事之女兒云。

雖然。恐怖黨知如此行爲之不足有成也。故今者易其方針。從事於遊說。以社會主義說勞動者矣。教勞動者秘密組織勞動組合。增其數。張其形。千八百九十七年。聖彼得堡中勞動者四萬。爲要求每日作工十一半時之事。同盟罷工。政府以兵力干涉之。不畏。遂達其目的。千八百九十八年。社會民主黨起。

彼等之勢力既加。俄羅斯人之思想亦進步。前之爲秘密者。今則顯然行之矣。如五月一日（萬國社會主義之祭日）爲巴哥妙之記念日也。社會主義者之葬式也。皆公然行軍於市以示威。毫無忌憚。近其富之革命雜誌所載社會主義者比粟智旗之葬儀中有曰。

勞動者三十人。步從棺柩於市。過監獄時。大歌革命之歌。以慰同志棺之側。大書。（自。社。會。主。義。者。至。自。由。之。天。神。）之字。觀。者。牆。堵。大。呼。『倒。壓。制。!!! 倒。壓。制。!!!』

克陸菩金曰。（俄羅斯之農民。枵腹不得食。及聞俄軍勝於滿洲而大悅。不亦愚甚乎。）於是農民初醒。或襲地主之家。或强迫地主。或蕪其田疇。聊報壓制之仇。屢射殺彈壓之官吏。使地方官知而畏之。於是政府乃以嚴命諭地方官曰。

（一）切注意於農民。與勞動者會合之處。

（二）注意於農民與地主之關係。有不和者。速處置之。

（三）注意於新來者。凡無一定之職業。而巡遊村落。或疑似游說者。即捕逮之。

（四）凡有騷動之事。無論大小。速往彈壓。如力不足。速請警察或軍隊而往協助。

嚴命既下。而機運漸熟矣。然考俄國之刑法。實漸減輕。二十五六年前。有人殺一小吏。終身流於西比利亞。後彼得可薄比殺文部大臣。反不過重禁二十年。前後。已大懸殊。又殺大臣之陸國菩旂僅定六年之刑。抑何輕歟。若在三十年前。則必處死刑矣。

自是又有一事。爲俄羅斯革命將熟之證據。先是因學生騷擾之故。皇帝命將其首領數名（皆學生也）編入軍隊。遣戍旅順。反對者甚衆。卽朝中大臣亦皆不受。此命夫素爲俄皇奴隸之大臣。尙爾如此。豈非革命機運將熟之先兆乎。

以上所述。雖未詳細。要之俄國社會黨之大勢可知矣。今爲之領袖者爲橋旂菩來誇腦。皆與二十年前革命有大關係之人也。現居於瑞士而著書。其主義。以馬克爲師。其著述在俄者極多。

今俄羅斯之社會黨。於國內定期秘密刊行之物。有十二種。而印刷於瑞士英國密輸入國者。每月均平約五萬册。

墺大利之社會黨

墺大利之社會黨實始於千八百八十六年其初起也仿千八百八十九年德意志之社會黨而設墺大利之勞動黨

梅特涅出而墺大利民無立錐地矣然其與社會黨衝突也最烈是鄰國德意志以壓制平民反受其禍乃稍斂其暴跡然墺大利之勞動黨亦頗平和故兩者尚不至大攻擊三年前、全國市會之總選舉百五十六市當選者四百六十三人

今者、墺大利之勞動黨有勞動組合百四十八處機關新聞二百三十一矣

此黨中有鴉特拉與呵賽二派鴉特拉者猶太人爲墺大利社會主義中之巨擘近選爲國會議員夫德之拉薩馬克亦猶太人之血統故雖謂猶太人爲世界社會主義之祖亦無不可

夫社會黨駸駸日上而資本家乃蜎縮鼠泣矣前年資本家同盟爲罷工保險事起各社會以總工資百分之二至四爲保險金罷工之處以總工資之半爲保險

金定爲法。

法蘭西之社會黨

十九世紀之前半世紀。法國爲社會主義及無政府黨之中心點也。初德意志之馬克拉薩青年時。常學於巴里。其他各國之青年。亦多負笈來者。自千八百六十四年。萬國、勞動、協會、告成。至千八百七十一年。法國社會主義一變爲無政府主義。而馬克之勢力。亦傾入於巴克尼之內部。千八百七十一年巴里哥米陰之敗。無政府主義之勢始衰。然尙有克陸菩金來克拉及所謂（爆烈丸）之巴朗海利之徒。要之其勢力已較前大差矣。

千八百七十九年。哥米陰之役。被逐之克陰斯頓馬羅及菩蘆斯等遇赦而歸巴里。乃從馬克主義。設勞動黨。於是社會主義之勢力。遂澎漲。

法國社會黨有一弊風。卽自相分裂而爲小黨是也。千八百八十二年。菩蘆與鴉來馬離總會自立一黨。名曰撲、喜、比、利、黨。路易菩蘭克之弟子等。亦自立菩、蘭、克、利、黨爲一派。後又社、會、共、和、黨、都、合、法、蘭、西、等共分爲四派。其中亦復各分二三派。愈分愈細矣。

以上諸派。各有機關新聞雜誌。其中最盛者。厥惟社會共和黨。獨立派之領袖法律家米來拉爲主筆之新聞。各熱心務擴張其主義。千八百八十九年。社會主義者之投票總數。僅九萬一千票。千八百九十年。驟增至五十四萬九千票。爲代議士者十五人。千八百九十三年。復倍增至九十萬票。代議士五十三人。千八百九十八年。一躍而至有百三十一人之代議士。法之全國議員。不過五百八十四人。而社會主義者已居其四分之一矣。又於市中社會主義者之勢力亦甚盛。千八百九十六年。全國市會議員之大選舉。社會黨之投票總數。乃至百四十萬。殊使人聞。而瞠目也。

各國社會黨之興。大都一轍。而法國則別生一種特色。夫各國之社會黨。大概與資本家爭。法國獨不然。常有資本家中惡資本家之專橫。反出金開社會主義之。

新聞雜誌亦甚奇矣且其資本家皆有任俠氣今法國社會黨之新聞雜誌大都爲富者所設是實與各國所逕庭者也

自是始唱社會主義者爲大合同之議米來拉等派之勢次第加長大合同之事漸有端緒千九百年米來拉入內閣爲商務大臣大行法令以便勞動者發令減工人爲工之時凡爲政府使役者減至日作八時於巴里美術學校及商業學校設勞動問題之科以勞動運動之遊說家橋旂來拉羅爲教授置勞動議會以裘路等社會主義之名家爲議員布同盟罷工之法律種種之事皆與勞動者以大利益焉

（附）同盟罷工之法律曰勞動者有不得已之事求於資本家凡十八歲以上之勞動者投票舉二十五歲以上之勞動者爲陳情委員訴於資本家若資本家不問并不遣委員商議則准勞動者同盟罷工若資本家遣委員則勞動者亦選委員與之商議須於六日內議決其事若六日內不決則亦准

勞動者同盟罷工。凡罷工時。先集衆投票。問其多寡。若以爲可者多。則仍准其罷工。以爲不可者不能反對。

因督來否司一事。有名之小說家熟拉入於社會主義。大爲社會黨增其勢燄。法國之社會黨。與勞動組合甚接近。故欲知社會黨勢力之詳。不可不察勞動組合之如何。請稍述之。

初千七百九十一年。制禁止勞動者團結之法。勞動者苦之。千八百四十八年。屢起大同盟罷工。爲世界勞動者所注目。政府亦知欲保資本家不可不愛勞動者。千八百六十四年。許勞動者爲一時團結。千八百七十年。法國之勞動組。共有六十七處。翌年、巴里哥妙起。及哥妙敗。而勞動組合皆散。至千八百七十三年始復興。千八百八十四年。遂得完全無缺之團體自由。

雖得團體之自由。然以久受壓制勞動者。不無與政治上之意見有相背之處。又以。社。會。上。之。意。見。稍。有。相。背。之。處。而。生。阻。害。故至。千。八。百。九。十。二。年。之。進。步。頗。阻。千八百九十三年以後。始大盛。而千八百九十九與千九百兩年。爲尤最。商工之業。遂大繁茂。近爲萬國、博覽、會之故。氣像。益蒸蒸。日。上。米來拉所作種種便利勞動者之法律。設勞動議會。皆能使勞動者有不能不爲勞動組合之勢。因作表於左。叙組合及其人員增加之數。

組合增加表

紀元年	組合之數	紀元年	組合之數
一八八四	六八	一八八五	二二一
一八八六	二八〇	一八八七	五〇一
一八八八	七二五	一八八九	八二一
一八九〇	一〇〇六	一八九一	一二五〇
一八九二	一五八九	一八九三	一九二八

一八九四	二一七八	一八九五	二一六三
一八九六	二二四三	一八九七	二三二四
一九九八	二三六一	一八九九	二六八五

人員增加表

紀元年	人數	紀元年	人數
一八九〇	一二三九六二	一八九一	二〇五一五二
一八九二	二八八七七〇	一八九三	四〇二一二五
一八九四	四〇三四四〇	一八九五	四一九七八一
一八九六	四二二七七七	一八九七	四三七七九三
一八九八	四一九七六一	一八九九	四九二六四七

自是法國婦人之間。亦如英德諸國。起勞動運動。今者與勞動組合有關係之婦人。已至四萬二千九百八十四人。或附於男子之組合。或自樹一幟。今巴里中婦

人之組合已有二處矣。

意大利之社會黨

試問以無政府黨爲一國著特色者誰不答曰意大利故意大利之社會黨其關係於世界誠有千鈞之勢焉

意大利之政府粃政甚夥擴張軍備厚斂租稅下至日用之品亦無不橫征暴斂於平民（如鹽之一種爲政府之專賣品其價騰貴至四十倍餘可知矣）富豪貪欲無厭勞動者窮而無告政府又重貴族僧侶而賤平民由此數因遂結數果無政府主義者社會主義者皆接踵蜂起孔子曰苛政猛於虎獨夫民賊非社會黨無政府黨其孰能傾之

（甲）意大利之工廠其工資微而作時多又有種種之規則有罰金之律故工人中之有氣概者自然與資本家生憎惡之心憎惡之心既起必思所以報之然苦而無告遂入於無政府主義稍下焉者則入於社會主義先年意大利皇被刺於

門塞。其刺客初係紡織工廠之工人。因爲工廠資本家所壓制。挺而走險。遂入無政府黨。果弑皇帝。此不過舉其一端耳。其他之事。尙不一而足。是爲前數因所結之第一果也。

(乙)四年前。千八百九十八年五月。(麪包)之役起。初有饑婦二三人。襁負其子以行乞食於市。爲兵卒所誤殺。於是懷不平者。一時蜂起。揭竿斬木。與蛇蝎之政府血戰。四月。殺傷無算。而新聞記者。覩此大悲劇。憤政府之無理。縱筆痛詆之。政府。悉下之於獄。當時意國。雖有議會。然弱而無權。故坐視政府之暴舉。而不能救。(麪包)之役。雖終爲政府以暴力平之。然使小民嗷嗷之禍根。依然尙在。饑寒交迫。雖殺戮亦奚能止之。故去年四月。各處又大起騷動。於善腦華之旁。近海岸之都府名塞司立勃者。失業者八百人。開會招市長議員。市長等不敢往。善臥署之一都府。衣司乞鐵拉之市長。爲農民及勞動者所襲而逃。市會被圍。羅甸町之市會所。亦爲農夫等所困。町中有一婦人饑死。以桐棺送於葬地。其餘婦人爲工者。

日不過得百錢。見之。皆悲鳴不已。曰。（彼死者自今享幸福矣。今日彼死之日。明日我死之日也。嗟乎。知我如此。不如無生之爲愈也。）聞其言者莫不泣下。意大利爲歐洲之文明國。而乃若斯。其他亦可概見矣。噫。目覩此悲慘。愛國之士。將何以救之。厥惟社會主義。是爲前數因所結之第二果也。

（丙）民無求衣食之道。饑寒交迫。每流離異國。每年勞動者二十餘萬人爲移民求食於他國以爲常。而其中非爲無政府主義。卽爲社會主義。彼等歸國務竭力擴張其主義。是爲前三因所結之第三果也。

據上所言。意大利之社會黨。已漸發達。而意大利南部與北部之社會黨有差異。茲先述北部。次及南部。

意大利之北部。有一勞動政黨。據前年之報告。其支部共分五百四十六處。會員萬九千百九十四人。去年大增。支部至七百八十三。會員二萬九千四百九十七人。勞動政黨勢力既增。社會思想漸衝入保守黨之腦。北部之都市乃設一勞動教育。會。又近於米蘭又擬開（人之家）之說。

今去都會而視田舍。則自愛耳白山至愛特利克海瀑河與路比哥河之間。所居之農民。爲社會黨之一。大根據地。

滿家州之農夫萬七千人自結一團體。二三月間增至三四萬人。其勢力可知矣。又此地之農夫有消費組合二十五處。故農之工資頗昂。工資昂故地主竭力改良。土地改良故收獲加增。是以勞動者。與地主。與國家。均受其益也。

來橋野米寥之小農有消費組合十六。羅馬臥那之小工。有七千人之團體。名曰同胞。比特門有消費組合及購買組合。

北部之地城中與田舍之社會黨勢皆日長。故於地方議會社會黨議員年有增。南部之工業則未能如北部之發達。南部之勞動者處於多年壓制之下。民氣未蘇。且資本家又與北部異。有行政及司法之權。故不特於工廠之內。卽工廠之外。有與己反對者亦得以行政權。及司法權壓制之。南部之唱社會主義者有三語曰。苦。於。生。活。問。題。曰。自。由。被。奪。故。南。部。之。人。社。會。黨。微。而。無。政。府。黨。大。盛。

然奈白耳及喜喜利島之社會黨亦頗盛。曩法國馬塞野耳之地同盟罷工起時。馬塞野耳之船來奈白耳。之勞動者拒之使不得登岸以助其同志。

喜喜利島之人口四十萬。社會主義者居其三十萬。其勢力可知矣。三十萬皆同盟結於一處。各地支部有自治權者百五十處。而其中又有二種之別。一。有革命。思。想。者。一。則。爲。共。結。社。

演說者巡廻全島不絕。赴各支都演說。農夫礦工之往聽演說。如敎徒之往聽說敎。然其信。社。會。主。義。之。能。救。人。亦。如。敎。徒。之。信。耶。蘇。故各部皆以諸社會黨偉人。如馬克馬家尼家利巴地等之像。皆與耶蘇之像同懸諸室。其。深。信。社。會。主。義。從。可。知。矣。

意大利全國之社會黨。有議員二十七人。日刊新聞二。七日一刊之雜誌五十種。

西班牙之社會黨

西班牙者、古之强國。今則微而弱矣。雖然其國有社會黨。是不可不記。

西班牙之社會黨。成於千八百七十九年。至千八百九十一年。社會黨之投票總數。五千九十三年七千。至九十六年始增至萬四千。自後復大增至九十九年之總選舉。政府畏社會黨之人。將舉爲代議士也。與資本家協同。以錢神及警察之力。共壓之。於是起釁。比兒巴之地。因爭鬬而負重傷者七十人。蛇拉穀沙之地。資本家以賄賂誘社會黨之人。至以一票之微。與金二百五十佛郎。又同薩之地。以選舉之事起爭端。死於非命者一人。政府資本家。施盡種種之法。而社會黨之代議士。尚不免有三人。一在西班牙之京城馬得利。一在比兒巴。一在蛇拉穀沙。千八百九十九年之後。勞動者以日用之物騰貴。地租昂而工資少。益較前苦。故人愈趨入社會黨。今者西班牙社會黨之支部。有二百五十八處。日刊新聞十三種。(二種在京城十一種散布各地)其進步之速。不亦可驚乎。故曰。民愈困。愈貧。社會黨愈盛。雖然有其國之民貧困。爲世界所無。而社會黨無一人者。此何說乎。

去歲千九百二年之總選舉。西班牙社會黨之勢極微。蓋有二故。一則因政府壓制嚴酷。無選舉之自由。二則因勞動者迫於餬口。無暇爲政治運動也。雖然西班牙民之窮困極矣。政府之頑迷。資本家地主之專橫。貴族僧侶之貪暴。（西班牙之僧侶。吸取人民之財。三倍於政府）愛國者曷起而一刷新之。上以强其國。下以福其民。余不勝翹首望之。

英國之社會黨

英國。自古行憲法之國也。故其國之勞動者。有屬保守黨與屬自由黨之別。夫英國工商之盛。甲於天下。人民富饒。故資本家與勞動者。絕少爭鬬之事。而勞動者。亦絕少政治運動。英國自有社會黨以來。惟嘉思得運動擾動一次耳。亦含蘊十有餘年。始成此舉。茲畧述其梗概。千八百四十八年四月十日。自早至晚。一日之間。勞動者十萬。一時驅集於開尼臥及歌門各處工廠。同盟罷工。威靈吞將軍。將常備兵二十萬。以備不虞。倫敦戒嚴。嘉思得之領袖。聞威靈吞以兵力脅之。演說曰。（吾黨之士各執一星之火持一束之藁一夜之中可使倫敦歸於烏有吾何懼哉。）政府無奈俯就之事始得平。

英國之社會黨雖絕少爭鬧而發達之盛實勝他國。初英之社會黨與於千八百二十五年。於院內則有約瑟賓於院外則弗蘭喜菩來司等爲之主動逼政府廢雇職工團結禁制之法至千八百二十九年局毒巴欺始聯勞動組合雖創業伊始已有百五十處之組合十餘萬人之會員矣千八百三十四年。陸巴得阿應集勞動者五十萬人成一團體至千八百五十年。威靈牛頓與威靈阿蘭設聯合機關職工組合自是至千八百八十六年。成團結之勞動者有八十萬人。九十三年。又增至百五十萬餘人。

又共力運動者於千八百四十四年十二月。陸奇宅之紡織工數人以二十八磅之金爲資本開小商共同店而成今則此等店有千八百處會員百六十萬資本金二千萬磅支部遍於英之屬地有輪船五艘生產場十有二。又共同卸賣社會。

（北部英倫共同卸賣會社之改稱）蘇格蘭之共同卸賣會社。有百六十九之共同生產場。星期所刊之（共力新聞）及其他之機關雜誌。亦復不少。由勞動運動而至政治運動。猶小兒之至成人也。勞動組合大與資本家必驚懼。亦勢所必然。千八百八十二年。橋巴司頓馬唱新勞動組合主義。千八百九十三年。勾哈敵等以此主義組織獨立勞動黨。盛說勞動者爲政治運動。翌年蘇格蘭之煤工罷工。數月。國中勞動者。助金數萬。仍未得勝。千八百九十八年有機關職工組合會員八萬八千人。以要求日作八時之事。國中及墺意德諸國及與大利亞州之同業者。共助金六百萬圓。於是儘此金力之所支持。同盟罷工。遂破資本家之同盟。是年又有惠兒斯之煤工九萬人。同盟罷工。數日亦破資本家之同盟。此三事出。英國勞動者。遂深知政治運動之不可少。復結他勞動團體。爲政治運動。故下畧述其政治運動之事。

（一）獨立勞動黨之近狀

前歲總選舉時。獨立勞動黨候補者九人。與社會民主同盟相結。出一人之候補者。卽勾哈敵十人所得之投票總數。三萬七千餘。較之前次之總選舉。增二倍有餘。當時爲南非洲之事反對此黨。已大受虧。而猶盛如此。可謂驚人矣。

去年二月二十八日。獨立勞動黨於選舉自治體之代議士。出百三十四人。合計投票總數二十八萬六千餘票。當選者六十二名。先是千八百九十九年投票總數十七萬八千餘。二三年間驟增至十萬以上云。去年四月八日九日兩日。開第九年會於拉塞野司得極一時之盛。先由是處之支部幹事述歡迎之辭。及議長之演說。次選本部役員及評議員。當選之氏如左。

議長在勃司克蘭解會計豈敵倍宿(新選)書記橋配尼。

評議員勾哈敵、喜利菩丁、阿馬克特、小司巴嘉野敵解蘭、由太菩流橋陰(新選)

次復決議條規之事。今錄如下。觀之可見其黨之一斑矣。

（一）既有媾和會。戰爭中止。會特蘭司巴會等。再合同社會主義團體。及勞動團體。協力强制政府。必使政府允結平和條約而後已。

（二）軍隊者。破壞國民生活者也。不可不極力反對之。

（三）在學齡之兒童。按工廠法。禁爲勞動。然所禁不過不准入工廠爲工耳。若學校課業畢後。或作手業於家。或賣物於市。則不禁也。故吾黨宜設法改工廠法及商店條例。

（四）凡房屋皆宜爲一市或國之所有。擬要求政府二事。（一）一條於現行法中。以（爲勞動者建屋與否。乃市之自由）一條爲（一市不可不爲勞動者建屋）。（二）禁賣宅地。房屋有危險之事。出租者有罰。及市中爲勞動者建屋。得以官價定其地值之事。

（五）近來之新聞紙。多爲資本家所有。煽惑亂民。迫害唱平和之人。又使國家爲非理之戰。故吾黨。當視之。爲正義之公敵。

每年募金千磅。爲五年之間開特別會開演會及發小冊之書之用。

勞動選舉委員

其他之勞動團體。亦有知政治運動之不可少而爲之者。然終因種種之故。不能入獨立勞動黨之一黨。於是獨立勞動黨欲聯合之。乃曰、夫勢合則力厚。爲政治運動。較易曷若合而爲一。選勞動選舉委員。選舉之際。候補者皆奉選舉委員之命。互相救援。豈不甚美。於是有勞動組合四十一。（其會員總數三十五萬人。）商業會議所七。（總數十一萬人。）社會主義團體三。（二萬餘人。）皆贊成其事。四年前設勞動選舉委員。前年開第一次大會於孟鳩司德。在勞動選舉委員所屬之各團體。均定運動之方針如左。

（一）凡成年之人。始有選舉權。

（二）凡遺傳的政治上之獨占。悉廢之。

（三）凡選舉費用。及議員之俸祿。宜由政府給與。

（四）帝國主義。及其所屬之軍隊主義。宜極力反對之。

（五）反對與亞非利加之戰。（卽英特之戰也）。

（六）資本私有之結果。自然爲獨占爲公司矣。故欲其不防害勞動者於經濟上政治上社會上之自由。務宜以資本爲公有。

前年屬於勞動選舉委員之下之候補者三人選爲代議士。

蘇格蘭之勞動者。亦相合設勞動選舉委員前年之年會代表人至者二百三十四人。內百五十人爲勞動組合。商業會議所之代表者。四十七人爲社會主義團體之代表者。餘四十六人。爲共力結社之代表者。

其他之勞動團體

又有不與獨立勞動黨及勞動選舉委員相合者之勞動團體。如聯合工夫組合。自獨立爲政治運動。又如共力結社與自由黨相結。亦爲政治運動。皆出代議士。及自治體之議員委員。於是凡社會主義及勞動團體所出之代議士。合之有十三人。自治體之委員及議員合之。得七百。可謂盛矣。蓋十年以前。只有十二人耳。一躍衝天。眞勢如懸河也。

選舉資本金

勞動者旣得非常勢力。益爲政治運動。各團體皆積金爲選舉資本金。聯合工夫組合。機關手組合。船火工組合。鐵工組合。煤氣勞動者組等。皆積有金。故此後之總選舉。勞動之代議士。及自治體之勞動議員委員等。當益增矣。

大同之希望

更有一可喜之事。卽有大合同之希望是也。國會內有十三人。攜手而始運動之矣。自各勞動團體。社會主義團體。推至與地方自治之有關係者。互交換智識。設地方政治報告局。已有百二十自治體之議員贊成之。自各地通信載諸報告書。觀此情形。英國勞動者之大合同。當不在遠。大合同若成。則英之勞動者之政治運動。當與德國並駕齊驅矣。

嘉哈敵

爲政治運動之中心者曰嘉哈敵。彼以千八百五十六年生於蘇格蘭之拉那克司。年八歲。爲煤礦之小工人。自是起身爲田舍新聞記者。千八百八十七年。入於社會主義。始爲勞動運動。以至今日。彼每一星期。仍作工於外十五時云。

婦人之勞動運動

英之婦人勞動運動。亦如德國然。每重要。都會之。獨立。勞動。黨。必屬。有婦人。彼黨。聚集之時。婦人唱歌。或搬運茶菓等事。以悅衆。牛嘉司得選舉之時。勞動黨曾唱議。欲爲。婦人。獨設一。勞動團體。獨立勞動黨之薄兒頓支部。婦女爲會員者頗多。因之選倍他忽薄夫人爲副幹事。腦金過哈支部中。婦人。自結。一。團體。又倫敦中有婦。人。勞。動。者。國。民。同。盟。云。

愛耳蘭之社會黨

千八百四十一年。愛耳蘭之人口。八百萬。千八百九十一年。辰不過四百餘萬。則五十年間。殆減其半矣。由此可知愛耳蘭人民之艱苦。推其故。蓋彼處利益全爲少數之新教徒所專。故多數之天主教徒大苦。是以愛耳蘭之愛國者。憎英如蛇蝎。千八百九十七年女皇維多利亞之聖誕。愛耳蘭之求喜利及他菩靈府之市會黨。特揭黑旂。是可知愛耳蘭人對英之心矣。而此愛國者之中。社會黨之團體爲尤最。遇機會卽運動。與英反對。如千八百九十九年十二月十九日。社會黨欲助南亞非利加共和國以反英。乃大行軍於他菩靈府。與警官衝突。大騷動。爲此行軍之大將。乃（勞動者之共和國）之主筆。善野司哥腦利氏是也。

合衆國之社會黨

自十八世紀之中葉。至十九世紀之初。英法德諸國之宗教家及共産主義者。多移居於合衆國。羣居一村。名曰共産村。一時美國之共産村。有二百餘處。是實爲後來社會黨興起之一淵藪也。

千八百二十年。橋旂海利與否地它比兄弟二人。移居於紐約。始爲勞動運動。

社會學首篇

千八百四十八年法德諸國起革命之事不成。其人亦多移居美國。中有馬克之友烏野特妙及後日設（勞動武士）之戎衣師。烏野特靈等在焉。烏野特靈移居之時。攜福爾克所著之書數千冊而往。

以上所攜皆社會黨之種子也。故其涓涓徐徐而出。千八百六十年內亂大起。冤放黑奴。勞動者因此事頗長其氣。始集於都會。時外國勞動者大爭。勢甚盛。美國之勞動者聞之亦爲之生色。

千八百七十一年巴里之敗於哥妙者多逃於美。亦爲勞動者一助。於是千八百七十二年間。勞動組合大起。欲減其作工之時。日作八時。乃篇一歌。勞動者無不歌之。其意大略記之。凡人一日之中。動作八時。遊八時。寢八時。是爲神所許之法則也。夫鳥獸尚有遊息之時。矧於人乎哉。

千八百七十八年。德國行鎮壓律於社會黨。彼黨之人。多逃而避居於美。復爲勞動運動於是。

故美國之社會黨。皆合各國之精華。而成激烈派。溫和派。無所不有。其激烈派中。嘗有數言。顯揭之於其機關新聞曰。（吾黨之所信者爆裂丸也。爆裂丸者。廉價之武器。固天生爲應貧者之用也。吾黨培科學。備爆裂丸。仗此武器。必能倒壓制者矣。）又曰（世界之大革命將至矣。吾黨不可不先試小戰爭以爲將來之備。小戰者。何其惟爲刺客乎。）觀此亦可知其黨之用意矣。

美國土著之勞動者。深植於社會黨。如雪加穀之造菸者。組合會員五分之四。皆美國人。又今者各派大都統一。爲二大派。一曰社會共和黨。一曰北美勞動團體。之二者近亦大有相并合之勢。下畧述兩派之梗概。

社會共和黨。千八百九十七年北美鐵道團體之改稱也。其領袖爲野耕比克打敵勃司。稱爲美國之拉薩彼。以千八百五十五年十月生於印敵阿州。父德國人。年十四。爲印書工人。復爲機關火夫。爲雜貨店之雇工。千八百七十九年。始被選爲或市之書記。翌年復選爲機關火夫同盟會之書記兼會計。於是專力於勞動運動。馬塞鳩塞州爲之風靡。遂使共和社會黨以躋於今日之盛。前年此黨中推之爲大統領候補者。當此黨運動之時。出小册之書。百二十萬。遍布各地云。

北美勞動團體者。千八百八十一年始立此名。今則支部七千三十一。會員六十五萬。聲勢隆然矣。初此黨亦知政治運動之不可少。而其意與社會主義反對。然前年大會時決議二條。一研究社會主義爲公司或獨事業應用之目的。二爾後一致爲政治運動。由此觀之。北美勞動團體若稍進一步。卽與社會共和黨同矣。

是黨領袖爲薩妙野兒國阿巴司。自有此黨以來。卽爲會長。至今不過落選一次。彼原爲製菸之人。年十三時。與父共遷居紐約。一夜聞惠陰得喜利勃之演說。（余以畢生之方法。望勞動者之組織。余祝勞動運動。余以共和政治爲唯一之希望。將使國民皆聞勞動者之聲。）之語。大感悟。遂熱心爲勞動運動家。竭力游說。各小勞動團體。使合於一。千八百八十一年。北美勞動團體告成。其目的始達矣。後國巴司之名日高。種種誘掖之者甚多。美國大統領屢辟之爲官。堅拒不出。至今仍依然如故也。故是黨之人敬之如天神。嘗曰（如彼之爲我黨盡力天下無有第二人也。故我黨敬愛之。亦當爲天下第一人）前年又選橋米秋兒爲副會長。年僅三十有二。而爲人頗莊嚴。前年倍雪巴尼之煤工十五萬人爲大同盟時。彼大施其力。將來國巴司厭世而去。爲之繼者。必此公矣。去歲之連合大會。始爲以上之二團體。他之諸派亦一致爲政治運動。近社會黨之爲代議士者頗多。於都市之社會黨。於都市之政治運動。已得實際之勝利。而阿哈浴州克利白蘭市脫來地市馬塞鳩塞州菩陸克頓市哈巴喜市等之市長。皆爲社會主義者矣。美國全國社會黨之勢。已具言之矣。而地方各處不同。復畧述之。

美國社會主義最盛之地。卽獨立戰爭之際。免放黑奴南北大戰之役。所最出人物之馬塞鳩塞州是也。州之知事候補者惠富兒比波德。社會共和黨之人也。嘗言曰。（吾祖爲救此國於英之壓制而戰死。吾父爲救黑奴於地獄而戰死。今吾等。不當爲救勞動者於資本家之壓制而戰死乎）其言可謂壯矣。然抱此思想者。非獨彼一人。州中之社會主義者。皆懷此念。亦可知此州之勢力矣。州中社會主義聚萃之處。尤當以古詩人忽衣雀所產之哈巴喜市爲最。去歲此市舉市長。民主黨與共和黨相結。以敵社會黨。大行賄賂。猶不足敵。竟舉橋喜鳩司爲之。鳩司者以一鞋匠起身。社會黨中之錚錚也。當社會黨之運動此選舉也。諸勞動者皆竭力。有一社會主義者某。罹大病。醫者已言其不治。然心念此選舉。久不死。及聞此選舉得勝。大喜狂笑而終。

次之。美國中西部之密速里嘉薩司奈白來司克愛衣阿華四州。亦爲社會主義勢力所在之地。四州之中心。有聖路易市者。有奉社會主義之中央勞動組合焉。會員三萬人。有德文及英文之星期刊之社會主義雜誌。前年舉大統領時。此地之社會黨。費游說所用之金七百弗。總計右四州之社會主義者。約百萬人。美之南部。人民素多黑人。工業尚未大興。故社會主義不能擴張。然近年工業漸興。游說社會主義者。已有其人。將來其結果。必有可觀也。

美國人之著書啓國民之思想使入於社會主義者。甚多。今畧舉其學者及思想家之姓名。並述其著書感化人之運動以備考。

有海利橋旂者。著一書曰(進步與貧窮)。不特美人大受其感化。餘波幷及美國。又有野德華倍拉米者。著(回觀錄)。千八百八十八年。脫稿此書影響所及一年有半百六十二之俱樂部。俱與人心大動。又著(平等)一書。亦大動人心。又有利嘉敵衣利者。經濟學名家也。著(美國之勞動運動)及(近世德法之社會主義)二書。受其感化者不少。又有海線者。(彼近休其妻名頗不善。然所著之書實大有益於社會主義)其餘有名著家亦煩不勝數。今特舉所最諗知之者耳。

又美國近年亦有婦人爲勞動運動。如英德然。無論何處勞動者集會。必有婦人至焉。

加奈大之社會黨

加奈大今雖尚無大組織之社會黨。而以勢度之。將來必大盛。故不可不稍述之。

加奈大者起於北美合衆國自立之後英之屬國也千八百三十七年急進主義之先驅者一揆起然是時知共和政治者尙少爲政府所制不得伸此後知共和政治者漸衆說社會主義者亦漸增其時機之將至乎。

十數年前始設社會主義勞動黨之支部於是那誘那利司倶樂部起加奈大社會主義協會起（今已有支部十七有專任游說講演者之人）社會主義教育倶樂部人民組合社會科學倶樂部非貧窮會海利橋旂倶樂部及社會改良協會等一時倶起皆致力欲社會思想之普及。

又聖套馬司發行之（加奈大勞動者之急使）巴米兒頓發行之（巴拉舊姆）脫旅脫發行之（勞動改良家）（加奈大農民之太陽）（市民與國家）等之雜誌亦均爲欲社會思想普及而致力而（市民與國家）之雜誌乃加奈大急進主義者運動之中心點爲橋旂林肯所作爲加奈大爲社會主義諸雜誌中之首。

據上所述。社會主義者自然日增矣。千八百九十七年。社會主義者二人。爲阿他利州會議員之候補者。其一得百二十六票。其一五十九票。千九百年。各處之候補者。社會主義之人。多則三千餘票。少則千六百餘票。可見其盛矣。

千八百九十九年。脫龍脫之社會主義勞動黨。舉同市之區長候補者。得七百六票。千九百年。黨中復舉同市之市長候補者。得二百二十一票。千八百九十九年。哈米頓舉市長候補者。社會主義之人舉得之。有三百四十二票。千九百一年。阿路野勃拉司之社會主義者。舉得聖脫馬司市長。有九百七十五票。同年喜影大華特之社會主義者。舉得勃蘭毒特之市長。以是觀之。加奈大之將起一大社會黨。不遠矣。

社會黨前篇終

社會黨後篇

日本　西川光次郎著
仁和　周　子　高　譯

前篇所述歐美各國之社會黨。乃欲達其目的而組成一篇流血之歷史也。茲復述社會主義之理想國。以爲結。

今日之世界上社會主義者之理想國。惟愛耳白山之瑞士與南洋之新西蘭也。今將瑞士之事述其大要。若新西蘭則請俟諸異日。

瑞士

國何以立。於世界。不以兵。不以財。不以形險。而僅僅以氣魄。瑞士者面積一萬五千九百七十六英方里之小國也。國不憑海。又無大河以通舟楫。山不產煤鐵。國雖微小。而魔鬼之網。不足以羅之。蛇蝎之絲。不足以縛之。噫。蓋其氣魄之敵人有非言語可形容者。今特述之。以爲尨然碩然帝國之民今日泣。種奴明日。歎國滅。

者羞。

(一)瑞士者義俠靈威母豆爾之產兒也故國民愛國之精神最富而尤繫心民族主義有侮其國者雖粉身碎骨必報之讀是國之歷史使人愛國心油然而興

(二)世界各國有國事犯逃於瑞士者國民敬之愛之百計千方務必盡其保護之策絕世偉人瑪志尼曾以其國之善奈巴爲青年歐魯巴之中心無政府主義者亦以巴克尼及善奈巴爲中心又俄國之虛無黨亦以此國爲外府之中心其餘若拉薩若立夫奈其初皆逃於是國而成事故曰瑞士者歐洲革命巨子之脫胎地也。

(三)是國之都城倍盧有萬國電報同盟萬國郵便同盟萬國商標權專利權版權同盟鐵道同盟去歲又設萬國勞動局於是舉歐洲各國之要件皆聚萃於斯故英國新聞(評論之評論)之主筆曰他日若歐洲結聯邦其以此國爲首府歟

(四)是國之社會制度除新西蘭外世界各國未有能望其項背者焉得不詳述

之以爲吾之圭臬。以上四端。其一二三端。不遑詳述。容補諸後日。茲請與讀者共研究其國之社會制度可乎。

社會制度

（第一）保護勞動者

（甲）工廠法　瑞士現行之工廠法。係千八百七十七年之所定者也。全國分爲三區。曰聯邦。政府。曰地方。官。曰工廠。監督。官。三人皆奉行此法者也。監督官年巡視於其所屬之各工廠三次。察工廠法之缺點。雇主之犯法。勞動者之不平等事。與以相當之處分。凡犯法者罰金自五佛郎至五百佛郎。再犯則禁錮三月。工廠法之內容極詳密。凡使役不用十八歲以下之兒童爲工人。或其工廠有害於衛生者。雖五人以上。即使入工廠法之範圍。不然。則凡有工人十一人之工廠始得入工廠法。工廠之內定衛生法極詳細。用危險之器械者。善爲之設防。若工人有意外負傷之事。則雇主負其責。又平常作工之時日不得過十一時。凡禮拜六及佳節之前一日作工不得過十時。每日正午工人必須有一時之休息。凡禮拜日及定規之外而作工者。非有特別之許可不准。又婦人於禮拜日作工及作夜工。皆嚴禁之。雖自己家中之婦女。亦須與以休息。自十一時半至一時。產前產後四禮拜中皆禁爲工。十四歲以下之兒童。不得入工廠爲工。十五歲及十六歲之兒童。只可於教育餘暇時爲工。以上所言工廠法之大要也。各州又定保護條律。以補其不足。今舉其數條以爲例。巴司來之工廠法中有關於婦人之條。凡工廠使用婦人三人以上。始入於法。聖哥爾則凡用二人以上及十八歲以下婦人之工廠。始入於法。瑞利亦因小工廠不入工廠法則有弊。故另立有法。

(乙)家內工業、 有社會學思慮者素唱言曰。(失業者問題之一部。惟防起事業。於田舍及田舍人之暴進於都會可解釋之) 故瑞士從此言。始保護家內工業。其保護之法。詳於後。其結果奏非常之効。農之遷居者果大減。田舍之間。殊不衰退。而失業者受其賜多矣。亦可見其法之善也。

（丙）勞動者之書記　瑞士無勞動局於政府。如英美。十年前有與之相似者。（勞動者之書記）爲半官半民之性質。自聯合勞動團體選之者。政府月給以費。其書記之職務。始爲瑞士諸州廳諸改革倶樂部。又廣與外國之勞動者通。研究勞動者之經濟及改善之法。

（丁）勞動者之房屋　勞動者居處陋而卑。各國之都會皆然。故瑞士亦不免。然工人付租已費其收入之資之半矣。故數年前。瑞士因勞動者之房屋問題大喧。其結果以一市或雇主爲勞動者建房屋始了。而其房屋果何如。則試舉一二以爲例。

敗龍市於數年前於貧民窟。建一市公共所有之房屋甚多。又去市之中心約半日之火車。千七百英尺之高地。爲勞動者築屋百軒。頗適養生。每屋皆有相當之院。屋之近邊。有大空地。價頗廉。貸於居民。然屋之數少。猶不足數用。故於市街選適當之家屋。貸與勞動者之性質和平者。其租價則與平常之屋減半。而其租主不復租與他人。有損壞。仍任其修理。其外尚有數條曰。

(一)時時當受市役人之巡視。

(二)租屋之須保房屋之清潔。除晏會之外。不得喧嘩。以騷擾鄉鄰。又不得留宿匪人。

(三)常掃除房屋。時開窗通空氣。室外亦須清潔。不得畜雞兎等於窗下。

(四)禁曬衣服於中庭。

(五)進出之途。不准堆積雜物。

(六)牆壁宜保其清潔。禁小兒東塗西抹。

(七)每三月必掃煙囱一次。

（餘一條以不關緊要畧之）

善奈巴市爲勞動者建屋。以其工資之多少。定其租價。或月扣其工資數年之後。其屋卽歸於勞動者所有。

以上所言。皆一市爲勞動者所建之屋也。又有屋主爲之築屋者。如有名之啓哥來製造家蘇家凸。爲其勞動者及村人築屋大小三種。價頗廉。貸與之。租價中加有修理費。每三年一修理。尙有餘貲。則仍歸房主收藏。以備不時之需。

（第二）產業之平和

爲保產業平和之故。特設產業仲裁裁判所。及公益結社。

（甲）產業仲裁裁判所　瑞士聯邦政府與各州有組織裁判所之自由。然各州皆大同小異。茲舉巴斯來之仲裁裁判所以爲例。則其他可推而知矣。

巴司來之產業仲裁裁判所。設於千八百八十九年。先是有其所屬管之產業分爲十團。各團之雇主及勞動者。均出三人爲判事。裁判長另一人。則選之於普通裁判長之中。以組織其事。判事每三年一替。每一事件。則給以一先令八辨士以爲酬。

（乙）公益結社　瑞士各地所謂公益結社者。蓋始於百年以前。互相聯合。其會員多爲勞動者。而亦有各階級之人。其職與產業仲裁裁判所相若。皆爲產業平和之事而盡力。左數條是其行法也。

（一）其結社之目的。蓋欲使勞動界中人。無一不受教育也。夏則設早晨學校。冬則設夜學校。又有冬期講演星期學校。又爲勞動者設圖書館。

（二）其結社之目的。有保護勞動者負傷死亡疾病之義務。

（三）時時開會。集男女之爲人僕者。說以種種之理。

（四）時集勞動者之妻女。教以烹調之法。

（五）凡爲之保護人者。有種種困難。勞動者亦須爲之盡力。

（六）爲勞動者房屋之改良。無不盡力。

（七）爲勞動者設讀書室。及飲食店。廉其價。

（八）爲勞動者設銀行。以便其用。

（九）孤寡盲啞者。無自治之力。則特別保護之。

（十）設運動場。爲勞動者及小兒等作成養體育之所。

（第三）保護失業者

世界各國保護失業者。未有瑞士若也。設種種之保護。列之如左。

（甲）不取值之宿店　各州皆有。少則四五處。多則二十餘處。甲地之失業者。往乙地求業之時。有所駐足。大得其益。且宿店中附有各業之引導。失業者來此。卽能相宜。爲之就事業。不寧惟是。是處又設有教育會。使來居者不致逸居無度。此等宿店之規則。亦大同小異。茲舉其大畧。

（一）來投宿者。須驗明有工廠監督官或警察之保證書。若無有者。卽知爲無賴匪徒。拒之。

（二）凡失業者。不得在一宿店內寄食及寄宿至六月以上。（一月之中不得往復二次。一年之中不得過三次。）

（三）凡不作工至三月餘。宿店爲之所覓事業。又故意不就。則逐之。不得復。

寄。食。寄。宿。

凡一宿店至他宿店。近則六英里。遠則十英里。

(乙)勞動殖民　（失。業。者。與。之。金。不。如。與。之。事。業。以。振。其。自。助。之。精。神。）云。

此義由德國發明。而瑞士從而推廣之。遂立勞動殖民。

瑞士之勞動殖民。最先者在丹奈好泊。今舉其一則。其餘可類推矣。

丹奈好泊之勞動殖民。倍盧之中佐強忽查敵惠爲之會長。先募股。每股金四磅。共三十人。其他又有政府教會及好施者所助之金。合之。共得二千四百磅。卽以此金購與牛加敵縣相近之荒地。四十海克打。費七年之苦心。遂爲良好之殖民地。其目的大旨在收倍盧之犯罪人。(已出獄而無業者。)及失業者。使自食其力。夏時事多人少。則雇人助之。凡入此者先立約。最少必住二月。當守之規則如左。

(一)禮拜日必往聽牧師之說教。

(二)每朝冬則五時。夏則四時。起牀。讀禱告文後卽作工。夏則六時。冬則七時早飯。至九時稍休十分鐘。十二時午餐休息一時。四時又休十分。至七時或八時工畢。每禮拜日爲休日。則朝六時起。晚七時寢。居於是者。不獨居處飲食衣服等事無虞。且遇疾病亦給有醫藥。又設有獎勵之法。視其平日作工之時爲比例。至告退之日積金若干與之。故凡告退者。皆得爲中等生活矣。然惟有一難事。凡欲入於此者。只可在農業空閑之時。若夏時農業正忙。則無得入者。然爾來添設小工業。此難事大概可免矣。

(丙)勞動局、　勞動局雖有市立與私立之別。而私立者仍歸市保護。其目的雖曰欲速使勞動之需要。及供給均平。而其實教勞動者。其子弟將來取何事業爲意。又兼使勞動者知雇主之責任。工廠法契約等事也。其組織不無小有區別。然大抵不出由市會議員中雇主中及勞動者中舉委員爲之。此委員中又選局長。其他則分任庶務。其俸金則以勞動者之工資爲比例與之。

(丁)失業保險　失業保險者。始於瑞士。因冬時失業者多苦而設。分三種。曰任。

意。曰强。制。曰義。務。任意之失業保險者。行於倍盧。入此保險。與不入。皆任勞動者之自由。强制之失業保險者。行於聖柯兒。凡勞動者。必强之使入義務之失業保險。行於巴斯來。亦强使勞動者入以爲保險費。全由勞動者出不公。故雇主亦使分出之。以上三者。義務一端。最爲發達。茲請就其組織少述之。

雇主中選三人。勞動者中選五人。爲委員以掌保險一切之事。又官吏中亦選一人爲議長。凡勞動者每年得工資八十磅以上。及十八歲以下之勞動者。既入他失業保險。則不復强之入此。又居巴司來米一年以上者。則不准入其他則悉使入。其保險費以其工資及作工之危險以定其多寡。與雇主所出之金及公費之保護金。皆爲救濟金。救濟之法。有工資與家族二種。定爲比較。一爲工資問題而失業者。（同盟罷業者不同）一任意而失業者。一因不正之行爲而失業者。一無理由而不受保險委員使就之事而失業者。一不付保險費至二十六星期者。一失業最初之一星期。以上諸類。皆不救濟。此後又有數條曰。一救濟者。一年中不。

得過十三星期。一凡救濟至五十日以上及不付保險費至二十六星期者。則下次不復救濟。後復有數條曰。一凡工資落至一半時。則與以三分之二之救濟金。一稍有可爲事者。則寧勿濫救。以虧本金。一凡失業者。與以旅費。使出而求業。

（第四）酒法

惡酒之製造及輸入。大有害於國民之身體。故瑞士於千八百十五年定酒法。千八百八十七年實行之。自行此法。凡酒類之輸入。馬鈴薯及外國所產果實製造酒類。爲政府占有之事業。其餘者則爲私人之事業。凡私人所造之酒類。用於瑞士者。有四分之一。而政府所造之酒價昂。自行此法。有不得廢之酒屋。則每年與以相當之賠償。故政府年費十四萬八千五百七十磅。然自是酒之性質良好。而酒之用度亦較前少矣。

後又唱議。酒店之數。亦宜有限制。於是各州設規則。定酒店之數。巴司來市之定規曰。

(一)酒類小賣人於一立突之酒。不得取利過一辨士半。
(二)官定酒價表。揭於通衢。小賣人不得取價高於所定之表。
(三)酒類小賣人。一市內不得多過二十五人。市分二十五區。每區置一人也。
(四)小賣人雖不課稅。須以二十磅爲保證金。
(五)小賣人不得使其子同爲小賣人。若小賣人有缺出之時。由市役所選願當者補之。

瑞利州有特許小賣人之制限如左。
(一)除旅宿店、飲食店、休憩所、茶店、點心店之外。不許爲酒類小賣人。
(二)執以上諸業人中。政府選之爲小賣人。
(三)有新願爲小賣人者。當先守第一及第二條。然既有酒店之處。則不復許再開。

凡人口在二百以下之處。則酒店不得有二處。

尙有左之數條曰。

(一)飲食店之主人宜禁年幼者入飲酒室。(雖自己之子女亦復然)

(二)女子未及二十男子未十六不得爲酒保。

(三)所傭之人最少日宜與之八時之休息。

(四)雖有要事所傭之人不得使作工至夜之十二時。

(五)每一星期須與所傭之人有連接六時之休息三星期中須有一全日之休息。

瑞士於以上所述之方法外。又有保護貧民一事。請少述之。

(第五)保護貧民

(甲)養老院　倍盧市有公立私立之養老院二三處。凡年六十以上之貧老人。使入院以養其終。其組織公立與私者亦大同小異。茲請述其公立者。

公立養老院。設於能受日光之處。一年一人之經費十三磅四先令。內四磅十六先令。市中負其責。送人入院之人。亦負六磅至八磅。凡在院內者。皆不作事。有欲作者聽。早七時早飯。九時飲葡萄酒。十二時午飯。四時飲珈琲。六時晚飯。院中又有游戲之具。書藉新聞雜誌皆備。盡其意之所適而游玩。又有菸任之吸。然彼等有自願作事者。男子夏則致力於園藝。冬則斬木。女子則致力於裁縫烹調之事。噫。余讀養老院之記。不禁喟然長嘆。彼國之人。何其幸福哉。以視東方之國。老者傴僂。行乞於市。死於溝壑者。其幸不幸。相去。何止天壤。是誰之過歟。

（乙）窮兒保護所　巴司來瑞利倍盧善奈巴等市。皆有窮兒保護所。信盧一市。救助窮兒八百人。後經種種之考驗。知聚窮兒養之於一處。不如以金錢與其父母。使善自爲計。苟非其父母無賴不良。不能善敎其子。反引之爲惡者。萬不得已。始使入保護所。養之保護所之委員。時時巡視各處。爲救助窮兒之監督中有一事。最當注意者。卽救助窮兒。爲彼等思其將來也。窮兒至相當之年。則試驗之。或送於製書屋。或送於印書所。或送於小工木匠爲徒弟。使能自食其力。又窮兒有。酷好學問者。則授以高等之學。故瑞士之設窮兒院。最爲完全無缺。

(丙)殘疾保護所　瑞士之法。凡惰怠性質惡劣精神上殘缺不全者。或肉體不具如盲聾四支廢者。不救之則不得活。故特設保護所。教彼等作工於附屬保護所之工廠。及爲掃除街道等事。

(丁)無宿者避難所　瑞士之大都市中。凡有遇水火之災。一時窘困無處投宿者。故特設無宿避難所以保護之。有錢者。則日出錢七十文。赤貧者免之。其經費不足。亦由市中擔任之。

(戊)慈善旅行　瑞士之十二大都市。每夏因貧民之兒身不康健。設慈善旅行之法。與之游二三星期。以使其身體康强。其經費或全由市中人擔任。或受慈善會及好施者之布施。不足則由市補足之。

(第六)職業教育

以上所述各條。於瑞士保護勞動者之法。可知其大概矣。然其所以能保護勞動者。如彼其有効。蓋有一事爲之助。是何也。卽職業教育。瑞士。極致力於職業教育者也。常誇於人曰。（吾國小兒一生而無財者有之。未有一生而無學者也）其國教育之盛。信不誣矣。茲請少述之。

（甲）聯邦政府及職業教育瑞西之極力於職業教育。由來尙矣。然聯邦政之直接保護職業教育。實始於千八百八十四年。是年職業學校。工業學校。産業博物館等。受聯邦政府之保護。助其經費之半額者。合計九十一處。後十年。卽千八百九十五年。增至二百十一云。此等中之初等實業學校。約百數。大都不收月謝費。或不特無月謝費。且强人入學。此等學校。多以工業爲重。如善奈巴有時計（卽鐘錶也）學校六。其餘者可類推而知矣。故瑞士一國。旣無海口。又無通運輸之河。又不產煤炭。而商業之盛。不讓他强國。蓋非無因也。

（乙）工業學校　瑞士初等實業學校之組織。亦頗精。茲舉信盧之工業學校少述之以爲例。工業學校。共分四科。曰製靴科。曰小木作科。曰鎖科。曰錫器科。各科均授技術及學說。不收月謝。費固勿論矣。而一年之後。又與之以相當之酬報。至卒業時。積六磅或十磅與之。故學者頗得其益。學校課時。每星期五十七時。內四十四時半至四十七時爲實習。三時至九時半爲學科。其學校之監督。選市之委員爲之。其經費由聯邦政府或州及市分擔之。

(丙)雕刻學校　菩利子之地。設有雕刻學校。此學校蓋因挽回此地雕刻業之衰退而設。凡年十五歲以上者。許入學。入學之際。以八先令爲贄。此後則不名一錢矣。二年之後。除生徒用費之外。尙餘十二磅。一星期中上課五十四時。內三十六時爲實習。六時畫圖。六時摸型。三時設計。三時研究裝飾之法。又別有夜學校。爲日間不得入學者而設也。其經費概由聯邦政府及州政府之保護金。及捐助之金集腋成之。

社會黨後篇終

光緒二十八年十二月十五日印刷
光緒二十九年正月二十五日發行

（實價大洋二角）

著　者　日本　西川光次郎
譯　者　仁和　周子高
印刷所　上海英界大馬路同樂里　廣智書局活版部
發行所　上海英界大馬路同樂里　廣智書局

社會黨

無政府主義

無政府主義　一

序

自然生譯無政府主義終。告余曰。爲我序之。余反復讀之。不禁有所慨也。亞之大陸。有一國焉。不知其方向之東西南北。而名之曰中國。有一羣焉。男戴若豬尾。若非豬尾之辮髮。女裝若馬蹄。若非馬蹄之鬼足。自別夷狄。妄曰華人。悲夫悲夫。其眞不自量之甚也。自他邦視之。其國也已不國。國表上早無其地位。以他人較之。其人也已非人。人皆嫌其穢臭。中國華人其若斯乎哉。廿紀風塵。犬狠爭至。四億之人。殆無死地。有志之士。于是奮臂大呼曰。革命革命。革命爲圖存之良藥。革命爲進化之利器。吾初也驚之。驚其以若斯之醜類。果有若斯之思想乎。繼也吾敬之。敬其果有欲行破壞主義。而破壞其四千年來之若學若政若一切野蠻設置者矣。且望其革命風雲之速起。於此沈沈殆死之大陸。演一種雄烈壯快之活劇也。敢鵠立下風。祝我希願。

吾願殺盡滿洲人。以張復讎大義。而養成復讎之壯烈國民。

無政府主義　二

吾願殺盡亞洲特產之君主。以洗亞人之羞辱。爲亞人增光。

吾願殺盡政府官吏。以去一切特權之毒根。

吾願殺盡財産家資本家。使一國之經濟。均歸平等。無貧富之差。

吾願殺盡結婚者。以自由戀愛。爲萬事公共之基礎。

吾願殺盡孔孟教之徒。使人人各現其眞性。無復有僞道德者之跡。

偉矣烈矣。革命黨之前途。其希望之大。當與江海同流。其功業之偉。可共日月爭耀。能不歡迎也歟。吾既歡迎之。吾不得不爲之計。所計者何。

革命黨其毋羡美國之獨立。與法國之共和耶。畫虎不成。反爲類狗。過屠門而大嚼。無旨味也。破壞不能與建設並行。既欲行大破壞。當專以破壞爲腦

革命黨其毋拜拿破崙華盛頓耶。能效哥載里烏袁高史之一二。已足爲此黑暗地獄增光。

革命黨其可捨軍隊策畧。而用無政府黨之暗殺手段。

奇矣鬼矣暗殺手段也。以不滿萬人之無政府黨。立足于歐美兩洲。行其手段。能大寒世人之心。魄任其何等高貴華族。嚴威警官。皆受其恐。　若帝若王。皆爲之警戒。失首喪命者。已層見疊出矣。羨暗殺手段。其法也簡捷。而其收效也神速。以一爆裂彈一手鎗一匕首。已足以走萬乘君。破千金產。較之以軍隊革命之需用多準備煩不秘密。不確的者。不可同日而語。茫茫亞洲。若滿洲人。若君主。若政府官吏。若財產家。若結婚者。若孔孟之徒。有何絕大手段。能抵抗此神出鬼沒之主義乎。遇而必斃。自不待言。功效之大。更非歐美之所可及也。故曰暗殺手段。誠革命之捷徑。大平洋之風飄飄。崑崙山之月皎皎。言革命者。曷歸乎來。

黃帝四千四百一十四年秋八月　　燕客謹識

挽弓當挽强
用箭當用長
射人先射馬
擒賊先擒王

無政府主義　一

絕大怪物無政府主義

上編

無政府主義及無政府黨之精神　　自然生纂

十八世紀十九世紀之熱血男兒。以筆與舌日日呼號于衆曰。君主爲人生之公敵。君主爲社會之最大罪惡。一時殺盡天下君主流血滿地球之聲。勢如河決不可止遏。改造政體。撞自由鐘。樹獨立旗之風潮。猛若火熾。極亙古未有之壯觀。查理士第二路易十六種種絕大暴主。由是焉斃命。自由憲法共和政府等等美善事業。由是焉告成。試觀十八十九兩世紀之歷史。滿載人民與君主戰鬥之事蹟。偉矣壯矣。吾歌之。吾誦之。吾爲之歡躍。吾爲之呼快。往事已矣。今也二十世紀之舞臺將有如何現象乎。

人事日進步。則自由日見增張。是自然之公理。無待吾喋喋也。前水非後水。昨是而今非。是亦天地之大經。無足怪也。前之所崇拜歡迎者。而今乃糞土之不若矣。君主

二　無政府主義

政治固爲罪惡而共和政府亦不得謂爲永久之善種矣君主去而大統領又來貴族滅而資本家乃生君主之國會多種種罪惡反逆之事而共和之邦亦未絕暴戾背道之行有志之士遂懷不平誓除盡世上之有特權者使歸於平等人貴自治而不肯被治於人於是乎無政府主義生矣二十世紀其無政府主義之競爭場歟

無政府主義之由來與主張征討暴主論者有密接之關係「從吾之所信而殺人不爲非法」云者是征討暴主者之言而無政府黨亦崇奉之者也無政府主義又與恐怖黨相類恐怖黨曾有公言曰「目的認手段」其意蓋謂無論如何手段足達我目的者皆可實行我之手段果足以安全國民雖行殺害之事亦不足咎也無政府黨之理論亦然盛主張殺害之可行

維羊有言曰「加財產家以暴行乃正當防禦不得言惡人來害我我反抗之非正義何」蓋暴主與讐敵同暴主爲害即可行正當防衛之權以自全也海魯氏亦曰「暴主對國民爲不義之戰社會卽有與暴主開正義戰之權對仇敵所施之手段

皆可加諸暴主之身」

恐怖黨不自認其罪惡爲罪惡一殺再殺決無悔心或殺僧侶或殺貴族莫不自誇譬也若山鳩斯德若羅柏斯比乃其黨之尤者曾大言曰「凡溺殺銃殺之事皆合於正理不惟無罪反有功於社會蓋社會之苦惱重重以殘忍之行始能洗去」

投爆裂彈於社會行種種殘暴之事由常人觀之當驚怪不已而無政府黨爲之乃恬然不以爲奇者蓋謂欲全人類之最大幸福非由爆裂彈之力不足爲功法國革命時之嘉哥賓黨以斷頭臺爲利器豈無故乎羅柏斯比慘殺雞龍登丹登兩大黨之人慨然自誇曰「今逆黨既去則民福之防礙物全無而我黨之目的可達」以殺戮穩和派爲致幸福之道是羅柏斯比之大手段至無政府黨亦以滅亡資本家爲保人民幸福之上策

以威嚇爲手段恐怖黨然矣而無政府黨亦宣言曰吾黨欲以威嚇二字左右一世云俄羅斯之虛無黨乃無政府黨之一派時以威嚇黨自誇有一黨員當受法廷之

究問時法廷問其目的何在彼乃大呼曰『吾之目的在恐嚇政府』偉矣烈矣俄羅斯之專制政府多年以來受該黨之種種刺擊而今乃不堪其恐怖矣俄國政府在革泥古斯白哥搜索虛無黨得該黨之盟意其中有一節曰『吾黨之所以準備暗殺某某者以必大益於國也如能殺某某則政府可以擾亂而恐怖之潮必湧布於四方』法朗西之無政府黨亦以嚇脅政府嚇脅有司嚇脅陪審官爲絕大之目的維里制燕店之爆裂事件豈僅爲拉瓦國兒復讐而殺市民而已實欲嚇脅陪審官也

無政府黨常奉丹登之言曰『大膽大膽常常大膽』盖大膽乃無政府黨員之通有性以大膽爲成功之捷徑者也哥樂波度金亦有言曰『凡果敢之成功惟大膽者爲能』

丹登爲革命黨先鋒爲法朗西恐怖時代之巨魁是人人所共聞共崇拜者也推其革命成功之由全在『無慈悲』『無躊躇』『無似是而非』三大特性盖慈悲躊躇

似是而非三者。乃敗事之源。而勇往無前之人。非除是三者。則革命無望。彼黨嘗曰。『果敢果敢。常常果敢。而果敢之最要者。爲智力上之果敢。智力上既能果敢。則凡百能力。皆得養成果敢。』世之革命家多奉此語若神明。而拳拳勿失。千八百四十八年。著名之無政府黨員布魯東亦曰。『革命之時。市民須三讀丹登八月初十日之言。』蓋八月十日。丹登曾以非常之態度。唱絕快之演說。而寒貴族之膽也。革命黨之將暴動也。以威嚇貴族黨爲起點。而無政府黨之將大活動也。則以威嚇資本家爲先聲。

無政府黨之黨人。其數甚少。以甚少數之人。能演大活劇於大面。警世人之心膽者。有二源焉。一曰。該黨之果敢。一曰。他人之怯懦。對他人之怯懦。而應用己之果敢。則雖以少數之人。直所向無敵。哥樂波度金曰。『提醒人之獨立感情。發作其果敢氣象之法。全在行爲之凶猛。』又曰。『聳動天下耳目。使天下人受新思想之感化。其最捷速之法。當推突然之事變。爲第一。以一投足一舉手之勞。頃刻之間。其風潮汎

六　無政府主義

濫於全世界而叛背之精神果敢之氣象藉茲以盛其效果乃遠愈於千百雜誌新聞果敢之舉動往往於數日之間足使政府全失其能力忽忽顚覆者不可勝數人民見政府之無能爲也益長其勇敢之氣革命之功乃克大成」又曰「人民之感情當炎炎方盛之時鎭壓手段絕不足挫其勢力而反增其暴亂之潮潮勢滔天傳播於種種階級向之僅拘於一部區者今乃逞絕大之勢而影響於無涯」蓋天地間最可懼可偉之事莫甚於爲人道犧牲之精神其精神流布之速度若傳染病然殺害主義之始祖當推伊師美拉杜黨此黨在十一世紀振大勢力於亞細亞震慴人心四百餘年此黨之教旨謂天地間無可信仰之事宇宙間亦無不可爲之事行爲無是非之別欲世界一新殺害之事必不可少云此種殺害主義風行一世建立王國王國之人皆遵奉之故有刺客國之稱不獨以四圍之諸國爲敵並以人類全體爲讐仇也其王之最有名者爲哈杉北厦巴乃精通神學哲學之大著作家絕非通常之盜賊可比。

丹登在革命法院曾揚言曰『欲致人民於安全之地位非以非常猛烈之方策不足爲功』千七百九十三年胥嚇黨處雞龍黨員以死刑之時告於天下曰『共和國今方危急欲救之則非殺雞龍黨不可』無政府黨亦有同式之論曰『今社會方病欲瘳之不可不先滅資本家』嘉哥賓旣殺貴族又殺雞龍更殺僧侶而自誇曰『此乃救濟人民之階梯貫徹兼愛主義之順序』馬拉之日課豫定一日或殺五萬人或殺二萬七千人以爲保全人類幸福之道云嗚呼快矣今也無政府黨以滅資本家爲人類求幸福之本其言曰『妨害人民之幸福者資本家也故不可不盡亡之』

千七百九十三年之胥嚇黨有恒言曰『貴族之中無一人無辜』今日之無政府黨曰『資本家之中無一人無辜』無政府黨之政策與千七百九十三年之嘉哥賓黨主義相同惟其對財產與政府之觀念兩者之間則微有不合無政府黨以破壞爲旨而嘉哥賓以保存爲務千七百九十三年嘉哥賓黨中亦有過於激急憎忌富

豪渴望快樂之極點唱言無政府黨主義者如學美德者是也學氏曰『吾人既除貴族與國王矣而尙有一種貴族不可不去者富豪是也』達黎安亦主張絕對之平等論指財產家爲公盜布里師梭著一書題曰「財產與盜賊之哲學攷究」首曰「盜賊云者財產家也蓋壟斷財產者卽盜賊也」

憎忌富人賤視兵役熱中於絕對之平等求社會之幸福而目的認手段以殺戮官吏爲正義者搆成無政府主義之元素也法國總政官時代有名西布夫者熱心絕對平等立一大黨名平等協會以建設哥樂波度金所理想之共和政治爲目的馬沙耳所起草之綱領書中曾記該協會之要領曰『吾人欲得眞實之平等不得不若死得之之法惟有犧牲世間一切物凡障礙吾之前路者皆擊碎之最親愛之同胞既以鐵血斬國王與僧侶矣今何不更用其法以處置世之有特權者耶吾人欲得平等之實不欲徒得其名吾人神聖之希望在絕競爭止不平今也光復自由之日至矣庶幾乎其可絕貧富貴賤主從治者被治者種種等差罪惡使人與人之間

除長幼男女之別之外無所異人人皆方趾圓顱能力作用非有殊也當受同一之教育居同一之地位』

巴布夫黨之所大欲者在殄滅治者之階級以行其教義殺盡文武官吏以暴力橫除一切業障凡爲該黨之障礙者彼誓必撲滅之彼等以自由平等幸福三語奉若祖師或大書於反旗或精製爲徽章

巴布夫眞豪傑哉當將受死刑之際自比於基督曰『吾殉道以身死何足懼後之仁人君子必有稱我爲至德者』視死如歸以死爲榮之氣概眞令人不得不拜其下風當定讞之時親致書於總政官曰『今汝欲定吾罪吾甚希望之但當以吾身與政府置於同等之地位而論列孰是孰非』自負之氣又何等偉大又曰『余之斷頭必垂光輝於萬世刑余之曉必有少婦靑年設香案祝余者也』自信之堅自待之高更何等快烈

溯巴布夫師弟主張無政府主義之故受影響於馬布里及蝶洛之著作者固多而

十 無政府主義

尤爲直接作俑者。乃路索之不平等論。黨人有名戴耳縵者嘗曰。『余每讀馬布里蝶洛路索之書。而反抗人類仇敵之勇氣益覺強大』。馬布里之立法論中有曰『天道愛人。欲使人民之地位財產。皆歸平等。不平等則階級必生。階級生而罪惡必多』。其論理恰與今日之無政府黨相符合。無政府黨曰『今日之社會。萬事不平等。有極富者。有極貧者。當全破壞之。另立新制度。使人人皆得享有幸福』。

布魯東者。無政府主義百世之父也。繼巴布夫而出。常主張職業財產平等之說。愛平等如狂。其言曰『財產家云者。非因吾額上之血汗而致富者乎。吾愛平等之熱度。以此而致狂。致狂之由。因愛平等較生命尤重。較愛情尤切故也。布魯東曰。財產家者。盜賊也。舊教者。仇敵也』。布魯東以社會上及宗教上之各種制度爲惡業。勸人廢宗教。廢法廷曰『送神歸天。是幸福之始。天之置神於吾目前者。無他。只一條絲線耳。絲線者何。教會費是也。無教會費則無神。何不斷此絲線。絲線斷則革命起。代神。更設種種美善之物。革命不能與神並立。神之所在。即吾人之敵也』。

無政府主義 十一

無政府黨最惡私有財產遇有資本者悉欲奪之有持證劵者悉欲取而焚之凡保護財產權之法律皆欲一洗而空之以達其社會平等之眞意卑視所有權之心不異待奴隸掃盡社會上階級等差之道以廢滅私有財產爲最上策社會之富由富人之手奪回還諸社會無政府黨之大主目也哥樂波度金宓勞力者言曰「奪富人之所有物逐富人而佔據其宅乃天下之慶事也則從來之獘門蛙戶可一切火之」又曰私有財產非富者所原有乃奪自社會者也一切貨財由人我之勞力所生惟人類之全體始得爲其所有主焉可使賤丈夫壟斷之哉」

無政府黨曰「廢止私有財產之後則罪惡之跡全滅何則夫所謂罪惡者非加害于人之行爲乎分析其行爲之元質或三分之二或四分之三多由于欲得他人之貨財以搆成盜心耳如他人無貨財則此等罪惡能不絕跡乎是廢止私有財產之說所以爲可貴也」蝶洛曰「以余觀之如無私有財產則與財產相關連之罪惡可全歸於無有」其意亦謂盜賊之所以生也全因于財產之所有主苟無財產則

盜賊自滅猶若唱無婚姻論者以社會有姦通罪之故因于有婚姻制欲絕姦通非先廢婚姻制不可者相同（譯者著有虛無主義一書不日出版內有無婚姻一篇可參觀）巴布夫嘗稱揚蝶洛之爲人並尊其爲先輩因蝶洛之言殊有功于無政府主義非可忽也

無政府黨以財產爲强奪之結果于是乃言彼既能强奪之力則我有光復之權昔有一無政府黨員行竊盜之事被發受法廷之究問彼曰「余非盜賊乃行光復之事者也」一千八百四十七年撒鵝裁判所拘罪犯十人乃某秘密協會之會員皆因行光復之事而夜入財產家强奪放火者也

夫人之希望絕對平等久矣其希望之熱度日高而憎惡財產家思殺戮之之心益熾當法國革命時代人人腦筋皆崇奉平等之理遇有區別等差之事莫不忌憎之憎富憎貴族憎德操憎禮儀推平等之理而用諸極端不見夫嘉哥賓黨乎廢一切尊稱不見夫君士地丟因度議會乎禁稱貴族之爵見貴族之僕服美衣也乃罰之

又不見夫君温兄議會。乎下令限一來復問公私之園囿家屋。有帶徽號紋章者。悉沒收之。恐怖時代。人皆懼有貴族之稱。衣食居處多帶樸質之風。因嘉哥賓黨之搜索貴族。無所不至。其慘快之行。日不絕。見皮膚奇麗者。被誤爲貴族而死者多矣。

欲觀無政府之言論。可讀『古羅昂語纂』一書。凡無政府黨之意見。皆羅列焉。故又稱爲革命語纂。最主張絕對平等。最憎惡富人。最鼓吹暴動。而排斥軍人。其第八章有言曰。『傭主增勞動之時間。而減其功價。勞動者因此不得生存。而轉死於溝壑者衆矣。』又曰『傭主皆色丹惡魔之徒弟。性之殘酷。無有倫比。』其第六章以人比於蜜蜂曰。『蜜蜂所積蓄之蜜。其分量僅以足養其生爲度。是有所節制也。而人反於需用之外。行種種積蓄之事。何蜜蜂之不若歟。』其第七章乃大唱平等之理。不立尊卑主奴貧富君臣父子之別。而言一切人皆當平等。再觀巴布夫之宣言草案第七條曰。『凡最公平之社會。絕無貧者富者之別。』第八條曰。『富者當以己之所有分與貧者。否則富者成人民之敵矣。』第十條曰。『革命之目的。非他。在去不平等再造人類全體之幸福耳』其十九章及二十章拉馬泥之絕對自由論曰『諸君諸君君有一父曰神有一主人曰基督君之生也平等除神與基督二者之外有生以來未有能支配諸君之一人故專權者自由之敵也』古魯劉有言曰『無人可爲吾之主人』由此言觀之人貴自主他人之來主我者何爲無政府黨中無主人無王者無代議士黨人恒言曰『從來顛覆政府之目的全出于爲已利我之心逐前政府而占其位以暴代暴何足道哉吾黨今日所欲刈滅政府及一切有權威者無他乃全出于公益無所用其警察故曰美矣新革命也』

歐洲近來攻擊兵備之書出版者日多無政府黨亦日日奔走于兵卒之間勸兵士拒服從之令避軍務之事昔拉馬泥曾有言曰『創設兵役非壓制國民者乎以奴蓄人類爲事豈非罪惡乎夫以服從爲美以名譽忠信爲德者惡魔黑暗之觀念也爲惡魔設此惡策惡魔曰余當爲彼等作二偶像一曰名譽二曰忠信又立一偶像曰最有服從性質之法律彼等皆受三者之支配吾願足矣云夫名譽忠信法律三

者乃最大惡物如崇拜之則結果之如何甚黑暗不可言狀故曰欲全人類之幸福當先破壞此三偶像』

拉馬泥嘗慫恿被壓制者以暴力爲除壓制之道又恐人之因謀敗而失望也乃以一大語勸之曰『不幸失敗亦不足憂後此世界終必爲諸君所有諸君之血與亞柏耳之血無異諸君之死與殉道者之死同』制限財產權使人人之所有物不得過度物質上之嗜慾使人人皆滿足而去不平等之差乃自然之大道而拉馬泥之所大欲也慫恿市民輕視政府敎誨兵士惡其長上令世人知名譽忠信爲一種極可惡之偶像超出一切範圍之外而出於自由海是拉氏之主目故曰若拉氏者眞無政府主義之健將人類之救主也歟

推夫拉馬泥過激主義之源豈非出于不忍之心悲現世界之多罪惡顚倒乎善人乞食於道路而惡人享福于高堂强而凶者橫行放恣佳而美者苦受壓制無辜者被法官之拷掠而莫或過問有罪者善脫羅網莫之敢攖嗚呼王道坦坦曷其不公

平之至於此極也耶。人皆有感性。無感性者非人。見人類之不平而不知憤起者亦非人。無政府黨其最富感性。而有不忍之心者歟。見人有不幸輙發仁心慈悲。世無時或忘。或爲無神論者。或爲狂人。殺皇帝倒政府之念不能自禁。不見夫史飛特乎。見愛耳蘭英倫壓制之慘狀。有不堪注目者。憤奮之氣不能自抑。乃謂一友人曰「不見夫邪惡貪婪之徒。奪君之肉而食之乎。而君之血液何不沸騰耶。」又有一無政府黨員語於裁判官曰。「吾不忍觀現世界人類之不幸福不平等。吾欲逃去吾願自殺。」無政府黨人之仁。可謂高矣大矣。

無政府黨人之著書也。多以攻擊現社會爲事。煽動勞力者。令其對傭主起反動。激烈之行。普蘭犀對千八百四十八年六月之事件。而唱言曰。「欲爲社會之奴隸而生活乎。抑不受社會之壓制而攻擊社會乎。攻擊者乃人生之正當防禦也。社會罪我。我亦可返罪社會。蓋社會者害人者也。夫盜賊殺傷之事。行之於不正不義之地固爲罪惡。若用破壞資本家。殄滅有特權者。則大善也。況其行爲烈烈。恒有創造社會之希望者乎』無政府黨曰』吾黨之殺傷事業其規模不可不大規模小不免有奪掠之忌規模大則乃再造社會之始基也』

法國大革命之際馬拉羅柏斯比之黨皆躁心熱血之人也以倒貴族黨張大人類之幸福爲其黨之主旨羅柏斯比曰『凡眞有愛國心者首當擴大其擊敵之方法』有名飛因也者在里昂殺人羅柏斯比以謂人道可賴是以全報告於君維兒曰『余日斬二百人之首矣自今以後仍計日殺二百人行賞罰之道當法自然滅敵之法當法雷電雖敵之遺骨遺灰亦不可留於自由靈地』又法國革命之際嘉哥賓黨愛人類之心最切施種種兇猛之行毫無忌悔殺人如刈草不爲感情所動而且執刀不下也故法國革命嘉哥賓黨當居首功

無政府黨有名烈倭蝶者被執於撒鴣法廷有言曰『余敢一言余見蜇蝪雖有時失色若見人則絕無所憚也余見可憐兒童雖有啼泣之事而臨斬頭機則能笑而笑也』嗚呼以殺人爲慰快以被殺爲幸福除無政府黨之外當絕不見其比倫

千八百六十五年。列油開萬國學生會議。有一學生公言曰「財產者於革命有妨。則當以人民之命令廢棄之。資本家不從。則可誅滅之。蓋資本家者盜賊也。殺人者也。今公認斷頭臺爲革命之利器。凡有防害革命者。雖幾千萬人皆可以利器刑之。吾黨所愛者非姑息之仁。乃以人類全體爲目的者。」由是觀之。無政府黨眞賞罰之天吏。人類之義俠家也。該黨重視復讐之精神。政府有罪其黨羽者。彼必爆發政府之住居。市民有排斥其黨羽者。彼必投爆彈於市民。其黨人如處死刑。則其黨羽必張復讐之義。而大逞暴動。誓必使政府大恐怖而後止。黨哉黨哉。黨若是。豈有不兇烈者乎。

舉世之人。莫不欲滿足其權利。小說家也。以男女之自由戀愛。與不義密通爲當然。而主張其權利。詩人也。以社會供給其食物爲當然。而主張其權利。唯物派之哲學家也。欲滿足體慾及幸福。而主張其權利。社會黨也。欲作業自由。而主張其權利。革命家也。欲行叛亂之事。而主張其權利。至於無政府黨。則集以上各種權利。而大成之。乃主張盜奪殺害之權利。嚮之犯罪者。僅以拳銃主張其權利而已。無政府黨。今乃直以爆裂彈爲權利之利器。雄乎烈矣。演出種種活劇。爲亙古所未有矣。

無政府黨之大特色。超乎他種黨派之上者。爲視死如歸之精神。當其就死刑也。其狀態毫與平素無異。世人皆以古代基督教徒比之。伯露尊無政府黨之殺害者。與殉道者同等。其言曰『此種殺害者。之沈着。與古之教會。最著名之殉道者。不相輊軒。』無政府黨乃理想之最高。自信之最堅者。故其勇力大。而視死生如一。

養成無政府思想者維何。其分子固多。而當以唯物主義爲最。以道德爲有害人生。以目的認手段。以叛亂爲正當。以變亂爲文明要素。以脅嚇爲對待政府之好手段。以暴力爲進步之大法。彪修曰『恐怖者。政治行爲之利器。當非常之際。必須用之。目的既正。手段如何。非所責也。』氏以九月殺戮。爲保護公共安甯之必要。馬拉等皆以正義稱之。著名學士丟葉耳著『執政官及帝政時代之略史』『批評總政官制度之不正。而論其策之愚。又著『革命史』太論總政官之不法。獨于十二月十八日之慘殺。謂有功于革命而贊揚之。可謂有深意者也。氏以革命法官之設。乃勢所必然。非此機關。不足以倒一切仇敵也。曰「設殺人政府者。乃勢之所迫。不得不然。除殺人之外。大勢不可救矣」布蘭古亦贊羅柏斯比等之無憐憫心。爲眞豪傑。爲能。拉馬耳鳩奴著『雞龍黨史』亦大稱頌脅嚇黨之功。贊美革命左袒罪惡。就維羊之言觀之。可以明矣。彼曰革命之時。不殺盡中流社會之人。則後日必有大害。保其貴族之位。而吾人仍不能脫其羈絆」

法朗西人眞世界最著名之革命國民。十九世紀革命屢出。不可指數。推其大源。不過在「目的認手段」一語。法人感情最急。一遇不平。輒起破壞之念。不復問手段之如何。法國議會。往往赦殺人放火者之罪。以殺人放火爲非罪惡。是政府亦公然與之。

無神論者與唯物哲學家。雖非盡屬無政府黨。而無政府黨之人。則無人不具無神主義。唯物思想。著名之巴枯寧曰『吾黨唯物家也。無神者也。而以唯物家無神論者。爲。榮。者。也。』夫人之怯懦。多因于岀敎。妄以萬事爲神之所使。天之所命。歸身於神。致命于天。而不知神與天乃空想迷信。人之幸福罪惡。由人自造。而無關神之與天。故無政府黨絕反對宗教之迷想。萬事歸責于社會。人之苦痛。社會使之然也。故其敵視社會。欲改造社會之心。勇往無前。

通觀今日之大勢。舉一切罪惡苦痛。歸責于社會。是一般人所共聞者也。如路索毗耳巴枯鳩杜洛等大儒。皆向社會試種種攻擊。曰『一切不善。皆社會之過也。』博士柄枯泥耳曰『貧民欲脫苦境。當以犯罪爲無二法門。蓋爲其境遇之犧牲者也。』此種言論。無政府黨員亦恒唱之。有一判事長問於拉瓦葛耳曰汝爲充足汝之情欲而犯罪。汝知社會當如何處治之乎。拉瓦葛耳曰『余實有望于社會。社會有扶助余之義務。爲求幸福。任用如何手段。社會絕不能過問。我蓋社會既不盡其責。而輕忽吾儕之生命。吾儕不得不自謀也。今日之事。乃因社會之過失而生之現象。勞力者竭盡其心力以富社會。社會反使其餓死天地間。有此不平之事乎』拉氏致罪之由因殺一老人。其殺害之現象如何。可就其口供明之。拉氏曰。吾以手塞老人之口。老人尚不死。乃以手巾塞入老人之口。老人仍抵抗不止。余乃以膝壓其胸。咄嗟之間殺之。余心甚快云。推拉氏犯罪之源。乃因于貧乏而行盜賊之事者也。故拉氏不已罪。而罪社會之不富。已拉氏之立論妙矣善矣。既而拉氏處死刑之後。其黨徒大憤。不惟咎陪審官已也。乃以拉氏之死資本家亦難逃其責。拉氏死後。有名維羊者。亦以犯罪之責任。歸于社會。有一判事長問之曰。汝非屢爲罪惡而受有罪之宣告者乎。維羊答曰。然。多謝社會判事長。問曰。汝謂世上無犯罪無罪人乎。萬事皆因周圍之事情而生者乎。社會不完全而致之者乎。汝乃受俄羅斯無政府黨裁判事件之後。而來至美洲者乎。汝欲脫離汝之妻者乎。維氏曰。皆然。皆社會使我然。

無政府黨以萬事之責歸于社會。蓋社會之成立。爲一切人。一切人之所慾者社會有使其充足之責。烈傒鳩耳不云乎。『社會者有保全吾生存之責任。何今之社會不惟不盡其責而反虐待余歟余不得不對資本家而報此仇』社會置我於不利之地位使我失其能力蹉跎末路可不悲乎此無政府黨之所由起而不平家之所由多也馬拉爲法國大革命時激烈派之首領推其激烈之源亦由於一身之不平。馬拉少時深精科學會就光線有所發明勞心拮据不知幾何年乃入科學院求試驗科學院拒絕之馬拉大怒切齒曰『余欲以世界之人類入諸破裂彈中』自此之後馬拉欲報此侮辱深識科學院呼科學院爲貴族黨之養所而激烈之精神發現矣

世之欲求幸福者蓋未有如無政府黨之激烈者其求幸福之法無所不用以石腦油爆裂藥爲求幸福之利器爲平均社會之善法在意大利在法蘭西在西班牙之黨員其目的無不同一皆以分配財產求得幸福大我安樂爲權利者也千八百七十八年八月來布油之無政府黨宣言曰『吾黨之目的在得人類最完全之幸福吾人之戀愛當任其自由萬不可受法律及禮儀之束縛』一千八百七十三年西班

牙之無政府黨亦公言曰「吾黨當權力缺乏不得享榮樂之時惟有用火藥爲宜吾黨對上流社會行復讐之舉行破壞之事行公明之賞罰者也或用刀或用火剷削富豪使社會歸於平等此乃多年之希望主張平民權利之所以也」

快樂主義之由來維何曰唯物主義唯物主義與無政府主義有近接之關係敎人以慾情勸人以改革聖西門之徒曰「吾人之大欲在使人類脫此苦海慾情者神之所授而持以改革神之所爲者也言乎自然之道當任慾情之發達不可少加制限道德學者三千年來偉人名士所設之方便耳所謂寡慾所謂節制皆妄誕謬極矣道德學者僞學問也虛飾之學問也」

富里耶曰「世有一派道德學者指情慾爲惡事噫真大惑不能之論以吾言之道德學者實多數老人不得享婦人之愛者也」

又有一派懷疑哲學者及博物學者立非道德之說推奬爲我主義而主張快樂權利亦於無政府黨大有補助如日耳曼之哲學家斯鳩泥耳及飛列德黎等毅然以

無德哲學家自誇深邃其說則將信道德爲贅物矣彼曰世上之大痴殆無有甚於道德觀念者凡有道德之國民皆無智之國民也既不能創造又不能進步故曰不如無道德之念無道德之念則人之心意能熱望快樂而天葩靈花得隨意生發一無政府黨亦受此言之影響脫盡道德觀念能勇於前進勇于救衆生

最可親最可愛之無政府黨受無宗教之教育除破壞殄滅之外無所信仰不信神不信靈魂不信道德之義務不信來世不信應報饑而食渴而飲少時不能自安即向社會求幸福社會不與則主張破壞之權利豈不壯哉維羊曰『人至于入墓則萬事休矣故於未入墓之先不可不充其情慾滿足其幸福』

近世之首唱無政府主義者當推戈度溫爲始戈氏有言曰『一切政府皆專制者也據政治家之言彼之職分有二一曰鎮壓內亂一曰防禦外寇然二種職分非必定須設立政府始能達其目的以教會制度代之足矣由教徒之協議處斷事物綽綽然矣法律之作用可以吾人之良知代之審事之原委以裁斷之更何用特備法

律爲』其言雖未臻至美而戈氏之前恐尙未有能設此想者故亦不可泯也又曰『一切政府皆有害物也人類之罪惡皆由此生故當破壞之』言之痛切可推爲無政府主義之祖

無政府主義之健將巴枯寧有言曰一切國民一切州縣一切村落大者小者强者弱者均當從自由主義因己之利害以得自治之權今日之政府乃自由之障礙物故須打破之而由自由之結合力爲村村集爲州州集爲國集國之力而組織全歐洲合衆國云是實集無政府主義之大成者也欲詳知無政府主義之內容觀日內瓦千八百八十一年無政府黨大會之宣言更可知矣今錄之于下曰

日內瓦集會之無政府主義人員表同意于左列之意見凡黨員皆有傳此意見於吾等同志之義務

凡命令吾儕者皆吾儕之敵也吾儕皆無政府黨上無所頂戴下無所奴隸凡專權者及欲專權者吾之敵也以土地爲己有而奴役農民之地主吾之敵也奴役

勞力者之工場主人亦吾之敵也不問爲君主政治爲寡人政治爲民主政治爲勞動者政治凡官吏軍人市役人及秘密偵探等者皆吾之敵也無論其爲神爲魔凡僧侶之所利用以支配忠實之民者皆吾之敵也黨强虐弱之法律吾之敵也。

吾儕既視地主工場主君主僧侶法律等爲大敵則地主等亦必視吾人爲彼之敵敵與敵遇不能兩立故吾人當先向彼等宣戰勇往前進而莫退

吾黨既欲奪地主工場主之所有物又欲破壞彼等所藉以匿身之國家吾儕當求吾人之自由僧侶法律不足懼也吾儕欲破壞種種法律制度當竭力運動起而革命當與不認法律之志士團結

適法的手段乃吾權利之敵吾厭之吾恨之政治的各種黨派吾儕當與之絕交吾人以己身爲君主凡欲爲吾人之首領爲吾人之指導者吾人當竭力以絕拒之。

吾儕乃互相依助而得生活者也故離社會則無個人社會之富皆人類全體所合力生產者故吾儕乃共產主義者也非打破家長村團州縣國民等之境域則凡百事業皆不能爲也以公共財產爲我物而竭力保護之以政府爲吾儕之大敵盡力破壞之是吾人之功課也

又有巴里之無政府黨員名高烏雪者作一宣言文曰

無政府黨之特質在不認種種政府彼之目的在對政治上之諸種制度宣戰今日既然將來亦然彼等與有權勢者爲敵彼等欲使生產勞力消費教育等事以自由衡之而正一切秩序凡有權威之制度(如社會之機關全操于一個人一團體一階級之手其動作也皆任個人專制又如握地位官職勞力賞罰租稅等權對市民妄行舉施者等)彼等皆欲廢之而代以自由設置人人之利益皆歸平等無有軒輊結合之契約皆可自由解止

天地間最可惡者爲權力以其不能與平等兩立也權力之所司者一言以蔽之

我為、命令之主而令人服從不平等之至也既服從於他權力之下而欲得自由。豈不謬乎。

上編終

邯鄲城南游俠子
自稱生長邯鄲裏
千場縱博家仍富
幾處報仇身不死

無政府主義

絕大怪物 無政府主義 自然生纂

下編

各國無政府黨

法國之無政府黨

當十九世紀之第八十年時。挾無政府思想傳布於拉丁人種之間者。有二人焉。一曰哥樂波度金。一曰雷古耳士。具絕大之抱負。唱激烈無政府主義。拉丁諸國受其風靡。而法國亦被其傳染。千八百八十年。在巴里創刊一新聞。曰社會革命。實法國無政府黨最初之機關新聞。敢沙爾及米雪爾任其文學。警察官安德流任其資本。主張暗殺凶行之旨。翌年秋安德流辭其警察之職。資本無所出。遂乃廢刊。迨至倫敦大會之後。巴里之『國際革命黨同盟會』起。專以里昂為運動之中心。得同志八千人。公然樹旗。以唱革命。崇奉哥樂波度金之共產的無政府主義。為其理想。哥樂波度金者。誠近世共產主義之始祖。其論旨全與布魯東之集產的無政府論及斯秦泥之個人的無政府論相反。分析言之。可得三綱。

一凡百生產。皆須脫資本之束縛。由共同勞動而得結果。其獲取也。皆任我之自由。

二脫政府之軛縛。凡百團體之組織。皆由單純而至複雜。其有所缺乏。則立自由之組織。以補助之。

三脫宗教道德之羈絆。而達無義務無制裁之自由境。出離社會之生活。全由習慣以行動。

此哥氏無政府主義之大畧也。當千八百八十年。大受勞動者之歡迎。其勢力賴以增加。千八百一十二年。法之南部同盟罷工者相續而起。勞動者富里泥殺其雇主。被投於獄。無政府黨聞之。大開祝宴。頌揚其德。秋七月十四日。乃共和政府之紀念日。巴里之無政府黨乃公布一文曰『勞動奴隸』一語極激烈。大動不平者之心。孟梭烈米及里昂。遂生爆烈彈之大騷擾。翌年三月。巴里又起掠奪之事。致生擾亂。七月十四日。路北等地方。兵士與勞動者又起衝突。無政府黨米雪爾就捕。當孟梭烈烈米爆裂彈事件之起也。有嫌疑者十四人被捕、內有九人處禁錮之刑、其關於里昂事件者。八百八十三年正月九日公判之後、被告者六十六人。放免者僅三人。其他皆與其首領哥樂波度金葛修波爾達白奈兒等。照法律處刑、哥樂波度金禁錮五年。罰金一千法郎。監視十年。奪五年之市民權。自是之後。里昂之無政府黨大衰。里昂之勢衰。後無政府黨更以巴里為運動之中心。時巴里人心痿靡。受無政府黨思想之刺擊、大動搖焉。無政府之黨團。林立全市。九十年代之初。遂有維羊投爆裂彈於法國議院之事件。無政府黨之機關新聞在巴里者。一曰『反逆』一曰『疲父』蔣古拉烏為反逆之主筆者、發行數有六千之多。蔣氏原業靴工、後為印刷工。哥樂波度金派之驍將也。著一書曰『瀕死之社會及無政府』大發激論。法政府下禁止發賣之令。並處以二年禁錮之刑。主持疲父新聞者。乃普血氏。以記勞動者之事情及巴里日常雜事為旨。巧於諷刺、普及無政府主義。頗有力焉。其發賣部數己及一萬。除二新聞之外。尚有一隔週新聞。名蘭卓兒者。乃千八百九十一年。所創匿名葛蘭者爲其主宰。拉撒爾及亞磨等助之。葛蘭之意見曰。『吾之戰也。以好戰故耳。非因有希望於未來而戰者也。吾胡爲乎念未來之事而自惱也。胡爲乎慮子孫之事而自苦耶。快樂在現在。知足在此處。置一切法律規則原理於度外。認本來之面目足矣。』時有一無政府黨員在考塞耳地方殺一持布袋之旅人。蘭卓爾新聞稱揚之曰。『考塞爾之同胞。善哉汝之行也。汝怒而殺持布袋之人。以彼乃汝之敵故也。汝之所爲。眞屬正當。所謂開化人者。皆束縛汝者也。以衣服外貌之華奢新式。迷汝之目者也。未來之事。聽之於未來。於現在何有。汝之自由。汝之幸福。非對立於汝頭上之人。勇鬥之後。不能得也。不見夫達於新世界之道路。既開於今日乎。對凡百事物。有不足於我者。皆當伐之。皆當殺之。盡汝之所能。行殺伐之事。神必奬汝也。』

千八百九十二年之後。謀殺之事盛行。如九十二年之拉瓦學。及九十三年之維羊。

暨九十四年之顯理等。皆大凶行者。慘烈壯快之事。日不絕書。無政府黨又於旁慫慂之。拜拉瓦學也。如聖徒。或以詩文。或以彫像。諜諜稱揚不已。千八百九十四年六月。無政府黨意大利人名葛宅里倭者。舉驚天大業。殺法國大統領加兒奴。搖動一世。稱爲未有。政府窘逐無政府黨益急。而無政府黨之勢力亦日益大。至於今日若炎日之當天矣。

法國無政府黨之著名者。有五人焉。一曰雷古耳士。一曰米雪爾。一曰梭蘭。一曰亞孟。一曰馬拉。

雷古耳士。千八百三十年三月十五日。生於法國拉革蘭杜。少時游學南法孟多波之新教學校。卒業之後。游於柏林大學。專研究地理。千八百五十一年。由法國入英國。旅行愛耳蘭。五十二年。游歷北美中美革倫比亞等地方。五十七年歸法國。著述地理學。千八百七十年。巴里爲德軍所困。氏乃奮身爲國民兵。翌年三月十八日之暴動起也。氏時爲國際黨之黨人。於民聲新聞。大攻擊馬塞耳朝廷。四月五日被捕。

六 無政府主義

拘留於布烈士度者七月至十一月又被流刑時政治家學者見其處刑也大非難政府亞美巴列卿等列〔减〕其刑七十二年正月四日大統領切兒乃改流刑爲追放氏得至魯葛奴未幾喪妻流淚至日內瓦湖畔幽居數年專攻究地理學及共產主義九十二年爲布留色耳大學之地理學教授翌年關於無政府黨之暴動起政府之忌心乃免其大學之職

雷古耳士與哥樂波度金相善雷氏之無政府主義亦多奉哥氏之說惟亦有採於布魯東巴枯寧之集產主義耳氏之品格最高尙厚於友愛深精地理學曾著有新『地理學』『土地論』『土地及工業之生產』『富與貧』『進化及革命』『告同胞之農民』等書尤可奇者氏之一家皆無政府主義者其熱心斯道亦可想見矣

米雪爾者無政府黨中之女傑也千八百三十六年四月二十日生於法國之布龍古爾幼時從祖父讀書千八百五十年携母他往受女教師之試驗及第之後于一

郵落間設立私塾。主張女學。五十六年。乃至巴里。得爲學校之所有主。見千八百七十年九月四日之共和政府。多行暴戾。頗懷不平。五十七年五月。哥木雲之暴動起。米氏與焉。頗能盡力奔走。故被捕。十二月由軍法議會宣告流刑。囚居新加列多里亞十年。至千八百八十年放免之後。爲社會革命新聞之主筆。八百八十三年。巴里出爆裂事件。米氏亦與其事。又被處禁錮之刑。定期八年。而三年被赦。八百八十八年正月二十二日。有名路葛士者。刺米氏二次。幸未能中。後米氏移居倫敦。爲『國際婦人覺醒會』之會長。發刊機關新聞。盛主張女權。著『新世界』『懷往談』『貧困』等書。氏又精通歷史。確執無神論。思想高遠。意氣雄邁。而尤富於獻身熱血之情。

椶蘭者亦無政府之偉人也。一千八百三十年。著一書曰『無政府之秩序』。發明無政府哲學。其『人問論』中有一言曰。人間有二要素。一曰不變性。不因時而變。亦不因人而變。一曰變移性。因時與人而變移者也。前者之名曰人間。後者之名曰個人人間之地位居個人之上各個人又包括於其中故各個人之法卽人間一般之法也（中畧）無政府主義無能爲之顚倒而有自然之秩序者也吾人之團結既正則共同之法律及不可抵抗之道德乃悠然生矣吾人之本體實與此道德相結合者也。

八　無政府主義

亞孟以無政府學者著名千八百九十一年著『人間論及無政府學理』又編『無政府黨之心理學』其中有曰『無政府黨何因渴望自由而憎忌法力及權力者也』世之解釋無政府主義者多有經濟問題下手而亞孟氏則首重政治問題此所以出人頭地者

馬拉者意大利之貴族巴[illegible]府黨之文人也著書最多若『無政府哲學』若『基督教革命與社會革命』若『都市勞動者對田舍勞動者』等是其著書之最著名者除氏之外尚有甘蘭佛兒、拉撒兒、米耳波、富蘭梭亞、癸丹、腦鳩布拉等亦法國之無政府黨而信奉哥樂波度金之主義綱領者也哥氏之說既盛行故今之法國無主張個人的無政府主義者矣。

西班牙之無政府黨

西班牙當千八百七十年代之初。巴枯寧派之無政府論。大逞其勢。至千八百七十三年。起而應之者。有九萬人之多。欲得一大工業地而爲政府所阻。千八百七十四年。無政府黨之本營奴加爾達。彼那被政府所擊陷。無政府黨漸有瓦解之勢。種種秘密出版物。亦爲政府所搜索。所禁止。故無政府黨之氣燄。日益屏息。至八十年代倫敦大會決議之後。無政府黨之勢。又勃然大振。千八百八十一年九月二十四二十五兩日之間。在巴洛色羅開全國無政府黨大會。各地團體之代表。來者約有百四十人。起一同盟。名曰『國際勞動者同盟西班牙聯合會』。標榜集產主義。籌改造社會之策。以自由自主爲標準。勞動者誓解脫政治上及經濟上之束縛。以腕力之破壞。爲解脫之方法。勞動者之團體分兩種。一工場部。一地方部。工場部之範圍。自小集會以至村州國等大團體。有月會。有四季會。有年會等。以委員會爲其實行之機關。地方部亦然。其體制皆整然有序。大會選舉之委員。皆大施運動。八十三年九月。在色經拉開第二大會。來會者二百五十四人。各代表一方。總計全會員有五萬人云。發刊機關新聞。讀者以萬計。此外尚有一秘密結社名黑子者。時逞凶行。日施暗殺。然千八百八十三年瓦烈沙大會之後。其運動稍加平和。其政府鎮壓之功乎。至近代又受法國無政府黨風潮之激蕩。而其運動又日見澎湃。康田波之謀殺巴色勞那。尤其小焉者。千八百九十七年。班之首相嘉士旗洛。竟被無政府黨員安奇俄麗樂所慘殺。而無政府之勢力。乃烈烈然震動全國。

意大利之無政府黨

當十九世紀七十八年代之初。意大利之社會黨亦採用巴枯寧之說。而爲無政府主義之降生。日千八百七十七年。無政府黨在北尼溫之傍煽動二三村落宣言無政府主義。將大有爲也。不幸爲軍隊所壓鬩。飛落馬勒德市大等巨魁以及黨員三十人被捕。處刑者一人。餘皆被放。後又有所舉動。屢爲政府所防。卒不成。至八十年代。無政府黨又有所運動。其先與馬爾古士之社會民主義派相合。至此乃分。千八百八十六年十二月無政府黨於賁市梭大開秘密會。北部意大利出代表者十五人。皆主張無政府的共產主義。翌年擧閣飛洛馬勒德市大爲代表者。派至倫敦。閣飛洛者。巴枯寧之舊友也。自散鉅貲以擴張無政府主義與馬勒德市大及美耳麗奴共傳名一世。今又共至倫敦參與倫敦會議。迨其歸後攻擊溫和社會黨之心日切。而主張實行無政府之旨。千八百八十三年。馬勒德市大與多數之同志皆被捕。翌年二月一日處禁錮之刑。羅馬、富羅林紫、那柏兒等處之黨員遵倫敦大會決議之綱領組織團體者。日多一日。準備爆裂彈將示威焉。千八百九十四年意政府忽有禁令曰。凡無政府黨之煽動不問其罪之輕重。皆當處禁錮及追放之刑云然無政府黨毫無懼色。且有雄飛之勢。千九百年七月念九日國王烏目彼德一世遂被無政府黨員普列師西所殺。全國之當道者。爲之大懼。莫能誰何。至於今日。無政府黨遂以里倭奴爲中心。而于路高佛魯利色載那等地集秘密會。近之行暗殺者。

皆出自此等地方彼等黨人之計畫欲建立無政府的殖民地以實行其主義在南美布拉階兒設一村落名曰色西利亞公許自由情愛廢止結婚之制並將實行種種理想於其間殖民地之成立至今已三年矣

意大利爲名士之淵藪自古然也今仍未殺其勢何則無政府黨風潮之烈烈意大利人實爲其主動力伏擊英國皇太子（現英國皇帝義德瓦七世）之西標突刺奧地利皇帝之里革尼暗殺法國大統領加兒奴之葛宅里倭皆意大利之人故曰意大利人於無政府黨占最有關係之地位

德意志之無政府黨

千八百七十六年七月之後柏林出一新聞曰『勞動者』無政府黨員布魯士主宰其事而無政府主義已隱隱侵入國境奈社會民主黨之勢力正大而無政府主義尚不能遽奪其席『勞動者』新聞有多數著名文人如萊因士多夫者極力煽動僅得二三小團體加以經費不能繼續而勞動者遂廢止至千八百七十八年謀

殺維廉皇帝之事起。德意志之輿論。仍頑固不移。無歡迎之念。且有排斥之勢。卑士馬克時正當國。竭力壓制無政府黨。而無政府黨乃無以施張矣。

當十九世紀七十年代。有一熱心崇奉布魯東之說者。名廟林白葛原。爲醫士。就布魯東學說。深有所造。就新聞雜誌時時載其意見。專主張經濟上之平等。並打破政治上之一切權力。其大旨可謂理論無政府主義之矯矯者矣。

在德意志初組織無政府黨者。爲何塞爾縵及摩士杜。何塞爾縵初崇奉拉撒兒之社會民主說。任瑞西新聞『社會民主黨』之記者。後又轉爲『新社會民主黨』之記者。大鼓吹社會民主之說。至七十年代。已乃創立機關報曰『赤旗』。言論日見激烈。因犯於卑士馬克社會黨之鎭壓法。被停刊。社會民主黨亦以無政府主義與其宗旨反對。亦除氏名。氏乃渡美。

摩士杜嚮日常旅行於奧地利北意大利及瑞西等。與國際黨相知。熱心歸依其說。觸於法網。千八百六十九年被拘留於維也納。一月。翌年又與他同志共處五年重禁錮之刑。因內閣更迭。乃得放免。逐出奧地利國境。入德意志大施運動。爲海木尼紫「自由新聞」馬因紫之「南德民聲」及柏林「自由新聞」等之記者。而列席帝國議會。千八百七十八年。無政府黨謀殺皇帝之事敗露之後。卑士馬克之鎮壓法案。爲議會所反動。而解散議會。因改選。氏落選。乃棄政治主義。而盡力於革命。爲政府所忌。去伯林。千八百七十九年春。渡倫敦。爲自由新聞之主筆。盛唱武裝革命。秘密煽動及暗殺等旨。組織「合衆社會黨」置本部於倫敦。設中央委員七人。與他國之同志通接聲氣。又設秘密團體。曰「遊說者俱樂部」爲一般革命之準備。氏原社會民主黨員。因主張無政府主義。亦被除名。

自由新聞以無政府主義爲旗幟。德人受其刺激。購讀者日見增加。小團體一時起於國內。約有十餘所。摩士杜既主張社會主義。且獎勵暴行。著一書曰「科學的革命戰術及爆裂彈」指示貯置爆發物之場所。惟教會宮殿舞踏室宴會室等。爲最宜。又大指警官探偵反間者。爲革命之大害。而亦當毒殺之云。千八百八十一年。俄帝亞歷山大王被弑也。自由新聞大稱揚之。並勸其國人模倣之。摩士杜因是被捕。處以十六月之禁獄。千八百八十二年自由新聞移於瑞西。迨及摩士杜被赦之後。乃共移至鈕育。

先是摩士杜與虛無黨亡命客哈多漫。有開國際革命黨大會之意。千八百八十一年。四月於巴里開準備會。決議排斥社會黨。對社會黨下宣戰檄。慫慂世人任用如何危險方法。毫無可咎。至七月倫敦大會。起各國之團體。約有二三百。共出代表者四十人。列席此會。決議曰。世界各國之革命黨。當以社會革命爲目的。故組織『國際社會革命的勞動者同盟』。吾黨置本部於倫敦。設支那委員於巴里日內瓦及鈕育等地方。凡我同志聚集之處。皆置支會及三人實行委員。凡一國之委員。皆有統率其同志及與中央委員交通之義務。結合一致。確守規則。是最要者也。豫集經費。準備毒藥武器等必需品。其殺害之目的。既在君主大臣貴族僧侶資本家及一切掠奪者之身。則任用如何手段。無有不可。欲達目的。須學化學。而預備飛具。除倫敎中央委員之外。當設實行委員及通信局。以計國際之連絡。由中央委員之決議。以計通信之不絕云。此倫敦決議之大畧也。當時謀殺之行。已日不絕。聲德意志警官魯母布之被害。乃其一例。迨至摩士杜去美洲之後。德意志無政府黨之基礎。仍在倫敦。置二倶樂部。一曰摩士杜派。其同志約有二百人。以自由新聞爲其機關。一曰歐多羅來。其同志者約有百人。千八百八十六年以來。又發行新聞波改度林革二氏爲其記者。二氏皆主張哥樂波度金之說。而崇奉地方分權主義。

十九世紀之九十年。德意志國內之無政府漸增聲色。有組織獨立黨以實行革命爲旨者。主張個人之自主。走於極端。獨立黨之機關新聞曰『社會黨』。其體裁槪與法國之反逆新聞相同。其議論乃就哥樂波度金及烈古魯士之說而演述者也。發賣之數。有三千三百部。內容之意見。亦不一致。唱言尼哉之個人主義者有之。鼓吹巴士達多之無政府主義者亦有之。葛布里烏內閣。初不過問。任其黨之散布。迨聞法國大統領之斃命也。政府乃大爲恐怖。主無政府黨撲滅案。咨詢於帝國議會。

時火痕洛葉代葛布里烏內閣而起內閣之警官竭力驅除無政府黨社會黨之新聞被禁無政府黨之黨員被捕於是柏林之無政府黨大殺其勢運動之範圍亦日狹至於近來始稍有萌動之象前年無政府黨思殺少年皇帝屢有狙擊之行雖以德皇之雄飛亦日夕自危不自安也

奧地利匈牙利之無政府黨

無政府黨在奧地利之動靜大抵與德意志相同當摩士杜氣勢盛大之時自由新聞之日日輸入也無政府主義之秘密團體乃叢生於國中其運動之首導者爲波改度遊說實行主義人多受其感化新聞之大者爲信史多之『社會黨新聞』盛唱凶行主義以暴力鐵血爲革命之捷徑主張絕對的自由爲世界之稀有此外維也納無政府黨之新聞尚有二一曰『將來』一曰『德爾尼士改里士蝶』來汗白果有新聞紙一曰『過激黨』布拉革有新聞紙二一曰『社會黨』一曰『共產黨』列木白庫有新聞紙一曰『布拉革』庫垃哥有一新聞紙曰『洛波多尼

革』皆主張無政府主義之著者也。再若由外國輸入之新聞。瑞西之布魯載度史維度。英國之自由新聞。亦於奧地利之無政府主義歷史上有重要之關係。十九世紀之八十年時代。以信史多爲中心。波改度等盛行游說。維也納布拉古等地方。皆受其影響。殺害警察官掠奪運動費。風動一世。波改度等被拘時。社會民主黨亦起而舉動。千八百八十二年十月十五十六兩日。於布李雲開會。決議反動無政府黨。而無政府黨之勢力。亦極猖獗。發行秘密出版物。慫恿貧民殺害警察官。千八百八十三年七月二十六日及二十七日在殷載士多爾夫開私會。艸定綱領將起暴動。十二月十五日于富洛里紫多夫殺警官路北古黨員洛開杜於翌年六月二十三日處刑。同志思復讎。又殺警吏普流夫。政府大懼。行迫害之策。罰史蝶馬黑及堪梅拉兒波改度亡命英國。黨徒之被捕者日衆。所刊之新聞亦被禁止。於是奧地利無政府之運動漸有衰微之象。至若匈牙利無政府黨之勢力原甚微弱。其保其生命之故。全由奧地利之助力。今奧地利無政府黨之勢力既衰。而匈牙利之現象亦淩夷焉。此社會民主黨之所以獨跋扈於今日者也。

比利時之無政府黨

千八百七十年代之初。比利時之社會黨。概奉普魯東之說。七十六年之後。社會民主黨之基礎遂成。至千八百七十年代之末。無政府主義乃萌芽焉。組織一團體。曰德意志讀書協會。皆歡迎摩士杜之極端說。比人之購讀自由新聞者日多。千八百八十年。遂於布里色爾開大會。大會之後。其採用無政府主義者。組織革命合同會。在維耳威野發行新聞。名曰『堅忍』。遵奉倫敦大會之決議。又進而組織『共和社會黨同盟會』。以與社會民主黨之『改革撰舉同盟會』相對抗。惜其所主張者。未能深得世人之歡迎。雖屢有爆發彈之騷動。而終未能勝德意志之社會民主黨之勢力。

瑞西之無政府黨

無政府黨在瑞西之勢力最微。故未有絕大之根據。即有二三團體。亦皆德與各國之亡命客也。千八百八十年代。德意志之著名無政府黨員摩士杜。初入瑞西。欲植勢力於勞働者之間。以自由新聞爲其運動機關。倫敦大會以來。其國之東北部及接近法國之地方。漸有搖動之象。千八百八十三年自由新聞之發刊局移自倫敦。史蝶馬黑主持其事。無政府黨員在秋里席開秘會。採用摩士杜之體制論。又設計立秘密活版所。以其機關紙郵送於德意志及奥地利與南法及油拉聯合之同志相通。大施運動。迨及千八百八十四年。瑞西政府用鎭壓之策。檢治無政府黨。黨勢大衰。

英國之無政府黨

英之三島。自古以革命家之逋逃藪著名。哥樂波度金、巴枯寧、烈古兒、摩士杜、波改度、米雪兒、加飛洛、爲拉德士大等。無政府黨員之主動者。皆曾避難於此。無奈英之無政府家則殊微微。只有二三理論的哲學的無政府主義而已。至能寔行無政府主義者。無有也。英國之探偵長某曰。國内之無政府黨員。僅有十餘人耳。各國無政府黨員麕集之地。當以倫敦為首。哥樂波度金於千八百八十六年。曾在此地盡力於新聞事業。而創自由新聞。繼赫胥黎之後。任『十九世紀』之新聞記者。從事著書。於無政府主義大有裨益。哥氏之著書最著名者。如麵包畧取（一八九二）謀反者之話（一八八五）革命政府謀反之一世紀（一八九三）新時代（一八九四）法及權力（一八九二）牢獄（一八九〇）社會進步中之無政府（一八九二）謀反之精神（一八九二）給料論（一八九二）無政府黨之道德（一八九〇）無政府黨之團結及其基礎原理（一八八七）等。是也。

倫敦無政府黨德人為最多。團體林立。意大利及法朗西人。只有一團體。頗信仰謀報叛逆等激烈之行為。其機關者有『共產黨』『革命黨』『復讎』『闖入者』等新聞。千八百九十四年。法國大統領加兒奴之被殺也。各國政府盛唱壓服無政府黨之策。英之上院。亦提出驅逐之案。惟英人謂與其古來之傳習不合。而否決焉。首相羅史伯里於議院揚言曰。我英國以普通之正義及現存之司法機關二者。

已足處治無政府黨矣云。

千八百九十八年正月二十四日哥樂波度金公對商業之同盟大演說無政府主義又著一書曰無政府之道德公之於世推道德腐敗之原因總歸於資本主義宗教正義及政府等凡愛自由之人當以打破此等原因爲義務其文中有曰

善惡之別乃無學之結果野蠻人之所恐怖者也人亦動物其行爲當聽其自然不問其爲善爲惡有益有害志皆在求快樂耳欲脫宗教上之恐怖當先自問余胡爲從此僞善的道德耶胡爲乎道德獨有强制之性質耶余欲爲無道德者有何不可乎懼聖書之禁制乎然則聖書者何也皆蒐集東洋半開化國之口碑詩文而成者也有何高貴之價値乎何不速棄此道德爲不道德之行爲以盡人之義務乎

此種激論雖見於『暗殺者社會主義之結果也』論文中其他若哈巴德之哲理的無政府主義畔史布拉齊物哈蝶等氏之社會主義論非不超絕理非不圓滿而

盎格羅索遜民族之特質太偏於寔際安於保守無德人學理之精粹又無法人理想之高妙且英之各種階級甚相融和貴族社會與慈善事業日不絕書非如他國」各階級之互相轢軋則無生無政府黨之必要而無政府黨亦不能得其志也

美國之無政府黨

千八百八十年之前舉全美言之無政府黨之團體只於墨西哥有一根據地至千八百八十年波士東始見無政府黨之跡巴里『社會革命新聞』之社員名甘紫者大施運動發刊一新聞紙曰『無政府黨』爲政府所阻僅出至二號而止後有名德家革者在紐育發刊一法文新聞曰『自由黨』主張布魯東之集產無政府主義後又轉爲共產無政府主義思想滔滔風靡一世唱道箇人之絕對主權者曰多而其最錚錚者則推枳葛伐爲第一千八百八十一年之後枳氏刊自由新聞大肆鼓吹頗與哈巴德之隨意主意相近而與馬古士之國家社會主義作敵言國家社會主義卽壓抑主義壓抑個人之意思者也如欲廢國家當由箇人隨意以組織

團體而反對一切特權攻擊金錢土地保護稅專賣特許等制度是枳氏學大旨也枳氏以無神論者自誇言人之

祁當聽其自由男女之交接亦當聽其自由是與他無政府黨員無異唯其不相同者他黨員皆以激急的手段爲利器而枳氏則以平和的遊說爲良藥曰自由者吾之目的也欲達此目的亦須任其自由而決不可用權力故平和游說是得自由之捷徑也云終氏之世無政府主義之勢力仍拘於波士東市內不能大逞氣焰豈不宜乎至摩士杜之來美也以偉大之辨才及完全之組織力再加以激烈手段彼無政府黨之氣燄如初日之出東海頃刻之間光輝耀然滿於新大陸在鈕育發行自由新聞集合美國居留之德人在各地組織無政府團體千八百八十三年十月十四日俾紫堡開大會代表二十六市之社會民主黨及無政府黨者皆參集焉組織一會曰『國際勞動同盟』設通信局於西加哥作爲本部其會之綱領皆遵摩士杜之思想以打破現存諸制度爲宗旨以腕力爲手段而公認無政府的公產主義見歐洲之起暗殺也自由新聞盛表同情慫慂美

人模倣之。摩士杜勸人用爆裂彈毒藥等物。大起暴動。又勸奴婢毒死其主人。抗擊社會民主黨。因社會民主黨僅以得選舉權爲事。而不贊成革命故也。摩氏之勢力大布於波海米牙勞動者之間。而社會民主黨之三種新聞。發行於西嘉哥者。受無政府黨之激動。皆轉爲無政府主義矣。千八百八十六之初。西嘉哥之新聞有四。『勞動者』。『禁止物』『松明』(以上德文者)『亞拉木』(英文)是也。鈕育有二新聞。『自由』及『亞美利加勞動者』是也。在聖勒士則有暗號新聞。(英文)在蝶多派士。則有貧魔新聞。(德文)在波士東。則有自由新聞。(英文)皆無政府黨之機關也。美之勞動者受無政府黨之刺激。大有活動之象。發宣言書。公言自千八百八十六年五月一日起。減少勞動之時間。日以八時爲限。否則同盟罷工云。於是無政府黨更乘機煽動。五月初三日。西嘉哥遂起警官與勞動者衝突之事。勞動者死傷甚衆。翌日勞動者新聞出告示。慫恿勞動者復前日之讎。當投爆裂彈於警官云。勞働者與警官。遂又起衝突。死傷警官六十餘人。政府大怒。乃出壓制之策。捕縛其引導者。

處亞拉木新聞之巴松等四人以死刑。摩士杜亦被連累禁錮一年。一時無政府黨之勢力漸衰。團體之解散者亦衆。西嘉哥之三勞動者新聞。仍復舊觀。主張社會民主主義。亞美利加勞動者新聞及自由新聞。亦因此廢刊。然壓制之功。逞效於一時。決無永久之力。自古然矣。況無政府黨之神出鬼沒。更非壓制力所能防止者乎。一波初平。一波又起。千九百一年大統領麥堅利。遂斃命於東高史之手。

美洲無政府黨之根據地在史布林古瓦烈及伊黎奴士等地方。發刊勞羅拉新聞。爲其機關。千九百一年勞羅拉新聞會揭其黨之綱領曰。

一勞作自由。

二自由使用社會之物。

三凡致富之方法。皆歸共有。如生產機器土地道路礦山水路等。

四廢私有財產之制。

五廢階級軍人裁判官貴族有司及政府等有害物。

殺麥堅利之棗高史。亦出自此地、千八百九十二年。倫敦無政府黨大會。意大利之亡命者美利奴及馬勒德士提議曰。爲鞏固團體之計。當設一中央部以約束各團體。全團體之組織。始得整然一致。黨之活動方能敏捷云。全會之人。以爲與無政府之原理矛盾。否決之。蓋無政府之原理。有曰。凡事皆從汝之所任意。云如設約束之策。是非與原理相反。何故無政府黨之凶行。皆與團體無關。而全由箇人之發意者也。

結論

無政府黨之發生也。槩在十九世紀之七十年代八十年代之後。黨勢日大一日。殺害之人莫可指數。今揭其殺害之各國主權者宰相如左。

時日	被害者	凶行者
千八百八十一年三月十三日	俄帝亞歷山大二世、	虛無黨員
千八百八十一年七月二日	合衆國大統領加飛兒多家士	頡刀

千八百九十四年六月廿四日　法國大統領加爾奴　哥尾里屋
千八百九十七年八月　西班牙首相嘉史旗洛　安奇俄麗樂
千八百九十八年九月十日　奧國皇后　劉革泥
千九百年九月二十九日　意大利王烏木白德一世　布列史虜
千九百一年九月六日　合衆國大統領麥堅利　棗高史

可愛哉無政府黨也。恰如有一種宗教的迷信印於其腦。以殺害凶亂爲義務。不顧前後。勇往從事。殺奧后之劉革泥曾揚言曰。凡無政府黨如能皆如吾之行義務。則奴隸的社會可得忽焉而滅。棗高史亦曰。余聞高多縵女士之講演。滿身之熱血皆爲之沸騰。遂以謀殺大統領爲余一生之義務矣云云。然則義務者其殺害之謂也。無政府黨以如此之精神。於二十年之短歲月。已殺若干首領。悠悠天地。來日方將。黨勢日漲。歡迎不暇。世界之有特權者。豈能無恙而久保其頭顱乎。嗚呼危矣。可早自計矣。

男兒作健向沙場
自愛登壇不望鄉
太白高高天尺五
寶刀明月共輝光

下編終

ANARCHIE & COMMUNISME

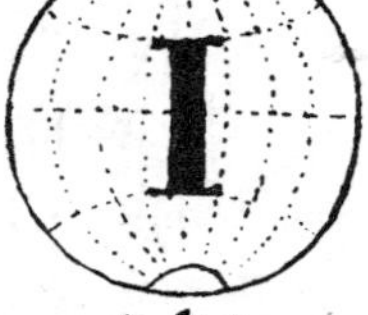

(壹)

「新世紀」叢書

無政府共產主義

(六)

Auteur :
CAFIERO
Traducteur :
TSUNMIN

千八百九十九年克非業著
千九百有七年真民譯

體操比力具

其法用大鐵槌向君主與
資本家頭上猛擊則箭形
記號處之鐵標向上突躍
一擊再擊便能躍上平等
自由永不下垂否則氣力
薄弱鐵標至中途仍下向
奴隸饑饉之處若能擊向
平等自由自然周身快樂
永無奴隸饑饉之疾病矣

無政府共產主義

6

~(1)~

無政府主義与共產主義

自由平等二者為**革命**之要點。今昔革命黨之意見均不外此。雖然此二佳詞恆為狡者假之而為利用之器。遂有真贗不符。故吾輩于二者之旁更附二詞以定其確切價值。使無涵含之弊。「**自由**即**無政府**也。**平等**即**共產**也」。

(一)在今日之社會。**無政府**為破壞強權者也。在來日之社會。則為阻重建強權者也。亦為保護箇人之自由也。凡箇人之生長隨其所需。從其所欲。凡人之聯結隨各人之自由推合而及于一方。由一方而及于一境。由此類推。以至于推諸境而及于一國。推諸國而為大同。

(二)在今日之社會。**共產主義**亦與眾挑戰者也。然不在破壞強權而在取全球之富源置諸公共。在來日之社會。則共產為眾人之享受。即「各盡其所能。各取其所需」。凡世間之富源為眾人所同有。共致之而共享之。甲地之人公用甲地之土地器械房屋。如有乙地之人至于斯土。其享用与眾同。如甲地之人至于乙地。亦若是。

或問曰共產主義果可行乎。吾能有物品足以供眾之取求。而無懈惰之虞乎。

吾答曰『各取其所需』之意必可行。因未日之社會物産豐盈。無須限制取求。亦無工作不及之慮。有三故以証明之。

物産將来之豐盈賴各種事務發達之協助一也。賴新機器之發明二也。賴減少有損無益之製品以節省機力·器械·工作·物料三也。

一人之損他人之利』此競争之原理。而資本家以為攻擊之要術也。由是國与國競。一方与一方競。人与人競。此人得之則他人失之。甲之工業興則乙之工業敗矣。資本主義乃『各謀己利排擊他人』社會主義則『各圖公益衆濟箇人』若去資本主義而代之以社會主義。是不相争而反相助。不相仇而反相友。其時物産之澎漲。猶可預料乎？。

～～（2）～～

今吾輩以為極發達之機器。与將来之社會較。猶微乎其微。今机器之所以不能大興。為資本家之利心所致。故恒有若干机器因工家無力購取。遂使棄置于無用。蓋資本家寧使其空閒無以利己。而不甘使其有益于人。乃惟利是圖而不憐同類工作之苦顧煤礦公司有圖工人之便利。不惜重價而購最良之入井机者乎？。顧城董局有因

〜〜（3）〜〜

工人之勞而用破石之机者乎？（鋪路之石）更有許多有益人生之新發明不見施諸實用者。亦無非因其不適于資本家之經濟問題而已！（今參觀告少年謂工藝的聽者。今日所謂文明進步藝術發達其實還是為得謀利，那有益人生的事反到忽畧，若曉得這事愚謬，便懂了這共產主義的完美与那社會革命是不可緩的事了。）總之机力、器械、物料三者之浪費，令其極矣。因人以之造無用之物。甚至造殺人之物，又今此三者費之于軍備者幾何。如戰艦也，砲台也，軍械也？費之于奢華無益之物又幾何？若移此三者盡用之于人生正當之工藝，其物產之澎漲不可知乎？由此可見共產主義能施諸實行者也。可聽其各取所需，因所產必足供眾也。亦無勞問工作者之惰否，因無貧困之可慮也。賴物產之豐盈，工作之輕易，則勞働之苦惱變而為游藝之幸福矣。

吾非僅謂共產為可行，且謂其為必須行。若已將物產与器械置諸公共，而仍準箇人之購取，則錢不能廢。錢不廢則有營富不均之事出，而平等從此失。蓋富者勢力高過他人，非在平行之地故也。承此而嗣產之事又見。或謂嗣產遺傳不足為患，吾輩深謂不然，因箇人之積蓄非徒起人之不平等，而且工作之不平等，于是工作乃有高卑貴賤之分。高貴者富者享之。卑賤者貧者負之。此則不能從其志願所欲為。而以其謀生之難。迫之從事于某業某業（克氏曰「婦女售身以哺其子。稚兒入一廠為苦工。」（秩序）此豈其志願所欲。不得已耳。而他人仍罵之曰下流！」）。而强者為利所誘。設法而攫取之。于是有勤惰。功過。善惡之分。而賞罰從其後。于是有法律。有司法人。有監獄。此皆致亂之由。不公之至也。（君長無非民賊。而人民稱其德。史傳記其功。小民困死無訴。或為盜以延其生。事覺則立正典刑。名辱身死。世事不公之如此類者。不可勝道矣。）

昔吾輩自称集產主義。蓋以别于箇人主義。与共產專制主義而言也。究其實吾輩為共產自由主義也。吾之所謂集產。蓋謂將物產均歸公共。無分彼己。非如今人之所謂集產也。

（4）

有名為社會黨者。其為言曰「有日用之物。有生財之物。日用之物為箇人之所需。如衣食房屋之類。至生財之物。為人用之以生財者也。如工廠机器田地之類。又謂日用之物為箇人所需。故應授于箇人。至生財之物。則應歸集有」。此集產主義。

吾不能不為之問曰。「何故以燃機鑪之煤。膏机器之油。為集有物。而不以食我之肉。調菜之油。為集有物乎？何故以養牛馬之牧塲棚厩為集有物。而不以居人之園屋為集有物乎？其真理何在？物產散則得利難。集則得利易。故集產主義勝于个人主義。乃營私經濟之問題而非社會公道之問題也｜以多小產集而為大產。產仍屬于多人。誠稍勝于少數人獨有大產。然無產者仍不得而有之。此仍補救之方而非清源之作｜惟共產全歸公有。各盡所能各取所需。其光明自非他主義所能比也。

為是言者亦非望其實行。無非為主張物產授于箇人者之助耳。無非欲以緩革命之熱心耳。殊不知正以此說喚醒我也。是猶勸我毅然為共產黨也。

總之共產主義之必行殆無可疑。第難者又云出產不足供各人之所需。必須有限制。有分給之法。分給當準乎各人之工作。

吾應之曰。即使須有限制。亦用共產主義。然此限制。不本其功績。而本其所需。姑以一家譬之。一家者即一小共產也。雖其為專制共產而非自由共產。然于此其理無異。譬如一家之父日獲五圓。長子三圓。次子二圓。幼子一圓。所獲皆授於母。母供其食。父子兄弟之所獲不同。至用餐食則隨其食量而為多寡。無有限制。且幼子作工雖少。食量恆佳。老母終日無為。反享美食。由此而知分授不論功績。取用本其所需之已實行。來日世界一家何有異于此乎？

于此問題中可論述者多矣。其詳已經若克呂克若泡特金諸同志言之。茲不復及。總之無政府与共產二者不可須臾離也。無政府即真自由。共產即真平等。此二者皆革命之要點也。

Modern Science and Anarchism

近世科學與無政府主義

著者克魯泡特金

P. Kropotkin

進化叢書第一編

克魯泡特金小傳（節譯英國百科全書第十一板之克氏傳記）

克魯泡特金P. Kropotkin 一八四二年生於俄羅斯之莫斯科，十五齡以皇帝命進森彼得堡之軍官學校，一八六二年，以後歷充西伯利亞軍官及總督隨員。一八六四年應地理調查之任，至北滿洲等處，對於地理上發明甚多。是時克氏已專志致力於科學之發明。一八六七年返俄都，進森彼得堡大學，兼任俄國地理學會自然地理部之書記。一八七三年發刊一地圖及說明書，證明俄國在亞洲自然地理之結搆，其大幹綫由西南而往東北，昔日之地圖以由北落南或由東至西者，皆前人之謬誤也。其發明於科學上之供獻，厥功甚偉。一八七一年會中推氏爲總書記，但氏此時之意以散播智識於平民爲要務，遂辭弗就。三十歲有瑞士之行，入萬國勞動會，然以克氏觀之，此會所揭櫫之社會主義，尚非純粹者，後研究猶拉會 Jura Federation 之程序，與黨人遊，遂決志信從無政府主義。返國後，以鼓吹革命爲事。一八七四年，被逮，越二年，逃之英，由英之瑞士，遂入猶拉會。一八七七年，赴巴黎提倡社會革命，翌年，復返瑞士，作革命報 Le Revolte 及著書甚多，極歡迎於倫敦無政府黨之大會。一八八二年，法總統被刺，克氏以株連被逮，判官以伊什入萬國勞動會，據巴黎共產鬧失敗後之新律，罰入獄五載。既三年，以法國立法團屢次之請求，得省釋。適英國，居於倫敦之鄉間，肆志著述。英國百科全書第十一版內俄國地理之著作，皆克氏手。其互助論一書，駁時人誤會達爾文之進化倫，舉世稱焉。無政府之哲理，由來已遠，至最近集無政府主義之大成，羣仰爲無政府黨之泰斗者，則克氏泡特金也。克氏現年已將八十，而猶致力於社會革命時業，未嘗少息。俄國革命事起，返國，聞現居莫斯科云。

本書目次

譯者附白

本書倉卒脫稿謬誤之處在所不免讀者諸君倘不棄固陋加以指正俾本書於再版時得以修改實深厚幸

近世科學與無政府主義

第一章　無政府主義之始原

科學發明，至今日而極盛；若化學，若物理，皆已精確可觀。其去成熟之期稍遠者，則惟有社會諸科學。豈惟社會科學，今日氣象學之觀象，尚不能預測一月或一週後天時之變化。如何夫風雨之變化，雖似不可測，而仍可以科學測之。若社會之現象，其繁複之度較以上諸科爲甚，若謬執幼稚之社會學，以求有助于無政府，非愚則誣。抑吾人所當知者，科學家亦常人耳！其多數且屬于優閑之社會，仰國家之俸給，故其所持之見解，不免于偏見。是無政府之非出自哲學之統系，或大學校科學之研究，亦已明矣。

一般之社會主義及社會運動，類皆發生于民間。無政府主義，與此故轍正同；故其生機及創造之能力，永久而不變。無政府主義之始原于此得之矣。

人類自有社會以來，即有兩種思潮及行動，對抗並進。一方而大多數之平民，自謀生活之正路，建築需要之組織，以息戰爭，以行互助，以求社會生存之得宜；由野蠻部落進而爲中世紀之城市工業會所，斯時始訂公共之協約，以敦睦誼。此等建設，皆非出自立法權，而爲平民創造及協濟之精神所貫注而成者也。

他方面又有術士巫覡雨師賢聖「沙門」及黠傑之輩，發見自然界淺近之智識，創爲崇拜之邪談，（如崇拜日月雷電祖先等）于是智識與迷信相繼並進。科學藝術之起源，卽雜于此等幻術之中。此外有古法學者如埃耳蘭 Ireland 之『壁來汗』Brehon 以記誦古法爲務。又有許多之武士，以爲得戰法之祕奧，持以眩人。此三種人，慘淡經營，結爲密社，以保守及傳授其智識與技能，久之遂成堅固之盟約，以立異于平民。而勞心勞力之途分，勞心者治人，勞力者治于人，治于人者養人。

由前一方面以觀平民之創造協濟的組織，以與黠傑者相對抗：此種行動，略具無政府之意味。今日科學實業頓興，平民皆具創造的建設的之能力，非反對少數之黠者，解放大多數之人類，不足以促社會之自由發展。由斯以觀，無政府黨與政府黨之對抗並存於社會，不亦見乎？

古者最良之組織，類皆以維持平等和睦互助爲鵠的；及少數之黠者出而攬權，失其眞義，於是一變而爲社會外部進化之障礙。有憤之者，揭竿而起，易其暴亂，以民福爲前提，久之亦成爲暴民之機關。束身自好之士，去而避之，黠者乃愈恣志蕩除昔日之部落鄉村會社，壓服如已者牛馬之奴隸之。故由歷史上以觀政治宗教經濟之改革家，不外前二者之所爲。此革命黨之蹤跡所以不絕於天壤也。

歷史上之革命黨，其行爲大約有兩方面：有見強權家之壓逼社會，乃奮臂拔劍以爭之；及其得之也，則取以自代。此其一。有去其舊強權而代之以新，其初則以民福爲約，久之則亦背焉。此其二。遠窺往古凱薩 Caesars 之建帝權於羅馬，初世紀教權之萌芽，近觀中世城市自治廢弛而發生之專制，最近則封建廢而王權興；皆其類也。嗚呼平民之迷信凱撒，凱撒其猶未死耳！黠傑者之於平民，既知是其莪而仍有不具英雄革命之臭味，以廢除強權，還其自由於平民，俾其立相當之組織，以相互助，相扶持，與生存之新需要新條件相調和：古希臘之市鎮，中世紀之花羅蘭西 Florence 巴士高圖 Pskov 皆其例也。由斯以觀，雅各賓黨 Jacobins 與無政府黨之蹤跡，雖存於改革家革命家之範圍內，無時而不見，又可知矣。

古者鄉市之民，崛起而與政府法律爲難，宣布人權之尊嚴，以人人當被治於良心，不當爲他人所駕馭，執平等自由工作之原理，以建新社會。此等巨大之運動，不可謂不具無政府主義之性質。猶太與加斯打斯 Augustus 所倡之耶教風潮，以反對羅馬之國家及法律道德爲鵠的，繼進而爲希伯來教會 Hebrew Church 及羅馬皇室 Imperial Rome 之風潮。惜強權家之運命方張，耶教徒之具無政府思想者，遂爲之勦滅殆盡。羅馬式之耶教，與強權之制度，若國家若奴隸，相繼迭興，此乃耶教新約書之『機會主義』Opportunism 祇顧目前，不念來者之種子所由來也。十六世紀有『亞拿巴提斯』Anabaptist 之風潮，一進而爲路德 Luther 之宗教改革，此亦含有無政府之意味。吾人試一回憶當年相搏殺之慘狀，誠有非仁人所忍卒覩者，而改革之事業，卒釀成新教主義之國家，至今未替焉。

綜言之：無政府主義起源於平民之創造的建設的能力。此能力昔日曾用之於社會之組織，及反抗據公共之組織以自營私之黠者，其反抗之目的，亦不外以恢復其創造的天才，俾自爲正當之組織而已。此其精神，有足多者。

無政府之思想，在今日則有一般之社會主義，雖然今日一部份之社會黨，以達到廢除資本主義而止；不知資本主義之眞勢力，在於國家強權之集中，與法律之維持，以少數特殊之幸福爲正誼。無政府主義則不然，遠矚高瞻，不特犧牲一切，與資本主義宣戰，且與其壁壘之法律強權及國家相挑戰，此無政府主義之特點也。

第二章　十八世紀智識之勃興

無政府主義與各種之運動，既於擾亂之秋，同發生於民間，而非出自科學家之研究；則此主義在於近世科學與哲學思潮中，占何位置？其對於此種潮流所抱之態度若何？何者最有助於此主義之進行？吾人將用何種方法，以證明此主義之結論？換言之，無政府處於哲學與法律之何派？其與近世科學之思潮，與何者最爲有密切之關係？是皆吾人所當解答之問題也。

晚近社會黨之玄想的經濟學，有撲朔迷離，眞妄莫辨之現象。此問題之猶有待於研究，抑亦明矣。吾將以簡易清析之言爲之解答；若艱深之詞，轉晦眞義者，今不取焉。

有十八世紀中葉與末葉蘇格蘭與法蘭西哲學家之著作，然後有十九世紀智識之進步。十八世紀之思想，由酣睡而覺悟，一般之思想家，爲時代思潮所波動，乃欲組成統系 System of nature 包括人類之智識，合一鑪而冶之，毅然決然與前世紀形而上學上種種學派無謂之爭辯相分離。凡自然界之現象，無論其爲星辰之宇宙，太陽之統系，抑吾人所居住之地球，與夫一切動植物與人類社會在地面上之發展，莫不以自然科學之方法而爲獨立之研究。所謂自然科學之眞方法者何？『歸納的演繹法』 Inductive-deductive method 是也。彼等以此方法研究自然界呈於吾人目前之現象，由星辰或動物之世界以至於人類之信仰與制度與自然學家 naturalist 之研究物理學之問題，無毫厘之差別。其始也則搜集事料，以爲歸納法之證明，然後毅然爲普通之概括。有時須爲『臆說』 hypothesis 藉作暫時之解釋，以使研究之容易進行；苟其臆說非考之許多事料，觀其原因結果確然無疑，則決不視之爲『自然公例』 natural laws 非若達爾文 Darwin 之解釋新種由來而以「物競天擇」或如岷得拉夫 Mandeleeff 之於『週期定律』，未經確定，而即視之爲不變之公例也。

十七世紀末葉，英國哲學爲長足之進步，其哲學思想轉以輸入法國，以喚起其新思潮。當時思想家根據於科學，括概一切之智識，而爲宇宙及人生之哲學，以物理之力說明種種之現象，往哲之形而上學，遂成無意義之談矣。

昔拿破崙 Napoleon I 讀拉萊士 Laplace 之宇宙統系之解釋 Exposition of the System of the Universe 及終篇，尙不見「上帝」之二字，疑而詢焉：拉萊士以無須此臆說爲對。自今觀之，創造主之臆說，不獨爲拉萊士所不道，即形而上學亦無具體之說明，而徒以深字溢詞，自文譾陋者，亦彼之所鄙棄。其著作雖無數學之運算，而其體裁之簡潔，思想之淸析，以今之學者視之，莫不謂其有如數學之方程式。此讀其書者，所以無不明白之弊也。

拉萊士之於天文學既無取於舊世紀之陳說當時哲學家之研究人生之現象與夫認識及感覺之學，（心理學）亦皆屏棄先前玄學家與德國哲學家康德 Kant 之膚談康德解釋人類之道德感覺謂設使吾人信以爲普遍之定律則人之行爲無論如何，必不能越於此範圍之外名之曰：『必然的命令』a categorical imperative 惟此之定義曰命令曰必然曰普遍曰定律以其以此等籠統之言爲道德之說明，是遠不如舉吾人所共知之事料以歸納法證明之爲較愈矣

法國編纂百科全書諸學者 The French Encyclopeadia 不滿意於此等籠統之解釋，當其研究善惡概念之所出生，則取脫順 Hutcheson（一七二五）與斯密亞丹 Adam Smith 之態度以直接觀察爲要旨其研究所得以人類之道德感情始自憐愍及同情之感覺；見他人之溺者，猶已之溺，見孺子之撻於吾前者則假然爲之不安，此何也？憐愍與同情之所至也由此可見道德之感覺雖極繁複，而仍可以以簡單之事料說明之百科全書諸學者之概括所以無須乎籠統之詞，及不容易明白之抽象的事料，如『命令』『必然』『普遍』『定律』等等彼等之解釋道德感覺惟曰：人類憐愍與同情之感覺由遺傳而來更益以吾人之觀察及社會之經驗，乃漸完全如此而天助之說超過自然界之談，均無所用其技新方法之利益不亦顯乎？

由此可見十八世紀之思想家，研究物理化學世界以至於動植物及人與社會經濟政治制度之發展道德之進化，宗教之信仰其方法無少異也

歸納法既可以應用於各科學；以至於研究宗教思想，分析道德感覺，而未嘗失敗，則他種方法，非

所必需，而玄學家所謂『靈魂不滅』『命令與必然的定律』與夫獨斷之辯證法，可以束諸高閣；蓋宇宙全體之現象，非神秘不可測之幻境也。

當十八世紀科學思想勃興之際，百科全書諸學者乃編竟其不朽之百科全書 The Encyclo-paedia 之宏著。拉萊士作宇宙統系 System of the Universe 以說明天文之理，何里伯 Hol-bach 作自然統系 System of Nature 排斥一切超自然之思想而以物質之理貫徹之，匪華西 Lavoisier 確定物質與能力不滅之定律，竟化學革命之奇功，盧夢諾夫 Lomonosoff 以裴勞 Bayle 之助而始發明熱力之機力的學理。陸謨克 Lamarck 以演習性而說明動植物隨環境而生無限之變化。狄德祿 Diderot 去迷信之邪說，而說明原人時代之道德感覺與其風俗及宗教之制度。如何盧騷 Rousseau 以民約而解釋政治制度之始原。斯亦可見當時之學說蔚然並興，有俯視一世之概。若論其方法，則不外搜集事料，以科學的歸納法證明之，而以演繹法為之推理而已。

(7)

第三章　十九世紀初葉之復古

凡事之最難者，在於作始。當時學者一往無前之氣概，固甚可敬，而謬誤之處，亦所在多有。其所以有不確當之臆說者，以當時智識缺乏，為其總因。惟人類全體之智識，既應用新方法以研究之，即有謬誤，不難見而改之。十九世紀，凡百科學，蓬然勃興，并以組成世界全般之觀念，掃除宗教之勢力，及籠統之論調，宇宙之謎，迎刃而解，謂非此方法之賜，其可得乎？

十九世紀初葉大革命失敗後，歐洲之政治科學與哲學，莫不淪於復古之慘象。法國波爾邦 Bourbons 之白禍。White Terror 一八一五年德奧俄在維也納之神聖同盟各國之朝庭與上等社會之神秘主義，與虔神主義之興盛國家警察之橫行，皆當時之怪現象也。惟革命之公理既家誦而戶喻，彼傑黠之徒，縱能爲一時之壓迫而豈能永保其專制於不弊。是故法國革命自由平等博愛之三大主張，曾假手於軍人以播種於各方者今亦漸漸萌芽；其最著者如農奴與勞働者之解放。人民於法律之前，皆享同等之權利。與夫代議政治之實行，皆由黑暗而趨於光明，此亦人類進化之公例歟？

當時哲學家德有黑智兒 Hegel 法有高純 Cousin 其威權頗大。惟自由之大義，既深入乎人心，雖有百黑智兒亦何能爲力？故歐洲農奴之制，與意班之異敎訊問所，廢於革命軍之手而復興者，今亦受大打擊，無復活之希望矣。

一八四八年，自由之波浪始及於德之西方，一捲而抵普奧，南下而達意班之半島，轉流而東，遂至北俄，農奴制度於焉解放。（一八六一）巴爾幹諸小邦隨之。（一八七八）北美奴隸，則解放於一八六三年，黑暗世界遂湧現一線曙光矣！

是時人民於法律之前一律平等之觀念，與代議之政治制度，亦由西至東，十九世紀之末葉，其尙未脫離君主專制之羈絆者，惟有土俄，然其勢已弱，去彌留之期蓋不遠矣。（註）

（註）參觀法國大革命一書（The great French Revolution）

抑猶有進者：十八九世紀之過渡時代，經濟解放之聲浪，已如深夜鐘聲轟然交動。一七九二年八月之十日，巴黎市民羣起而逐法王。翌年之六月二日，又擠基隆丁派 Girondists（共和黨）之前陣，各君主國兵臨境外，財政困之應付爲難，平民乃挾各省之議會，採行共產之方法，廢除貧富之階級，物產一律平均行之。未幾，基隆丁派極力反對國民議會與急進黨之雅各賓派，Jacobinists 於是更進一步，將一切之商務及人生需要之物，悉沒收之，歸爲國有。基隆丁派後與君主黨攜手，於是共產之運動，乃於一七九四年之七月而告終。十九世紀共產黨與社會黨之趨勢，由是而發軔焉。

當共產主義實現之際，平民莫不欣然相語，以爲如此乃得謂之眞由自孰知眞自由之得而復失哉？設使當時有能文之士，爲之鼓吹，卽使失敗，人民腦海中，必留一較深之觀念，而乃僅得雄辯家數輩焉，亦足哀矣。

一七九三年，英倫有高德文 William Godwrn 者，著政治的公誼及其影響於民德之研究。An Enquiry into Political Justice and its Influence on Public Morality 反對政府之存在，遂爲倡無政府主義之第一人。一七九六年，巴布夫 Babeuf 以邦尼路奚 Buonarctti 之助，始倡集產社會主義，亦曰國家社會主義。

未幾，法國有福烈 Fourier 聖西門 Saint Simon 英國有亞雲 Robert Owen 承先哲之思想，發展而光大之，各成一派之社會主義。一八四十年，有蒲魯東 Proudhon 高張無政府主義之旗幟，與高德文前後遙遙相對。

十九世紀之社會主義，以科學爲根據，有主張政府與反對政府之兩派，對抗幷進，其發展之速，有非所及料者。惜當時人士，未嘗注意及之。至於近世社會主義，則以一八六四年萬國勞動會 International Working Men's Association 成立爲始。其與舊日之社會主義有異點二：近世社會主義，嘗宣言欲達到社會主義之目的，必當實行社會革命，此則福烈單西門與亞雲諸人所不敢倡者也。一八四八年以前，提倡社會主義者，不曰：耶蘇爲社會黨，則曰：耶蘇爲革命家。近世社會主義，打破此等卑鄙之觀念，其於耶蘇，斥之而已矣。

近世社會主義，既以社會革命爲實現其目的絕對的不容緩之要圖；但其所謂革命，非如『工業革命』或『科學革命』之革命。其所謂革命者，乃以突然的普遍的之激烈行動，將舊社會之基礎，從根本上摧反而改造之謂也。此革命與少數耶敎之改良家，徒爲表面的感情的之改良，絕不容其混淆。然此意，高德文福烈與亞雲諸先輩，早已言之；至於今日之主張集產社會主義者，尙不能與高德文蒲魯東相比肩，何其識見之不相若哉？

法國大革命失敗後，復古思潮之影響於科學之發展者如何，蓋未易言也。（註）然有不能已於言者：近世科學發明，今日人士之用以自詡者，十八世紀末葉之思想家，早已見及之。如熱力機械論，勢力不滅之定律，物種由於環境之直接影響而生變化，以生理學而研究心理學，以人類學而

（註）余近在英倫演講十九世紀科學之發展，研究此問題頗詳。

研究歷史宗敎與法律諸學；與夫思想發展之定律，簡言之：機械力之全體觀象，與夫綜合的哲學，（科學分觀宇宙各取其一部分之事實，以爲研究之對象，如生物學研究生活一部分之事實，物理學研究物理現象一部分之一事實，綜合哲學則合觀宇宙，以宇宙爲概括萬事之統一體。）十八世紀固已具體而微矣。

十九世紀之末葉，復古思潮，瀰漫天空者，殆五十年，發明之事，爲之頓挫，是時之科學界，直可名之曰非科學的科學家。其時之所謂科學會，苟非測量之事，則斥之爲謬妄。其大發明如西覲 Seguin 與助勞 Joule 熱力與機械力相等之確定，皆爲此輩所反對，甚至英國科學機關之皇家學會，Royal Society 亦謂助勞之書爲非科學的，却而不刊。一八四三年加勞夫 (Grove) 發明物力一致之說，直至一八五六年，始爲時人所注意。吾人試讀十九世紀前半期之科學史，其時歐洲之黑暗現象，可概見矣。

十九世紀之中葉，革命之旗，飛舞天際，其最著者如加里波的 Garibaldi 之起義，意大利之回復自由，美洲奴隸解放之實施，英倫自由改革案之成立，未幾，又有俄國之廢除農奴及刑訊之制度。虛無黨之反對强權，增進俄民之智識，均是也。其在敎育界，辟令 Schelling 與黑智兒之哲學威權，亦爲之擊破，於是科學界之黑幕揭矣。

自今日而回顧曩時之歷史，科學之所以頓脫復古之羈絆，而爲長足之進步者，其遠因由於一八三十年間共和主義與社會主義之廣佈，其近因則由於一八四八年之革命。今姑舍是，但有不可或忘之一事，則當時科學家，皆受社會主義之感動是也。試舉例以證之：西覲之熱力機械論之發明家也。戴愛里 Thierry 最先研究中世紀共和小國之管理法與其時聯邦主義之歷史家也。孔德，Comte 實驗哲學之始創家也。西思門地 Sismondi 意大利之自由共和國之歷史家也。是數人者皆崇信聖西門社會主義者也。華利士 Walface 與達爾文同時發明物種變化之說，少年時極端推崇亞雲之社會主義。經濟學家如黎加德 Ricardo 樂利派如邊沁 Benthem 亦皆亞雲之徒。唯物派如福脫，Vogt 羅維 Lewes 加勞夫 Grove 穆勒 Mill 斯賓塞 Spencer 諸人，則皆受急進社會黨之影響，然後敢毅然反對迷信之謬見，而以科學為職誌；是亦可見社會主義之影響於科學界者，為何如矣。

一八五六年至六二年之間，有加勞夫助勞巴西盧 Berthelot 賀拉謨蒂斯 Helmholtz 岷得拉夫達爾文伯納 claude Benard 斯賓塞謨拉斯葛 Moleschott 福脫丙尼 Bain 穆勒波奴夫 Bunonf 與黎愛 Lyell 諸人之宏著，忽然出現，科學界之觀念，始得一根本之革命，而其進步之速，遂有一日千里之勢。研究生物生命之學，如生物學，人類制度之學，如人類學人種學，認識與情思之學，如生理的心理學；以至法律宗教歷史，皆根據於人類學而研究之，莫不着着進步，發前人之所不敢發。十八世紀之空想，至今乃有顯微鏡及種種之觀察與實驗，以為之證明；即文字之體裁，亦完全為之改變。上舉諸科學家之文字，皆歸於簡樸之一途；蓋自十八世紀之學者棄置形而上學而採取歸納法以來，其文體已暫由艱深而變為淺白矣。

以前科學之發達，既如上述。今後之進行，又當如何？其方向雖難預言。設今日之科學家，長此以倚賴富人及政府為生活，則十九世紀初葉之停滯，將不免重演於將來。惟有一事確然俟諸百世而不惑者，則自然界之現象，吾人已能直接觀察之，故創造主之臆說，神祕生力與靈魂不滅之假定，於今日科學界中，直無價值之足云。而黑智兒有甲必有非甲，有非甲必有乙，有乙必有非乙，有非乙則又有丙之『三演法』Trilogy 亦可以束置高閣。至於用形而上學之符式，以自文其淺陋者，亦無所用其技能。蓋機械之現象由簡單之物理，以趨於人生繁複之事實，莫不可以科學而為之說明也。

雖然宇宙之事物，至今而未經發明者何限。吾人所能確信者：則種種之現象，雖至複雜，皆可以以物理化學之力，而為之說明，是則宇宙之事實，雖至今日有莫明其理由者，特時間長短之問題，而非復不可能之問題矣。

第四章　孔德之實驗哲學

十九世紀自然科學發明之結果，既如此其繁賾；故應時候之要求，不能無綜合哲學，以包括一切科學研究所得之結果，合一爐而冶之。舊日哲學家之所謂『本體』，所謂『宇宙之觀念』，與夫『人生究竟之目的』，經二千數百年之歲月，猶未有一定之成說。或又如『神人同形說』 Anthropomorphism 皆綜合哲學之所棄置。綜合哲學在於求智識上之理性的一致的統系，由簡單以趨於繁複，從廣義以說明人生及宇宙之根本原理，使人類得自然界之祕鑰，以為研究之有力的工具，由是以發明事物間互相之關係，（今謂之自然公例）其所得之結論雖或與時代思潮相鑿枘，但苟吾人確信以爲眞理，則雖爲時人所唾罵亦可以岸然勿顧矣。

綜合哲學之重要，十八世紀百科全書諸學者固已見及之，如服爾泰 Voltaire 之哲學字典，至今尙爲有價值之名著。其他如多葛 Tusgot 聖西門諸人，亦略言之。十九世紀之中葉，孔德作實驗哲學，（亦曰積極哲學）Positive Philosophy 始規定科學相互間之關係，與今日科學之進步適相符合。斯賓塞當自然學復興之際，著綜合哲學，Synthetic Philosophy 紹孔德之餘緒焉。

孔德規定數學與一般正確科學相互之關係，皆有可觀。至其介紹生物生命之學，（生物學）與人類社會之學，（社會學）以進於科學界，猶爲晚近所稱道。十九世紀下半期科學家與思想家之受實驗哲學之影響者，殆非小也。

然推重孔德者，不免有一疑問，以彼固富於積極之精神者也。及其作實驗政治學，Positive Politics 以研究人類制度及人生哲學，（舊稱倫理學）晚年又創『人道敎』，何其前後如兩人歟？爲之辯者，則以實驗哲學與實驗政治學之方法，固未嘗變更。爲言此論非也。孔德之首徒，當推李脫理 Littre 與穆勒，然而此二人者，固不承認政治學爲孔德哲學之一部，惟以之爲智識衰弱之結果而已。但以吾人觀之，其矛盾之點，非他人所能迴護。此今日重要問題之被其影响者，所以甚大也。

猶有重大之問題，爲孔德所忘却，而不及論者，則人類道德感覺之始原，及其影响於人生及社會者如何，是也。夫以實驗哲學之科目，而不當置此問題於不問，其理甚明。吾人日常行事，何以不須『不可思議力』之干涉，而仍服從道德之感覺，此不可不以其解釋一般人生者而說明之，孔德乃不此之究，其亦自覺之否乎？

雖然，孔德亦嘗言及動物中之「社會性」「互助性」，與道德相關之重要，是則孔德已得其正道，其言固未可沒也。（註）承其後者有達爾文作人種由來論 Descent of Man 亦思有以解答人類道德感覺之始原者也。

惟欲搜集種種之事料，以求實驗之斷案，其最不可缺者為生物學之智識。孔德作此書時，生物學既未完備，而毅然與流俗相反對之胆力亦未大壯，故其斷案不免於『上帝萬能』之外，別立一『人道教』以代之，冀人類匍匐於此新神力之足下，以啓誘吾人之道德感覺，其實此等儀式，藉人類以外之『有』being 使人類循正軌而行，庶物從之而治，東方古教早已發明之，何待孔德為之重建哉？

雖然，孔德既未承認人類道德感覺之始原，實先人類而存在，pre-human origin 與動物之社會性及社會之自身相同，是無怪其斷案之不得不如是也。

（註）本書初版書，余未嘗注意於此，後有實驗派之友人，從布拉司 Brazil 寄余以孔德第二之傑著實驗政治學，始注意及之。余以積年之經驗，讀此宏著，覺作者之天才橫溢紙上，特誌數言，以謝吾友之厚誼。

個人之道德感覺，一方面在於其本性與生理上之組織如何，以爲結果。一方面來自遺傳，其進化之程序，蓋經幾千萬年，以達於今日矣。此又非孔德之所知也。

孔德有見於動物之社會性與互助之同情；但彼不知此種感情之發生，未有人類，已早有之。至於必豐 Buffon 及陸謨克物種變化之說，及人類由動物而來之理，孔德之所以未承認之者，大抵爲當時動物學家瞿惠業 Curier 之威權所影響也。

人類不過爲動物之一種，姑無論其不道德之事情爲如何，而道德感覺之存於人道中，設人種一日未滅，則此感情亦仍與人性而長在。其行爲之有反乎道德感覺者，必生自然之反動力，與理物界之有反動力，無以異也。由人類中所發生之反動力，以抵抗少數反背社會之行爲，此乃保全人類社會道德感覺與道德習慣之要道，與一般之羣的動物之具有自衛之習慣，以保持其社會於相彷彿。由此可見此力之權能，勝於宗教之僧侶，法律之製造者多多矣。孔德之於此既不及吾人所知之多，此其所以創爲人道教，冀保持民德於不滅也。

孔德曾受耶蘇式之教育，與聖西門福烈相同。耶教之所以不卽於滅亡者，以其有善惡俱進，勢力相等之說爲之中堅。孔德覺之，故欲以人道之威權，伸張人類道德之感覺，將以去惡而增善，此又孔德創教之微意歟。

第五章　十九世紀末葉科學之發明

人類制度與道德之始原，孔德皆未能爲滿足之研究，吾人既已見之。一八五六年至一八六二年，科學發明，如旭日之東升，一般學者所懷抱之觀念，亦與前大異；惟孔德著實驗哲學與實驗政治學，則尚在其前也．

此五六年間各種學問之原理，皆從根本改變，學者對於天然界，若生命若人類之觀察，與前大異．此殆有科學史以來，所未覩之盛況也．

昔日百科全書諸學者所推測之事物；十九世紀初葉諸巨子所難究之學問，至今一變而為普通之常識，然此等智識之發見，不外應用歸納法以為研究之工具．歸納法既若是其完且備，若研究學問，舍此固無由矣．

科學分觀宇宙，各取一部分之事實，以從事於研究，其所得之結果，至為宏富．吾人試一靜思之，則進而研究斯賓塞之綜合哲學，庶幾不至有不明白之弊矣．

此數年間，加勞夫欽孝斯 Helmholtz 助勞嘉老斯 clausius 與其他之物理學家，天文學家，如奇司高夫 Kirchoff 之發明七景色之分析，而星體之化學的構造，始為世人所發見，一切妖術，亦因之而失敗．未幾科學家又證明無機世界之一致，所謂星球，日球，其體質一而已矣．先前之物理學家，曾用種種神祕的流質如「溫素」「雷氣」「磁石」，以解釋各種物理之力，亦不復能成立；綜言之，各種之物理的現象，如光，熱，電，磁石，不外分子之機械的震動之結果，吾人日常所見如水之有波，鐘之發音，皆此理也．

分子之形狀，雖非吾人直接所能見，然其運動之力，吾人可以測量之，如石子之從高點下墜，與火車之運行，其力幾何？均應用此理以測知者也．地球以外之天體，以億兆計．其與地球距離最遠者，亦不知有幾億萬里，若從搆造之元素以言，其與地球上種種之物體，無以異也．其分子之波動，乃物理化學之結果，與吾人所居之星球，亦無異也．其大無量之天體，環繞於廣漠無垠之宇宙的空間，而無片刻之或息，亦不外循萬有引力之公例，以運行而已．

化學之現象，又可以熱力及電力之波動而說明之；蓋化學不外第二方面之分子的重學．動植物生命之現象，最爲繁複，然卑之無甚高論，此等現象，亦不外分子之無常的交換，此生物之體系所由組織，由此可見生物之生命，乃化學之複雜的結合與解散，其所以能顯此作用者，有化學的之變精在也．

神經統系之細胞，占人體上最緊要之部分，此時亦知其爲分子在細胞內之化學的錯集，其由一神經細胞，以達於他神經細胞，爲分子之波動，及化學交換作用之結果．由是而動物之神經作用，與植物之吸收及營養作用，皆可以機械學而說明之，此種雖發明於當時；但其詳細之證明，則至一八九〇年及一九〇〇年間，始發見於世，而爲一般學者所公認．

此等發明，其結果極巨，如言心理學，吾人純從生理方面之事實，知意象與印象之發生，及握住其功用，皆在於腦，觀念與意象之發生，乃其交互作用之結果，如聯合律是也．從聯合律之說，則觀念再生，必有先此觀念而存之精神作用．申言之；卽觀念非孤立者，必與他觀念聯合而始浮現者也．

由此以觀，吾人之思想，亦將可以應用機械之理以說明之矣。

雖然，他種現象之未能說明者何限，科學之在今日，不過始脫離形而上學之羈絆，以自獨立其領域，已日見擴張，其基礎已漸鞏固，其將爲長足之進步，固意中事。德國哲學家康德分現象之領域爲二部，以今之科學察之，凡屬於時間空間者爲物理學之領域，祇占時間者爲心靈之現象，故彼之分類，在今日科學界自無存在之價值。俄國唯物派生理學家大學教授思德眞夫 Syetchenoff 曾以『心理學當屬何科，誰某可以研究之。』爲問，答之者則曰『心理學屬於生理學，惟生理學家以生理學之方法，然後可以研究之』此等思想發生於學界，而心理學之新發見，遂有一日千里之勢，以視昔日玄學家種種繁瑣之爭辯，經一世紀而無成績之可言者，相去遠矣。

昔日玄學家之所恃以爲壁壘者，尙有心理學，在今則心理學與自然科學及唯物派之哲學相接近，脫離形而上學之範圍，而自成爲純粹之科學，形而上學之壁壘，至是亦爲之廢頹，其滅亡也必矣。

雖然，此五六年間大發明之影響於世界之最巨者，殆莫達爾文之種原論 Oriain of Species 若。言物種之變化者，在達爾文前，有必豐陸讃克，此二人於十九世紀之初期，竟敢主張地球上動植物因環境而繼續變化，今日一羣之種類，吾人以爲其有大別者，不知其始於一原也。如日常所見之蝴蝶，其類別甚繁，惟其始祖，必自一原，其所以能變者，因生存之條件，與順應性不得不然。又如今日狼犬狐豺，當其始時，決無此別及時候演進，於是各自爲類，而吾人視之，居然各具特別之性質矣。

此等言論，在今日則視爲平常，在十八世紀則目爲邪教；蓋是時教會之權未衰，凡唯物派之敢倡新論者，輒視爲瘋說，盬禁之，刑撻之，十九世紀初葉，承其末流，必豐既爲教會所逮，而不得不取消其地文進化之臆說。自一八四八年之革命後，達爾文華利士復敢倡教會之所謂邪說，以人爲極緩之生理的進化所產生，與今日之猿猴同出於一類，人類之有『道德感覺』『心靈不滅』諸種觀念，其發展之途徑，與非洲之猩猩及蟻類之有羣性的智識，無以異也。

達爾文之說出，教會長老羣相譁然，殆莫不欲火其書而刑其人，然後稱快。赫胥黎 Huxley 有名之宿彥也，從而和達氏之說，萬千教徒，相顧愕然，不知所措，而達爾文卒以堅實之學理，戰勝宗教家之空想，於是研究生物之生命及現象之新科學之生物學，始初萌芽，而人種由來之新理，至今遂成爲不易之事實，耶教之牧師，亦有居然承認之，且欲遷就『進化論』Evolution 於『默示錄』Revelation 矣！

自達爾文之說出，他種現象，亦有因之而得解釋者，如物理學上之生命，有機體之生命，及社會之生活與進化是也。社會由較不善而隨進化之條件，及順應性以演進於較善，此種學說，不特應用於種原論，亦可以說明種種之現象，爲智識界闢一新紀元，舊日之難題，懸而未決者，亦一齊冰釋；故基於此最當之學理，不特可以改造有機界之歷史，卽人類之制度，亦無不可以重建之矣。

斯賓塞延其餘緒，證明地球上所有動植物之種類，其始不過由數種之簡單的有機體所進化而成及至黑極兒 Haeckel 作動物由來譜系，雖非詳盡，而其結果，不可謂細；蓋惟有此，而人類之風俗之信仰與制度之歷史，始具堅固之科學的基礎。此十八世紀哲學家所最缺乏之智識，如孔德之哲學是也。若在今日，不必根據於黑智兒之玄學的公式，康德之純理性的理論，而惟根據於順應進化的意見，可以將社會宗教與制度之歷史，從新爲之改造。

岷尼 Maine 應用此種學理以研究原人時代制度及法律之所由發生，一時從之者甚衆，他方面又有唯物派之學說，此三十年間所以能將人類制度之歷史置之於堅固的科學基礎之上，與動植物種發展之歷史無以少異。

倡進化之說者，尚不止此數。十九世紀初葉，在法國有戴愛里 Thierry 派，在德國有馬勒 Maurer 及德國派 Germanists 皆倡進化論者也。俄國之從德派者甚多，高斯泰馬勞夫 Kostomaroff 裴拉夫 Byelayeff 其代表也。百科全書諸學者亦曾應用進化之方法以研究風俗制度及言語，惟其科學之結果，則自科學家應用進化之方法以研究歷史，然後得之。

雖然，形而上學之公式，足以助曩時之思想家得一近似之概括者，未嘗無之，蓋此學輒足以助麻木者之奮興，而其文章又近韻語，猶足以啓示天然界之不滅及統一諸種思想。十九世紀初葉之十年，復古思潮可謂極一時之盛，百科全書諸學者及英國諸先哲以歸納法所得之斷案，皆爲時人所輕，示而祇藉神祕主義的道德思想以解說物理與神理之關聯，如法國思想家之詩式的觀念，與德國玄學家之籠統的形而上學，皆輕視歸納法之普遍的結論；此其所以爲黑暗之時代也。

此時之概括，或則用演繹法以得之，或則用半面的歸納法以得之。演繹法之大前題，多本於未經證明之言，以爲推論之起點，有如古代希臘之學者，以行星必循空間之圓形而行，其理由以『圓形爲曲度之最完全而無缺者』。此種樸直之論斷，所以不能動人者，其故有三：無證據，一也；論據之弱與推理之籠統，二也；文體之艱晦，三也。至於半面的歸納法，其藉觀察所搜集之材料無多，如偉斯民 Weismann 之速成的概括，缺乏事料以爲之證明，乃用以代表不變之生物學的自然公例，徒令生物學者一時之奔走惶惑，其無顛撲不破之價值，亦已明矣。

吾人試觀黑智兒有名之論理學，其概念之組織曰：吾人試先取『有』之一概念而思辯之，則必趨於反對之概念而思及『無有』，既思及『無有』，又必更進而思及調和『有』與『無有』之變化，蓋任取一概念，使此概念而不能盡絕對的理想之全體，則必有所偏，既有所偏，則不得不念及反對之概念，既入反對，又不得不求二者之一致，而一致之概念，亦未必能盡絕對的理想之全體，故又足以挑動反對之概念，要而言之，不盡絕對的理想之全體，則進行終無已時，此種不確定之括概，又逢之以抽象之玄談，是無怪乎其結論之武斷。馬克斯派 Marxists 之經濟學所以陷於謬誤者，皆由於重視演繹法及其玄想，而不注重人生經濟的眞相之所致也。

第六章　斯賓塞之綜合哲學

人類學爲研究人之生理的進化及其制度與宗教信仰所由發達之學，此學與形而上學脫離，而惟應用自然科學之方法，將一切架空之談，掃除而蕩清之，以摹寫人類歷史之要略，始大長進。蓋不經之談之阻礙歷史之研究與耶蘇教新舊約之神話之足以延滯地文學之進步殆無以異也.

斯賓塞在十九世始之下半期始建綜合哲學之統系吾人以爲斯氏必不復陷於孔德實驗哲學之謬誤孰知斯氏之斷案雖不至建立宗教而其社會學之一部分仍踏孔德之覆轍哉?

斯賓塞於物理的科學生理學心理學研精極幾及其研究社會心理學則不復謹守科學之方法,誠以此方法所得之結果斯氏尚未敢自信也.茲舉一例以明之今日之大地主據土地以爲私有,昂其租錢使平民不得耕植以待價格之增高田疇因之而荒蕪此等制度固斯氏之所極端反對,而主張土地公有者也.及其論財富如礦山如船塢則變更其論調不復與前論相一致矣宗教之迷信凡自然學家莫不反對之而斯氏尚觀望徘徊似不敢毅然與舊說挑戰是彼於其個人之論理的斷案亦未能爲滿足之承認矣.

又舉一例以實之國家干涉人生斯氏本極反對其人與國相對抗 The man versus the State 一書主張改造今日之社會頗富於革命之精神;然斯氏作社會學時受英國急進黨之影響者甚大其時關於自然科學之一部分尚未着手其所以陷於矛盾者大抵由此惟彼於一八五一年刊社會靜力學 Social Statics 其時人類學之研究人類制度尚極幼稚其最缺點者彼與孔德皆不以自然學家之眼光而以科學領域以外先入之意見而研究之耳.

斯賓塞研究社會學改用「類推法」與其研究物理之方法大異此其結果不外證明其先入之意見故以綜合哲學包括自然科學及社會學之完全科學所以至今未有能爲之者也.

原人與野蠻時代之制度占社會學重要之部分；斯賓塞又非研究此種制度之適當人物；蓋彼於此，不免存英人畛域之謬見，故於他國之風俗道德亦不能瞭然。挪魯斯 James Knowles 智人也，曾語余謂英倫學人，卽在今日對於其所謂『劣種』之評論，誤會之處，仍所不免。斯賓塞正犯此弊，故彼於野蠻時代之制度頗多誤會，其間有法良意美者，亦輒以野蠻加之，斯其所以無當也。尙有一義較此爲重要，而爲斯賓塞赫肯黎諸人所完全誤會者，則『生存競爭』之意義是也。斯氏之意，以爲生存競爭不獨動物之種類互相凌競，（例如豺狼之捕食野兔飛鳥之以昆蟲爲食料等等。）卽一種內之各個生物，亦莫不有猛烈之競爭，其實競爭之現象，決不如斯氏所忖度之甚。動物與及原人時代之野族，其競爭更少，惟此等學說一經哲學家所稱道，社會學之種種觀念，遂蒙假僞之臆說所影響矣。

生存競爭的觀念之誤會，其咎當在達爾文。惟人類由來 Descent of Man 後種原論十二年而發刊，其時達氏對於生存競爭之觀念，已不若前次所說種類中單位猛烈競爭之甚，前次之言，達氏蓋欲以證明新種之發生，以『天擇』作用爲最重要，及其作人類由來，則謂物種中之單位同情性愈深者，愈有生存之機會，而後裔之遺留亦愈多，由此可見彼已將『物競天擇適者生存』之觀念爲之否定，斯賓塞則盡量以肯定之，此其不同之點，所應明辨者也。

人類之道德觀念，由動物之羣性而發展，此人類由來所已言者也，若有人焉，執此觀念以研究人類社會之性質及進化，（貴推 Goethe 曾見及之）其結果之富有可資料者，惜達氏此論爲時人所不注意及至一八七九年，有動物學家嘉司黎 Kessler 舉種種之事料以證明種類之向上進化，『互助律』Law of Mutual Aid 比較『互競律』，更爲重要至此而天然間生存競爭與互助關係之清析的觀念始發見於世．

其後有冷尼生 Lanessan 演講生存競爭與聯合競爭於巴黎，未幾布斯納 Buchner 著愛情論 Love 以『同情性』爲動物之道德的觀念發展之始原，惟彼言孝順之愛與憐憫之情所占之位置，未免太重故其領域有淺狹之誚

余作互助論 Mutual Aid: A Factor of Evolution 搜集許多之事物，以證明嘉司黎互助爲進化之一元素之重要觀念，以推及於人類社會．此書之斷案，於徵集動物學家對於動物互助上種種精確之觀察而外，又實以余個人於近代歷史上所致得之互助事實，以爲之證明．就互助之利益以言，動物團結爲社會，則最弱之蟲鳥及哺乳類，皆可藉社會以自衞而抗拒強權．有此團結，則生產養育無須過勞，并可託庇於社會，隨地安居，施展其聰明才力．是以互助之事，不特爲反抗天然界之敵力及他種侵害之利器，抑亦爲向上進化最要之工具，是所謂適者生存，卽惟互相協助乃能生存之謂，故互助爲進化之大關鍵，直接既可以增進社會之幸福；淘汰其損耗才力者，間接亦可以製造聰明才力．

斯賓塞早已承認劇烈的生存競爭，成爲不滅之公理，更無須乎證明，直至一八九〇年，始覺生存互助之重要，并徵集此方面之事料而加以觀察，然而彼以原人以搶掠爲生存必要之條件的先

入爲主之意見，則尙存也。

綜言之斯賓塞之前提，旣屬誤會，則其所建立之綜合哲學，亦隨之而陷於謬誤，已顯然矣。

第七章　法律在社會之效用

陷於以上所述之謬誤者，非獨斯賓塞也。十九世紀之哲學家，如霍布士 Hobbes 之儔，亦皆以原人時代，穴居野處，相爭相殺，以償其飲食男女之慾望，有賢者出，然後爲之息其戰爭，平其秩序，雖自然學家如赫胥黎亦如此說。（詳見生存競爭之程序一文 The Struggle for Existence: A Programme）赫氏爲達爾文派之嫡裔，乃亦不具原始社會之正確的觀念，此乃先入爲主之見解累之也。

舊世紀之歷史，大抵爲宗教所製造，始初有一班之黠者，如巫覡雨師敎士之類，結爲祕密會社，未幾敍利亞猶太之祭師興，又未幾耶敎之祭師，常以僞理誘人，謂世界已日陷於罪惡，若欲解救之，非我輩巫覡沙門祭師及聖人不能。耶敎之初，本欲打退祭師等等之先見，惟福音書言罪惡不滅，益足以助其張目而已。所謂上帝之子，降生世間，舍身以贖衆生之罪惡，此等鄙劣思想，皆由前言直接推演而來，故不獨天主敎之神聖異敎訊問所，置人於鼎鑊之上，或臨之以重刑，以冀其悔改，卽耶蘇敎會，其相去亦五十步與百步之比，所以今日社會十八之中，猶有九人，以爲颶颱地震瘟疫種種天然災害，皆神之所命，使世人速自悔改也。

今日國家與學校之僞倫理，猶以人類自始以來，卽具乖戾，故教師以神之命而詔生徒，社會又創爲道德律以賞罰之，誘戒之，此成文律之詭謀所由成立也。法律旣成，恐人之懷疑而反對也，則又諭之曰：此等强權爲人生對於國家所必須服從之義務。愚者信之，黠傑之徒，乃能維繫其信仰於不弊。

社會之宗教歷史法律敎育，皆此僞倫理有以綱維之，以爲人類若無束縛，則將立返於獸域，換言之：强權一倒，則人將相食；宗教消滅，則人類亦隨之而淪喪是矣。一八四八年，有某國王，見遂於平民，將出境，乃告其民衆曰：『哀爾下民，若匪朕，爾將同歸於盡』。聞者莫不嗤之以鼻。又有告英國商人者曰：『爾之國人，來自以色列 Israel 之遺裔，此等劣種，當受惡政府之禁制』。吾人又莫不斥其欺人之甚，然今日各國之所謂大人先生，其能免於某王及告商人者之言否乎？

若以科學的方法，研究社會及制度之發展，則知此等欺人之話，眞不値一駁。大多數無名之人類，其創造文物常規之目的，在於互助及保護和平。苟非有此，則不容易立足於此競爭劇烈之自然界，以求生存。世界所稱爲首領英雄法律家，除將此等常規增加幾條外，於人民之幸福，無絲毫之補助，甚則增加個人之尊榮。此科學之所已證明者也。

摩西 Moses 之律曰：『你勿殺，勿偷，勿發假誓』。此爲當時最善之道德規條，不幸其轉語便曰：『你勿貪鄰人之妻之僕或其騾』。置婦女於禽獸奴僕之列，奴隸制度由此而興矣。未幾，耶教又告人曰：『你須愛汝之鄰人』。使徒保羅 Paul 則增之曰：『奴隸須服從其主人』。

又曰：『上帝意志之外，不許有他種之强權。』此法律上主奴之所由分，而當時羅馬之黠者，所以得享主人之特權也。

福音書敎人勿以惡報怨，此極善之觀念，而爲耶敎之菁華也。然同時又謂惟上帝始可以報復，不知上有好者，下必有甚焉，此報仇之導火線也。

羅馬帝國滅亡後，世稱爲野蠻之民族，如高羅斯 (Gauls)，郎歌伯斯 Longobards 亞利曼尼 Alemanni 沙純斯 Saxons 斯拉夫 Slavonians 亦有此等常規，傷人殺人者皆須賠償損失，而廢除復仇之行爲。此種風俗，比諸昔日已較純樸，其時分自由民爲階級，當時亦無界限可見。及至法律生而界限凜然，延至今日，網羅重疊，有非一朝一夕所能掃除者矣。

古時有以不公道壓制平民者，則平民輒起而驅逐之，如波斯帝國之暴君，被徙於希臘馬基頓之暴君，移於羅馬，其他羅馬帝國及東方之獨裁政治，神權政治之暴徒，多爲平民所抗拒，不料法律之威嚴，愈久而愈固，平民遂漸失其本來之自由。

太古之民族，所創造之文物制度，與夫中世之城市組織，以聯絡感情，互助息戰爲目的，後來遂爲萬國公法之所由彷，簡言之，無論古今之法律，大抵不外兩種性質，有以某種風俗當規最爲有利，故特定之，伸張之，此其一。有於此外，伸張主權，與及貴族兵士祭師種種之特權，此其二。知乎此，則法律之內容，瞭若觀火矣。

以上所述，係二三十年前之清明的科學家，研究社會進化所得之結論，雖然，科學家之不敢倡爲

『邪說』如吾人之所言者是信有之惟頭腦清析之讀者閱其著作從而得之斷案不免如是耳！

具矣．

第八章　無政府主義在近世科學上之位置

無政府主義在十九世紀之智識界中果占何種位置吾人歷觀以前之所言此問題之答案大概具矣．

無政府主義是根據於機械學所解說人類社會中經濟政治道德之現象而組成一種之『宇宙觀』其所採之方法與自然學相一致故其結論卽經種種之證明而得來其傾向在於建立完全之綜合哲學以概括自然界一切之事實而又力避孔德與斯賓塞推理之種種謬誤因此之故近世人生種種之問題，日常呈於吾人之前者，無政府主義卽求所以解答之．其對於此種問題之態度與一切之政黨異趣社會黨之旗幟似較鮮明矣，究其實仍未脫離玄想之羈絆故亦爲無政府黨所不取．

研究人生與社會之進化，而以機械學說明之本爲社會學之範圍．惟此學尙在幼稚時代，其所解答者亦多迷亂而不完全吾人早已言之．無政府主義對於法律哲學道德學理政治經濟及國家與制度之歷史，其研究之方法，在去玄想而重實驗．故康德薛令黑智兒之形而上學，與夫法律家政治經濟之玄想家，皆爲此主義所絕對的反對，其對於各方面之問題，惟根據於近來自然學之發明，及徵集事料以自然學家之方法爲研究之而已．

形而上學之心的觀念，與宇宙的觀念，—自然界之創造力—物質之愛的吸力—意象之顯現—

自然界之目的—生存之理性—不可思議—與其他諸如此類之說，漸爲唯物派之哲學所棄置，其無徵驗之概括，而以晦澀之詞，聊自文飾者，亦將譯爲具體的通俗的之文字，無政府主義對於社會人生之問題，所抱之態度，亦不外是．

玄學家謂人類之智識的情慾的人生，來自先天．唯物家則非之，惟以堅毅之力，研究人生智識情慾之現象，冀發見其自然之法，則使此種現象，與物理化學，各具條貫，無以少異．

故無政府主義對於黑智兒之所謂進化，有甲必有非甲，有非甲必有乙，有乙必有非乙，從而生丙之解說，或又如『法律之目的，所以建立正誼，正誼者物質界最高的意象之代表也』種種無根據之浮詞，皆所不取．今日自然科學，已極端發展，吾人對於社會之觀念及其制度，均當以自然學家之方法研究之，吾人對於人生之目的，亦惟以科學爲之說明，斯可矣．

『辯證法』猶爲晚近社會民主黨所取用，幷欲介紹於無政府黨，使持此舊工具，以組成社會黨之意見；不知吾人所採取者，自然學之方法，若『辯證法』者，博物院之方法耳，非今日之科學家所復用也．試觀十九世紀之發明，如機械學，天文學，物理學，化學，生物學，心理學與人類學，幾曾見其用『辯證法』乎？科學之發明，祇用『歸納的演繹法』此乃科學之眞方法，而彼則玄學家之方法，其界線之所以不容相混也．

十九世紀科學之進步，百年間事耳，而爲二千年來所莫及者何也？則以歸納的演繹法而爲研究之工具之効驗也．故十九世紀下半期之研究社會學者，皆注重觀察與實驗，不復拾中世紀學派之唾餘；以自文飾．少數中流社會之自然學家，自以爲採取科學之方法，拾達爾文弱肉強食片斷之談，名之曰自然公例，吾人卽證明此非達爾文之斷案，次又指出此等科學家謬誤之所在，蓋自然界之現象，既非如是，則此公例自無存在之必要，而其斷案，遂無科學之價値矣．經濟學者，謂財富之不平等，乃自然之公例，又謂資本制度爲社會組織之最善者，吾人卽用自然學之方法，以證明其所謂公例者，乃非公例，不過爲未經證明之臆說，卽其所稱爲最重要之公例，若根據生活之眞事實，而爲正確之統計，則其不卽於滅亡者，抑亦幾希，今日中等社會之科學，多不免於此弊也．

簡言之，科學之研究，而得有良結果者，以其有一定之目的在也，其目的當在解決今日不適宜之答案，而重答之，故其所研究之問題，與吾人對於宇宙之普遍的根本的觀念，愈見其明顯的貫聯者，則其所得之結果，將愈見其宏富，其與普遍之觀念愈適合者，則其解決之也愈易．

無政府主義之問題，可以簡直命之曰：『人道自由者也，幸福之量愈大者，生活之量亦愈大，社會制度，以何種爲最適宜於某種情形之社會，更以何種爲能增進人類幸福之總數，及發展其質量？易言之，何以使人類之幸福，由較不完備而至於完備，隨時以改進乎？此乃社會進步所當由之公式也．

無政府黨之社會的科學的藝術的活動，欲由此一方面以助人類之進化，此種活動，適與社會發展之方向相脗合，而又與人類之感覺相貫聯，故無政府主義爲增進生力及個人幸福所必由之要道．

第九章　無政府黨之意見與舊日之革命

無政府主義發源於民間，而非始自科學家之研究，吾人早已言之．一七八九年至九三年，法國大革命時，英倫有高德文者，目擊政府之强權，既爲革命黨所掊除，又爲革命黨所設立，適足以阻止其革命運動之發展，又見英國以國會之假面具，實行劫掠地權，賄賣要職，而他方面貧兒失業，死者盈千累萬，故高氏以爲共和制度，非革命之極軌，如欲革命之眞正得勝，革命黨必自洗除其迷信『法律』『强權』『統一』『階級』『產業』及其他相傳之奴隸的制度始．

高德文之後，有蒲魯東，以一八四八年革命所得之印象，著革命大義，L'Idee generale sur la Revolution 彼見共和政府之罪戾，及布朗 Louis B'anc 國家社會主義之缺點，乃毅然倡無政府主義，主張廢除國家，此蒲魯東所以爲無政府學理始創之又一人也．

一八七一年，巴黎自由市府起義後，有萬國勞働會爲無政府黨之中心點，市府制之議事局，雖爲革命派萬國派合力所組織，但其缺點甚多，萬國勞働會開會於倫敦，欲以命令管轄巴黎之運動，未幾有一部份之會員，私自開會，決議從事於政治之運動，與從前主張直接行動以反抗資本家爲職志者，適相矛盾，巴枯甯 Bakunin 與其他拉丁會 Latin Federation 如西班牙意大利周拉色 Jurassic 與比利時內之一部，皆反對之，此無政府黨與社會民主黨分離之關鍵也．

無政府黨得此種之經驗，故其印象卽來自人生之敎訓，未幾，此主義之科學的原理，遂以成立，所謂科學者，以自然學之原則爲根據，而不涉於玄學之範圍是矣．

凡一種之主義，苟無鮮明之意義，有定及具體之目的，以相號召；申言之：祇有破壞，而無一種新的建設以代之，則其破壞爲多事．豈特破壞，凡不具一種確當之主義，足以去他人之主義而代之者，則理論上之批評，亦爲不可．是故批評現在之制度，無論其出自良心的，抑非良心的，必其心中具有較善之概念而後可．設見人而語之曰：吾人須先破壞資本主義，專制政治，而後自然有新者以代之，此其言不特欺人，抑亦自欺．夫未有以欺騙而可以成眞事業者也．卽彼之視各種主義爲虛構爲謬妄之人，其觀念中亦有以代此種主義之觀念存．譬如以捂除專制爲手段者，或則心懷君主立憲，或則主張共和政治，法蘭西之君主共和乎？美利堅之聯邦制度乎？抑伸張己黨之權勢乎？此皆政黨領袖之日夜夢想者也．此外有第三黨，欲縮小國家之權力，伸張城市工會及各種團體之自由，爲現在共和國所能達到者，皆是也．

故攻擊資本主義者，必其心中有籠統或清析之觀念，較資本主義爲善者存．其所懷抱者，爲國家資本主義乎？爲國家共產主義乎？抑自由共產主義乎？此革命黨所應有者也．

由此以觀，不論其爲何黨，必有其黨之進行的觀念，本此觀念，卽能評論政治經濟之行爲，求較善之方法，以爲之替代．其目的既正，則合力以赴之，不達不止．是以無政府主義，雖發生於人生之競爭，而實有其正當之觀念，目的與計畫．但此主義既與一切之政黨社會黨以改良政治爲將來社會唯一之希望者，截然不同，則其手段亦因之而異趨．

第十章　無政府主義

無政府主義與强權的政黨對於歷史的人種的經濟的觀念既不相同，則其主義亦各異趣．無政府黨所主張之社會惟依據於自由生活之需要科學之發明，廢除一切之法律官吏及舊社會所據以成立之習慣各個人行互助之大義爲自由一致之團體，由較不良善而進於較爲良善其改革之手續，以高尙之主義爲之前導，一切之法律宗教，概無取焉．

無官吏則無治人之組織，無治人之組織則無礙結之弊，無礙結之弊，則惟有如天然界之繼續進化而已．各個人均具有自由發展之權能，以達到眞正個人之領域，換言之：個人之行爲惟隨其良心之指導自由行之，不容社會之加以賞罰。卽就無政府社會之本身而言，亦足以消滅有害於他人及社會之行動，而促道德之進化矣．

以此原理而組織之社會在歷史中未嘗見之．惟其一部分之實現，則社會之所恆有，故人於此主義，可爲一簡單之概括曰：無政府主義爲一種社會的意見，但其意見與先前哲學家科學家及政黨首領以治人爲最大事業之社會的意見，絕不相同．

無政府黨之觀念又非『烏託邦』Utopia 蓋『烏託邦』之爲義，時人以不可實現之社會目之也．卽『烏託邦』之作者，亦重理想而不重實際，如羅馬敎皇之天主敎帝國拿破崙之帝國麥喬准斯 Mickieur.z 之救世主義，均去事實甚遠．無政府黨之意見則異夫是：其所主張之學理，乃分析過去社會進化之趨勢，以歸納法研究而得之，所謂過去之趨勢者，數千年來社會風俗習慣之所由興在科學上謂之『常法』(Cutomary Law) 而爲現在社會所應用者是也．

人之恆言以爲社會進化之程序，必由曲線以進行，無政府雖美，非可一躍而幾，言此者實未之思耳．十八世紀之末葉，美利堅以龐大之邦而實行無君主之生活，談者莫不目之爲『烏託邦』．曾幾何時，而南北美而瑞士而法蘭西相繼迭興，足以證明『烏託邦』之人物，非共和派而君主黨矣．彼君主黨之所以甘於反對共和者，推原其故，實固執一己之意見，而未嘗分析社會之趨勢之所致，不知君主制度乃歷史上暫時的情形，而非永遠不變之條件，君主黨乃重視之，何其不思之甚耶?

無政府黨始初對於社會之觀念，有兩方面：以批評宗教組織及強權者之社會的觀念爲職志，此其一．以分析古今人類進步之傾向爲職志，此其二．

最古之石器時代，有起而操社會之強權者，雖其人爲至智爲至勇，而必有知此罪惡之遺害於未來之社會者，故彼等自組爲族系村鎮中世之會所，（如同鄉會藝業會商會獵會等）及自由市等．一則用以抵抗外人之侵伐，二則用以排斥族中之黠者，此種傾向在宗教改革中亦屢見之，如路德 Luther 之衝突，其前有『許色』Hussite『亞拿巴提斯』Anabaptist，及至一七九三年，法國革命（註一）勃興，巴黎各區與各自治之郡邑相將獨立，而爲自由之組織，未幾工廠制度興，英法之勞働家聯合以抵抗少數之資本家，雖有嚴酷之法律以制其行動，亦不爲之頓挫，此皆歷史上最重要之無政府黨風潮，人人所共見共聞者也．

無政府思想之見於文學者，溯其始原，在中國則有老子（譯者按：老子所說之『虛無』『無爲』『自然』大抵有感於其時『法令滋彰，盜賊多有』而後有此積極的革命思想）在希臘之哲學家，則有亞里士提巴 Aristippus 西尼 Cynics 西挪 Zeno 與斯多篤派 Stoics 之一部分，惟此諸人之思想，大抵發於田野間，而非出自學問之中樞，故乘學之士，與之表同情者，遠不如強權及宗教方面趨向者之多也。

斯多篤派頗主張無政府之自由社會，西挪則反對拍拉圖 Plato 所擬之『烏託邦』，嘗謂天然界之有社會性，正使其補利己性之缺憾，又言世界必有廢除法律廟堂金錢國界而爲大同之一日，其言頗與今日無政府黨所揭櫫者相脗合。（註一）

一五五三年亞來巴 Alba 之牧師淮亞 Marco Girolano Vida 亦有反對國家法律與其不公道之意見，九世紀亞門尼亞 Armenia 之唯理論，十五世紀有亞拿巴提斯及許色之思潮，而猶以周亦奇 chojecki 爲最著，十六世紀初葉，有拉巴來士 Rabelais 其末有非尼倫 Fenelon 十八世紀末葉，有狄岱祿，其所言大抵與上述法國革命時之自由組織相類，一七九三年，高德文著政治的正誼之研究，始形成政治經濟的原理之無政府主義，雖彼未嘗用『無政府』之名，惟彼絕對的

（註一）詳見法國大革命一書 The great French Revolution（一九〇九年倫敦 Heinemann 板）

（註二）詳見英國百科全書 Encyclopaedia Britannica 第十一版第一卷內無政府主義一文

反對法律之爲用，幷證明國家無存在之必要．至於經濟問題，彼則主張共產主義（註）．

及至蒲魯東始用『無政府』一名，彼嘗謂政府之組織實無効果之足見，法國自從一七九三年，屢行革命，始得一無所謂之憲法，及至一八四八年革命又復失敗矣．蒲氏應用此種材料以批評政府之無用，頗有可觀．

是時國家社會主義之名目甚多，蒲氏皆反對之，而獨有取於亞雲 Robert Owen 之以時間示作工多少之工劵制度，遂創『互助主義』Mutualism．從此主義之方法，則貨價之昂賤，視出品之多少爲轉移，司生產之交換機關有國民銀行，及其地方之支店，勞動家作工之時間多少，卽以工劵與之，如此而人人作工之量庶幾相等，卽行貸錢於工人，而不復取息，卽有所取，不得過一釐，藉充管理費，此時之資本家，雖欲壟斷生產事業，亦無從矣．

蒲魯東之互助主義，與反對國家政府之意見相一致，惟其互助之言論，在英國有叁純 W. Thompson 及其徒嘉黎 John Gray (1825, 1281) 與白黎 J. F. Bray (1839) 早已見及之矣．

互助主義在美國有華倫 Josiah Warren 倡之甚力，彼初信從共產主義，後又改宗亞雲之『新調和說』New Harmony 一八二七年在新新尼地 Cincinnati 創立一店，其貨物卽據工劵制度而爲之交換，或以其作工與取需之量相等，呼之曰平均店 Equity Stores 或平均村，直至一

（註）高德文之書初板於一七九三年，重版於一七九六年．後以其主張共和之友人被逮，遂變更共產主義之意見，其他言論亦不及前此之激烈．

八二五年，然後消滅焉。

一八四三年至一八四五年德國有奚斯 Moses Hess 及嘉倫 Karl Grün 亦主張此種制度。在瑞士有馬黎 Wilhelm Marr 反對淮連之强權的共產主義，此主義當時在德國頗爲盛行。一八四五年有黑智兒派名士多奈 Max Stirner（其眞名爲 Johann Kaspar Schmidt）者著單獨及其特質 The Ego and His Own 後爲麥幾 J. H. Mackay 所發見，遂爲個人無政府主義之首創者。

士多奈反對國家及國家的强權共產主義，以形而上學的方法主張尊重個人，而還『我』之自由，各個人以自私爲根本，不應有所謂道德云。

無政府黨之著作家如近來法國大學教授巴斯 V. Basch 於其所著之士多奈之個人無政府主義（一九〇四年法國本）謂此類之個人主義，其目的不過欲發展少數之所謂才智者之特別權利，非欲全社會之份子，皆享完全之幸福也，若然則此主義，殆與今日之「壟斷教育」無異，惟壟斷制度之能維持於不弊者，因有保護之者在，今此種個人主義若欲見諸實行，則非藉國家之力不可，而國家又此主義之所反對也。然則此主義不免如斯貧寒及棉舍斯他 Manchester 之經濟學派，既評論國家之不當，而爲維持其壟斷制度起見，則又承認之，何其矛盾之甚耶？

無政府主義由法國革命及高德文以至蒲魯東，其意見之變遷，已如上述。一八六四年至一八七〇年法德戰罷，萬國勞動會成立，風聲所至，工人爲之景從，中等社會爲之震動，此乃無政府主義發展之第二步也．

一八六二年，法國工人往倫敦參與萬國第二次賽會，遂與英倫商會及急進黨發起此會，或謂爲馬克斯 Marx 所創，非也．

亞雲於一八三〇年，創國家大商團繼又欲設立萬國總商團，政府忌之，其議遂寢．一八四八年，法國革命失敗，有逃至北美創萬國報 L'Internationale 傳播其主義者．

一八六二年，法國工人之渡英倫者，多爲蒲魯東派，而英國商團諸人則又多宗亞雲派，此時互相攜手，遂完成萬國勞動家最有力量之組織，但當時得他種會所如物質派之共產黨與馬克斯之力亦不少．

一八五六年至一八六二年歐洲科學與哲學，勃然復興，吾已於第五章述之．在政治上，則有急進主義，蓬然繼起，而工人遂知平民革命之不容已．一八六二年萬國勞動會成立，遂爲工人謀自由之起點．

此會之主義，一時風行於拉丁諸邦工人於聯合會及年會中，常開會討論社會革命之計畫，由此而起，遂形成社會革命之意見．

此會之主旨在於直接與資本家決戰，以求經濟解放之實現，中等社會之所謂立法，均無所取．惟工人將以何方法始能脫離資本家之羈絆？生產與交換之機關，將以何種新組織代之？該會會員，對於此兩問題，意見頗不一致．一八四八年，昆西大朗 Considerant 著舊世界之社會主義 Le

Socialisme devant le Vieux Monde 紀當時爭辯之情形，甚爲詳盡．

一七九五年法國有巴布夫 Babeuf 結祕密會名曰唯物共產黨 Communistes Materialistes 德國進連派亦有同樣之舉動，二者皆由一七九三年之革命主義遞演而來．一八四八年，彼等猶欲手秉政柄設立武力的組織，以實行共產主義．大地主之據土地爲私有者，國家重徵租稅使之無利可圖，將以土地歸還公有，然後由國家派遣「工兵」以開墾田畝，振興實業，(註)此等意見至萬國勞働會成立時，猶有懷抱之者．未幾，法國波朗巨斯派 Blanquists 亦多信之．

與法國革命黨之共產主義相對抗者，則有英國亞雲派之協力主義 (Co-operative Idea) 此主義排斥國家之特權，欲以革命之手段，達到自由工團之生活．共產主義亦非彼等所贊成，而獨有取於法國福烈派之意見，主張土地工廠皆歸公有，以「工劵」爲交換之具．一如蒲魯東之所主張：此種經濟事業，當完全由人民組織之，無須乎國家之干涉，至於教育衛生諸端，應歸各自治區自行舉辦之．此協力主義之意見也．

當時有著作家柏卡 Pecqueur 及徵達 Vidal 主張土地礦山鐵路工廠等等，概歸國有，以「工劵」代金錢之制，此爲集產主義之先聲．致柏卡爲一八四八年憲法會議之議員，於此制度言之極詳，當時信者亦衆，但兩人之名字反爲世人所忘記．德人從而紹述之，名曰馬克斯主義 Marx-

(註)當拿破崙三世未做皇帝時，曾於其所著之小冊子中亦有主張以『工兵』開墾土地之政見．

ism 亦謂之科學的社會主義．

此種派別而外萬國勞働會又有崇奉聖西門派之社會主義者．當時著名之政治家著作家實業家，信之者亦不少．孔德哲學家也，戴愛里歷史學家也，西思門地經濟學家也．此數人者之著作受聖西門之影响甚大．其意大抵以人類進步已由奴隸制度一變而至於封建，由封建制度再變而至於傭工．今日則當廢除傭工及產業私有制度，剷除一切之强權，使經濟得以自由．此歷史上所當然之趨勢也云云．

彼等又謂廢除私產主義，法國革命已大倡之．是此主義之實行，祇爲時間久暫之問題，而非不可能之問題．私產廢除之後，一切產業以至於藝術科學實業，當以國家爲之管理云．（註）

國家爲一切機關之主人．其總機關爲政府．政府之人材，則選宗教上最良之科學家藝術家實業家，以當之．平民皆爲工人，幷實行『各盡所能能量以工作爲準』之原理．（註）

實驗哲學創自聖西門派．此派之眼光極爲新穎，卽其所著之歷史，亦能以科學方法說明「强權」「產業」「階級」之始原．雖至今日，其價值不少衰也．當時有所謂古典的政治經濟學爲斯密亞丹相比較．

（註一）以上所述，係譯自昆西大朗一八四八年出板之 Le Socialisme devant la Nieux Mond 三十六頁．俾見是時社會黨對於聖西門主義之意見如何，幷可與今日之社會民主黨

（註二）此乃直譯聖西門派之所謂公式．

A'am Smith 及黎加德 Ricardo 所創。（此派後來稱爲『不防害國家存在之滿且斯他派』）聖西門抨擊之甚烈，雖然聖西門既批評個人主義商工競爭之原理及反對武力國家與階級社會之學說，何以又主張强有力之國家，其組織以教徒爲之，豈非不平等之甚者耶？

一八四八年之共產黨與聖西門派不同之點，卽社會之生產，一則純粹分之於個人，而一則否，是也。此等學說，對於經濟學上之價值如何，今姑不論。但有一事彼等尙未計及者，則社會生產，將以何法而可以平分於各個人，而無不公道之弊是也。惟强權的共產黨與聖西門派不注重個人，是則彼等對於個人之所需要，未言及之之故歟。

共產派承認個人有選舉管理者之權，此種意見，一八四八年之聖西門派尙反對之。簡言之，共產主義，聖西門主義，集產主義之個人，不過國家之一職工，其他如卡必（Cabet）與雅各賓之共產主義，Jacobinst communism 亦皆主張壓制個人者也。

是時布朗派 Louis Blanc 之氣燄，在法德非常之盛。此派主張革命後所成立之政府，當實行社會黨之意見，一切產業，歸諸勞工者之手，幷助工人，以組織生產會所，每會工人，其數相同，後來物產之分配，當實行各取所需之原理，此西大朗稱之爲共產的聖西門主義者，此也。

上述之派別，一八四八年之革命，早已散播之，故萬國勞働會諸人之觀念，大抵不能逃出此等主張之外，然當時尙有福烈派 Fourists 亦頗盛行，其主張與此等雅各賓派之羨慕國家者相反，於次章述之。

第十一章　無政府主義(續)

福烈生於法國大革命之際，其主義之得力於此者不少．萬國勞働會成立時，彼已物化；但其主義之影响於此會者甚大．其徒昆西大朗猶能以科學之方法，統一其學說．其是非當否，姑不具論．惟萬國勞働會最光明之精神，則福烈主義之功，有以致之．(註)

福烈主張組織自由的國家機關，使出產與消費得直接交換．此公共機關只任管理之事，不得據貨物為私有．貨物之值，除加運費及管理費外，不得漲價．一切商務，均須廢除焉．此乃昆西大朗所言福烈之意見．致福氏七歲即有反對商家之誓．彼生當革命之秋，目擊政府之出售產業，與夫戰時食料之昂貴，深惡國家與商家之所為．遂有自治區(即自由市府)之提倡．欲以解決交換分配生產諸大問題．

其計畫係由一地方之自由區組織一共產團，一切之土地農械均歸公有．團員合作，所作多少，均登記之．此種組織之特點有二：所有工作均係隨己之所樂為者而為之；分配得宜，與無強權之壓

(註)吾友達德基夫 Tcherkesoff 曾謂馬克斯與嚴格樂 Engels 合作之共產黨宣言(Co-mmunist Manifesto)內言經濟一部分之理論，出自一八四三年昆西大朗所著之 Principles of Socialism: Manifesto of the XIXth century Democracy．其實共產黨宣言之格式，亦由此假借而來．至其實行程序之理論，大學教授奧拉 Audler 謂此乃拾法德祕密共產黨之唾餘云．

迫是也．

此種組織，足以供各人之需要，保無缺乏之虞．此自由平等之眞境地也．卽今日人類之情慾，遺害於社會甚大者，將來導之以正路，必足以增社會之進步而有餘．

生產所得之價值，據福氏意見，當分爲三：一則歸諸資本，其次歸諸勞工，再其次則歸諸才技．萬國勞働會諸人，視福氏此等主張，係爲調停法國革命失敗後所生之反動起見，與其根本之主張無關云．

福烈所主張自治區之計畫如下：

(一)新社會之組織，以自治區爲單位．

(二)自治區有貯藏該地出產及消售之之責任．

(三)各自治區互相聯合，組成一大團體，或國家．

(四)所有工作，皆須有興味的，使社會問題易於解決．

(五)各事以衆意處理之，不準有勢力加於其間，使社會意見，得以調和．

萬國勞働會工人，對於各自治區分配貨物之法，以爲當待各自治區之自行解決，而可以應用共產黨「各取所需」之原理，或用他種方法，如去强權派共產主義之糟粕，而取集產主義之菁華是也．

萬國勞働會以欲達到社會黨之主張，必當實行全世界之革命，而以勞働家之能力，廢除資本之壟斷，此該會之無政府主義的精神，所由貫注者也．

以上所述，足見勞働會之革命意見，至為複雜．論其始源，集權主義出自一七九三年之雅各賓黨與十九世紀初葉巴布夫之祕密的共產黨，獨立（地方）主義出自一七九三年至九四年巴黎自由市府之激烈的革命行動．余近於法國大革命一書，已詳言之矣．

此兩者之中，以雅各賓派為最有勢力，中等社會之曾受教育而入勞働會者，以此派為多．法德之戰，拿破崙三世欲延其帝國之殘喘，壓倒革命之運動．於是法國大敗於德，甘必達（Gambetta與泰埃 Thiers 之臨時政府，及巴黎自由市府，均歸失敗，此亦足證社會革命之有政治臭味者之決無倖免矣．

巴黎自由市府之所以失敗者，其第一原因，即由於黨派之復雜，致萬國勞働會對於改革經濟政治兩問題，孰先孰後，意見頗不一致．雖當時中等社會之領袖，已無宗強權共產主義者，惟雅各賓派與布蘭基斯派，爭鬥甚烈，敵人乘之，自由市府，遂有一敗塗地之概．吾人於此，得一最好之教訓：以經濟問題之能解決與否，視平民之力而轉移，若假手於政府，未有能僥倖成功者，此平民之所當徹底覺悟者也．

法國兩次社會革命，首次欲以雅各賓之強勁計畫，實行經濟平等，而為中央政府所反對．（一七九三年至九八年）及至一八四八年，又欲立平民社會主義的共和國，亦歸失敗．一般革命黨，於是翻然悔悟，以社會革命，當由各市府自己行之，而不當倚賴政府之權勢，此無政府的新意見之所由生也．

蒲魯東所著之十九世紀革命大義，Idee Generale sur la Revolution au Dix-neuvieme Siecle 首先發表無政府主義之意見，是爲無政府黨學說之權輿．拉丁族諸邦，稍有思想之士，亦皆從之．所謂拉丁族諸邦者，指法班意瑞士操法語之一部及比利時之華蘭尼 Wallonic 而言．若德國是時方新勝法國，傾向强權，舉國一致，此其思想之發展，所以與拉丁諸邦，迥然不同也．

拉丁族諸邦，經巴黎市府之大敎訓，而無政府學說之基礎；始得成立．萬國勞働會被此種新思潮之鼓盪，各人意見不相一致，遂有分裂之現象．馬克斯嚴格樂與法國布蘭基斯 Blanquists 之純粹革命黨派，復將會中所主張與資本家直接宣戰之程序，改變而爲議會之活動．西班牙意大利周拉色比利時之聯合會，與英國會員之某部，皆持反對之態度．

此時巴枯甯 Bakunin 在勞働會最爲活動．巴氏頗精於歷史及哲學之研究，以文字鼓吹無政府主義甚力，其友八復從而助之，而近世無政府主義之原理，遂以成立．

巴氏以國家之强權，成於宗敎及各種之舊學說，故欲廢除國家，不可不幷此種殘物一掃而淸之．此巴氏所大胆宣言者也．巴氏又謂國家爲消極的自由之代表，卽其所稱爲國利民福之口頭禪，亦破壞之．政府之立法權，雖爲普遍選擧制，亦不外供給少數人之私利，故不革命則已，如其不然，則各國各地各市府對於政治經濟之組織，皆當有絕對之自由．所謂聯邦主義，自治主義，乃國家欲保全權利之私言，非革命黨所宜取也．

至於經濟問題巴氏則爲共產派與萬國勞働會之聯邦派相同但因調停强權共產主義而發生之反對派起見巴氏自稱爲『集產無政府黨』惟巴氏集產黨之意與淮第路及伯加派之國家資本主義不同蓋巴氏以此派對於生產物分配之方法未定其爲共產抑由銀行給以相當易劵之制故巴氏當時之所謂集產主義者實卽今日之自由共產主義巴氏學說撮其大要不出無神論無政府論及集產主義（卽自由共產主義）三端巴氏以宏毅之力傳播社會革命幷以此種風潮必不在遠云（註一）

第十二章　無政府主義（續）

遠自一八四八年以前近自巴黎市府成立之後廢除國家之說倡之者所在多有勞働會工人益求所以廢止國家而代以他種較良之組織該會首創諸人以欲達到新社會之目的必須經一度之社會革命今日政府之功能將亦代之以工人組織之團體俾生產與購買者得直接交換蓋至此無政府黨之意見已由個人的而進爲社會的矣

歐美工人深知土地及各種之生產物若得以歸還諸社會爲公衆所有使得自行組織協會以盡力於農工之生產必可供全社會之需要而無缺乏之虞於是兩大洲之勞働家漸漸聯合以爲將

（註一）巴古甯之朋友如華凌 Varl n 介容 Guillaume 及一班之意大利人於一八六九年均自稱爲「共產無政府黨」惟當時各派分爭甚烈故彼輩謂此問題當留待將來市府及工團之自已解決云

來改造社會之預備．近日科學實業之進步，益足以證明此等計畫之可行，將來組織萬國生產與消費機關，各地之生產互相交換，是則今日之勞働家胼手胝足僅足以供少數人之逸樂者，將來人人爲勞働家，人人得享美滿之幸福矣．

國家主義之範圍非常狹小，其宗教其神話，在今日開明之世界，已無存在之價值．中等社會，本欲以改革社會自任，孰知其自陷於罪惡而不自覺？故勞働家益以反對國家之事業，引爲已任．簡言之：國家不外乎維持奴隸農夫之主人，及地主債主帝皇武官貴族，及十九世紀以來資本家之壟斷機關，設將此等壟斷之事業，一掃而清之，則國家亦不過無用之物而已．國家既去，則人生必將趨於簡單矣．

社會革命後，各市府將爲獨立自由之組織，如經濟衛生教育互助藝術游戲傳播新思潮等等機關，隨時改良，以應人生之需要，不必有賞罰威逼之事，以壓制他人之行爲．此吾人對於社會革命後之具體的意見，或有疑將來之社會，未必人人能遵守其正當之行爲者，不知今日社會道德之所以無可觀者，以有不平等在也，公道之爲義，其平等之之意思，如無眞正之平等，則公道爲虛談，他日社會既無權利不平等之事實，則人人將以公道爲自然之習慣矣．

亦惟如此，而個人始能自由．申言之：提倡社會及神祕之責罰，或服從上級之人民，及宗教上玄學上之邪說，皆爲智識錮蔽道德墮落之總因．他日社會之遭遇，既根據於平等而成立，則人人以其理性之指導，可以與社會週遭相應而行，及發展其個人之境域，所謂個人之境域者，非如今日社會之個人主義，以發展少數才智之個人，阻止大多數之進步爲目的，而惟以發展全體之個人爲前提，其有才智者，則助之以爲益於社會，非賞之以使之遺害於社會也．

吾人分析現在之趨勢，可以預知將來之生活爲如何，（吾在麪包略取（Conquest of Bread）及互助論已屢言之．）今日經濟政治智識藝術與教育上種種之組織，皆不賴國家之扶持，平民均自己去組織之，此等趨勢愈發展，則人民之自由愈見擴充，而國家與教會之權力，愈見其縮小．無政府主義，不外從此一方面以發展而已．

至論經濟之概念，無政府主義與社會主義，不同之點有三：社會主義，其眞義在廢除資本之壟斷，本與無政府主義同．及社會黨轉變其本來面目，謂今日經濟進化之狀態，決不能將資本主義廢除，祇能以種種之方法，爲之限制．無政府黨則以今日資本家之壟斷，已忍無可忍，故當實行革命，在資本家之手，將土地礦山工廠鐵路及生存所需要之物，一一取還，歸諸社會之生產者及需要者．

國家社會黨所主張之政治組織，今日謂之集產主義，彼等以爲藉此可以實行其經濟革命之手段，及解決社會之問題，吾人之意見則反是．今日之組織，如郵務電報國有鐵路等，皆無資本家置身於其間，即或有之，亦不多覯，而仍不脫傭工制度之範圍，今乃欲以此而解決社會問題，不特與文明人類自由之趨勢相違背，吾亦決其不可以實現也．

吾人以爲國家之制度，在維持少數人之權利，以壓制大多數之人類，必不能利用之以消滅其自已之權利·自歷史上以觀·每一新經濟之生活發生，卽有新的政治組織隨之以成立·故社會主義之社會，姑無論其爲共產的抑集產的，必不能逃於此例·正如吾人不能利用教會以破除迷信，苟欲破除迷信，當於教會以外發展之·故欲得經濟上政治上之自由，不能不脫離國家之舊組織，而代之以新·豈不了然明著哉

是故無政府主義之目的，在喚醒大多數平民之勞働家，使其合力以改造今日之社會，此種創造之能力，在歷史上每每見之·今日有新智識以助其進行，益見其容易·此亦無政府主義所以竭力反對法律若國家之緣故，誠以吾人深知社會革命，非可以假手於法律·法律者，死物也·人類改造之事業既達，然後爲之寫下而已·

自萬國勞働會成立以後，無政府黨於工人組織中，最爲活動·且常勸工人以直接反對資本家及其保護之機關如國家爲目的·此等競爭，勝於以間接之法使工人得些須之改變者多多矣·然彼社會黨明知資本主義之罪惡，乃國家保護之，而猶謂組織消費生產交換之機關，而不須資本家與國家之干涉，非欺人則亦自欺·

國家現有之權，既有稅務國防宗教之類，若更舉土地礦山工廠鐵道及農工之大組織，歸其管轄，將必發生一種新專制，而新傭工制度必隨之以成立·此無政府黨所以絕對的反對資本與國家之干涉社會工作與酬報之組織也·

大多數之無政府黨，均承認共產黨之方法，誠以不須政府干涉之文明社會，其經濟方法，能爲人

類所承認者，不外共產主義且無政府之大社會，如無生產之物足以供人類之需要增進其幸福，則此種社會必不能存在，故共產主義與無政府主義各自完成其意義焉．

比年以來農工之生產日繁，然去成熟之期尚遠，況農工所生產之物類皆爲少數人所盤據，若共產主義行之數年，人人將無缺乏衣食住之虞可斷言矣．

由此亦可見無政府主義所以回復個人主義之原位，自今日之個人主義以觀，大抵分爲兩支：一爲純粹個人主義，士多奈爲其代表．近日尼采 Nietzche 之詩皆維持此派者也．惟玄想與實事相去甚遠，吾人已屢屢言之，此等閉門立說之個人主義，祇以增進其所謂「超人」之個人，且藉國家教會法律巡警軍國主義帝國主義以爲發展，與吾人平等之思想不能相容，若竟得以成立，其危險爲何如者！

其他之個人主義爲互助派，蒲魯東爲其代表，蒲氏之說前章已述及之．其主義在美國方面最爲發展，卽在今日仍有農工之組織「依時間工劵」之原理以交換其生產，自實事而論，共產主義主張所有土地工廠之不動產皆歸公有，生產之物亦如之，個人主義之生產必較計市價之多少及作工時間之長短，此其不便姑置不論，若較量作工之多少，已大不如共產主義之各盡所能矣．況個人主義對於稍爲精巧之工人，則高其工價，猶不免於今日傭工制度之弊乎？

美國之無政府個人主義頗似稍進，一八五○年有安德路斯 S. P. Andrews 及顧鏖 Greene 爲其代表．

現在則有紐約自由報著名之記者德嘉 Benjamin Tucker 彼等所持之主義，係溶合蒲魯東與斯賓塞之學說而一之，其概念之起點，謂「各理自己之事，勿管他人之事」為無政府黨須服從之惟一律，今日之個人或團體，一有權勢，則用之以凌迫他人，欲去此弊，舍實行此原理外，別無善法，蓋個人之自由，以不侵犯他人之自由為界也。

自吾人觀之，此種推理之陷於謬誤，皆昧於人生之真事實及未脫玄想的辯證法之所致。夫合多數個人而成社會，其分子所行之事，與他分子絕無關聯，非吾人存想之所能及，且人類之行為，無論如何，不能與他人毫無接觸，故此種社會，決不能見諸事實，抑亦明矣。

由此可見德嘉既不滿意於國家之所為，而力伸個人之大誼，繼又承認國家有保護社會分子之權利，與斯賓塞頗相類似，不知國家之為務，在歷史上進化上，惟盡其保護弱者之職，始變為壓制弱者之機關，斯德二氏之不滿意者，即在此耳。

無政府個人主義，所以僅能傳播於中等才智之社會，而為勞働家所不取者，以其有此等矛盾之論點在也，雖然，人類之舊思想，固不容易於洗除，此主義誠有助於無政府主義，使之不復與舊說之國家社會主義相調停，而毅然獨峙一幟於世界。

無政府共產主義，今日已漸漸為一般工人所信仰，將來社會革命，惟一之希望，非工人之抱此清析觀念之屬而誰屬？邇來歐美工黨風潮聲浪，已日見其高，可徵工人已明白此主義之真利，將來工黨之運動，必發自歐美或拉丁族諸邦，其宣揚無政府共產主義，必有遠勝於法國大革命者，此

吾人之希望之可預言而不容或疑者也

第十三章 無政府主義結論

無政府主義之大意已略具於是吾更舉其體之條例，俾見此主義在今日科學與社會運動中之位置爲何如也．

他人嘗以尊敬法律爲吾人所應盡之責任相督勉．試叩其故．不謂法律爲一種之眞理，則謂法律爲進化之階級，與人智進化之階級無異．或則更謂法律與道德相同，所異者表面之形式．吾人聞之，不禁啞然失笑．吾人非不知創造法律者之用許多腦力，始形成此等深文周內之言語．吾人亦非不知此等違背良心之舉動：以「莫須有」爲根據，而下概括之斷案，且欲以晦澀之文體使人類聞之，驚惶失措，莫明其妙，而後稱快．

上古之法律家，以法律爲始原於神聖，莫得而侵犯之．未幾，法律家又以形而上學爲根據，藉以發展其奧妙．今日科學昌明，吾人研究法律始原之觀念，與其在人類學上之發展，一如自然學家之研究蜜蜂之製糖造巢無異，今日之人類學，研究原人時代社會之風俗，及法律之觀念，尋其發展之跡象，每一時代則有某種之法律，從上古以逮今日，莫不瞭然，如視掌然．

由此方法研究所得之結論，吾人早已言之．法律之起原，有兩方面：初時法律之作用，不過爲風俗之結晶體，久之乃有黠者利用之，以發命令，以創新制，以保護少數之軍人及治人者，而社會不平之事，如奴隸宗敎及軍權之類，皆爲法律之所特許，以束縛一般之人心，若非革命，孰能棓之？

今日之立法，有所謂保護勞働家之法律，及罷工一起，則又壓迫之，何其自相矛盾之甚耶？或則朝三暮四，以所謂每日强迫做工若干時之制，以利誘之，及鐵道之工人一有示威之舉，則以軍隊而監督之，此等强權之制，其初不過起原於一社會，今則漫淫於全世界，此國家唯一之作用，所以在維持資本家之壟斷也。

法律之結果不外如是，故無政府主義，自高德文以來，即反對之，無政府黨所主張之公道，豈不勝於法律萬倍？夫公道與平等有密切之關係，若不平等，則無公道之可言矣。

吾言至此，必有起而罵我者，謂吾輩之反對法律，即所以反對道德，雖然，吾輩之所以不承認康德之必然的命令者，誠以此言之對象，不特離奇怪誕，晦澀難明（註），且與自然學家研究道德之結果大異，今於未開辯論之前，請先以一言相質，「必然的命令」之意義何在？說者能以淺白之言為之說明否乎？若不能，則是神秘的而非科學的，非吾人之所宜取也。

所謂『普遍律』『必然的命令』，不知原意何指？豈說者以此等意見為人人所承認，如『已所不欲，勿施於人』之公例乎？若然，則請研究道德觀念之發生始於何時，其發展之程序如何？此等公道之觀念所涵平等之意義為幾許？此問題更為重要，蓋『已所不欲勿施於人』之公例，必以他人為能與自己立於對等之地位者為能行之，主人之於農夫，商人之於奴隸，其所以不承認此『普遍律』及『必然的命令』者，以彼等視農夫與奴隸不能與自己平等也，設斯言為不謬，則一方面既

（註） 此之批評，係取自作者近日與德國某博士通信之言。

提倡道德，一方面又許可「不平等」之存在可乎？

吾人研究道德，當如居友（Guyau）之分晰『犧牲自己』之說．復次又當從歷史上尋求道德感覺之原因及條件．如彼聖人者之教人對於鄰人相愛之誡律與犧牲之命令，何從而發生此種情感，被宗教之影響者幾何？被法律刑罰監獄與經濟政治上種種不平等之影響者又幾何？吾人由此然後可推繹何種社會條件及制度，在將來之結果爲最善也．

吾人試將此等一一研究析至毫釐，然後法律對於社會道德之習慣的効果，始亦赤條條的眞相畢露，彼以晦澀之詞以自文飾者，不特非吾人之所願聽，抑亦非眞智識之所在也．雖然此等公例之作用，已令人起懷疑之心，其將不免爲歷史上之殘物，可預言矣．園丁之觀察植物生長最適宜之條件，應用生理學以研究之；吾人之研究社會問題，甯不當如是？既當如是，則胡不行之？

復次經濟學家謂絕對貿易自由之世，貨價與社會所能生產之物量爲比例差．（見黎加德蒲魯東馬克斯及其他之著作）此等道理，以特別之威權出之，雖似有眞理之價值．若細按之，一無是處．蓋說者以貨價及能生產之量爲比例，與以物體之下墜與其下墜之時間相比例無異．今乃突然的定工作與市價爲某種數量之關係，豈彼之作是言者，亦會觀察之測量之而後定數量的確說乎？

或謂從廣義言，需要之工作愈大時，則貨價亦隨之而愈高．此乃斯密亞丹之言．彼後又下一轉語，謂資本主義之下，貨物與工作之比例，不能存在．此語可謂奸巧之甚，而其結論，猶謂貨價與工作，互相比例，以此爲經濟學之定律，是無異於言明日下雨之量，將與某地某季之風雨表降下之度數爲比例，同一謬誤。

彼之言風雨表度數之下降，與雨水下降之量相關聯，與石之由極高點下墜，速於石之由數尺下墜者之言發明科學，斯密之言其價值大抵類此，惟彼輩之言既如上云，後又謂雨水下降之量，與風雨表猝過平均數之量相比較，下墜之石，所經之空間與下墜之時間相比較，此直無意識之談而已。斯氏之著作雖參雜許多科學之門面語，但彼自言科學方法，非其所知，是無怪其所言價值之確說，不免於重錯矣。

抑吾人所須注意者，如言經濟學之事實，而無正確之統計，徒以超過數理的論調，而作爲臆說，在科學上決無可寬宥者也。

自正確之科學以觀，有雨量相依賴者，如一數增加時，他數亦隨之而增加，而仍非互爲比例。植物生長之速率，與其吸收熱力多少爲比例外，仍有他種種原因在。每年三月二十二號以後，日之上升，高過地平線，與及每日天氣之平均量，逐日增高，皆由許多年之觀察始得，而知放槍時火藥愈多，則反衝力愈大，均是。

科學家既知此等之關係，豈能復謂植物生長之速率，與其所接受熱力之量爲比例。日之高出地平線，與逐日天氣之平均數，及槍之反衝力，與其火藥之量，均爲比例耶？申言之，其一增加二倍、三倍，則其他之比率亦有同樣之增加是也。科學家知比例之外，有許多兩物相關之數量，設非加以計算，則不能逕謂某數與某數相比例．且科學家之立一臆說，亦決無如此之輕易也．今經濟學者乃居然爲之謂價值與工作相比，彼等不自知其爲空想，而猶一意孤行，命其臆說爲公例，何其不一思數量證據之重要耶？

以實事言之，數量之相關，如植物之生長與熱力之接收，槍之反衝力與其火藥之多少，若完全以數學的比例說明之，究竟太過複雜．應要之工作與交換之值，非相爲比正．如此類斯密知之，後始轉語，謂此公例在酋族時代，始得爲眞；若在資本制度之世，因有種種之原因，使此簡單之關係爲之變更，故交換之價值不復能與需要工作之數量相比．惜乎今日之經濟學者多不之注意，卽黎加德在十九世紀前半期，亦復拾此唾餘者歟！

要之，經濟學家與所謂科學的社會黨，皆不能免於以空想爲公例之謬誤．若信之者能如自然學家以數量而試驗之，則知其謬誤之所在矣．

無政府黨對於政法經濟學之態度，與經濟學者自命之態度完全不同．經濟學者鮮用科學的歸納法，以爲證明，雖彼常用自然公例之名稱，實則不解自然公例爲何物，其條件與性質更爲彼等所不措意．

在實事上以觀，每一條自然公例，其意義不外曰：「如有某種條件發生，則其結果爲某爲某．」——如一直線橫截他直線，以求各角之相等，則其結果爲某爲某．——如在星晨界之空間，其運動之及於兩形體者，於其距離較近之處，無第三者或第四者肆於其間，則兩形體互相運動，有若干之速率、（萬有吸力之公例）等等．

質言之：凡所謂自然公例者皆有『如』之泛詞，及能滿足某條件者，方得稱爲自然公例，由此以觀政治經濟學之所謂公例，所謂定理，不外如下列一類之確說：

『假令在某國之中常有某數之國民，如於一月或兩星期中，不肯作工，以取傭值，及不承認國家對於彼等之條件，（如租稅等）與乎國家所許可之大地主工廠主鐵路主等所舉以加諸彼等之條件，則必不能生存，而某種之結果，必隨之而至．』

卽在今日經濟學者，祗言於某種條件之下，必發生某種之結果，不復詳說及分析此條件之自身爲的當與否？卽或念及之，旋亦置之腦後矣．

此其謬誤，已不可謂細，而更有甚於此者：彼等以爲某種事業，係某種條件之結果，遂名之曰公例．—爲天不變律亦不變之公例！—此乃學校式經濟學者之所謂科學與經濟學之正道適相背馳！馬克斯之資本論 Kapital 亦拾學校式經濟學者之玄想的定義，砌集而成．又如黎加德謂吾輩雖拾他人之定義，但能證明資本家之利於勞働家者爲如何．此之爲言，以之爲雜誌中之材料，則未嘗不清楚了利，若以之爲經濟的科學，則謬矣！

政治經濟學，如欲組成科學，則必當採取自然學之方法，改絃易轍，正其鵠的，由是而重建之，庶幾乎可申言之：經濟學之於社會，當如科學家之以生理學而研究動植物；故經濟學當爲社會之生理學，其目的必在研究社會向上之需要，其新舊之方法，當視其能合此目的滿足此需要，以爲去取，幷搜集他種科學之特點，以應用於人生．（培根 Bacon 早已言之）質言之：政治經濟學，必須研究何以滿足今日及將來需要之方法，以最小之勞費，獲最大之効果，其効果當歸諸全體之人類，而不當爲少數人之私有品是也．

由此可見吾人推論所得之斷案，何以與學校式及社會民主式經濟學者之所得，多不相同．與吾人何以反對彼等以某種相關爲公例，何以吾人之解釋社會主義如此，而彼等則如彼；及吾人研究近代經濟生活之趨勢所得之結論，何以與彼等近似之論調，不相同之緣故．換言之：此亦吾人何以達到自由共產主義，而彼等則達到國家社會主義及集產的傭工主義是也．

雖然，吾人非必謂吾等之必眞，而他人之必妄；但眞妄之問題，不能以「聖敎量」而爲之分判；更不能以黑智兒之「三分辯證法」Trilogy 而爲之評定．質言之：不能用武斷的演繹法，以爲推理．而當用研究自然之方法，而研究經濟學之眞事實，此問題之眞妄，始有據矣．（註）

（註）當吾讀此書之法文本，至此節時，接到比利時著名生物學家某大學敎授一函，其所言多與此條相發明，茲節錄之，俾見梗概．至括弧（……）內之言，則余所附加者也：

吾讀工廠與田莊 Fields, Factories and workshops 一書，（譯者按此書係克魯泡特金所著）漸覺今日以後，凡研究經濟學與社會問題之人，必爲已研究自然科學之人．不然，亦須爲此種精神所占染方可；蓋彼之曾受過所謂古典敎育之人物，類皆不能明白時勢思潮之趨向，且不能研究許多特別之問題也．

……「完全工作主義」與以「時間分工主義」〔此卽以人人操農工之事業輪流轉變，不守一藝，使各個人之特能在各方面得以盡量發展，以求有稗益於社會之主義〕（譯者按此主義克氏工廠與田莊一書言之甚詳）必可爲經濟學之一部分；蓋有許多生物之事實足以證明此主義之能爲自然公例（在自然界之經濟勢力多用此法以得之）設吾人試驗生物生存中各階段之功能或在各季及在每日之各小時，吾人能知應用以時間分工之理與「分工之偏於各機官者」（士密亞丹公例）有密切之關係.

科學家如不識自然科學，卽不能明白自然公例之眞相；蓋彼等爲公例一語所蔽；以爲如此如此，便是公例.斯密亞丹實不能逃於此謬誤之一人也.或舉此公例他方面上之事實，以告之則被拒曰：此公例乃一定不易者也.其言之堅決自以爲必不陷於謬誤者，如此而事實上乃大相反.自然學家精通科學，則知所以廢除自然公例之不良的效果，通常能達此目的者，大抵以反對自然之方法，而試驗之之自然學家也.

萬有引力能使物體下墜，又不阻礙氣球之上升，（飛機重於空氣，而能上升，亦近日之一例.）自吾人視之，其理由殊爲單簡；若古典學校之經濟學者，見此現象，則莫明其妙矣！

以時間分工之公例，必有與士密定律幷行之一日，而個人將亦可以得完全之工作矣.

無政府黨用此方法批評社會政治之形式，及國家之制度得有如是之斷案.其以『國家爲社會最高公道主義之定實者』或『國家爲操持進步之工具』『無國家卽無社會』等之言以相恐嚇，吾人惟有一概謝絕之而已．

要之吾人研究「國家」之方法，與研究蟻蜂與鳥類之社會無異．吾人研究所得之斷案，已屢言之，亦無事再陳．惟吾人更欲進一言者：則自高德文以至今日無政府黨之意見，皆散見於各書，其進化之跡，亦不外是矣．

歐洲之文明，不過千五百年間事耳．至於國家之制度，則自十六世紀始見發展；其發展之原因，甚爲複雜．吾所著之國家在歷史上之運動 The State: Its Historic Role 已詳言之．自羅馬帝國滅亡後，羅馬式之國家亦復消沉．今學校中之歷史教科書，則以爲自野蠻時代，Babarian Period 卽有國家．此乃歷史家之杜撰，而非眞事實也．彼等作王族世系表，在法國則始自馬魯瀞之酋族，Merovingian Bands 在俄國則始自維拉基 Rurik 862 若眞正之歷史家，則知國家之重建，實在中世紀城市自治制度廢弛之後也．

國家爲政治權力之中心．吾人每一言及國家，卽聯想及於「國家之公道」「教會」及「資本主義」，此等制度實互相倚賴以成立．其相關之處，非偶然的而爲因果的，必然的．故以吾人之眼光觀之，國家爲地主軍人裁判官祭師及近日之資本家互保之社會，以發展其強權，使大多數之平民俯首而聽命焉．爲主旨．此乃國家之始原，抑亦其歷史及現在之要點．

是故彼之以資本主義可廢，而國家不可不維持者，特未細審國家之存在，不外助資本主義之發展，而資本主義興盛，國家之權勢與基礎，亦漸鞏固，故彼之懷抱如是之幻想，實缺乏思考力之尤者蓋未聞有求工人之自由於敎會及帝國之門者．十九世紀初期許多之社會黨皆有此種夢想，今日已爲二十世紀，若更存此夢想，苟非童子孰肯爲是？

經濟之新組織，必須與政治之新構造相互進行，姑無論此種變更，爲突然的之革命，抑爲緩鈍之進化，要之政治與經濟之變更，必攜手同進，毫無異義．

經濟之自由進一步，則資本主義退一步，而政治之解放，脫離國家之羈絆，以自由允合之土地之職業之功能代之之期亦日近，故政治自由既漸行漸近，卽所以協助平民，鋤去資本主義，而造最後之勝利而已．

第十四章　無政府黨進行之方法

無政府黨之根本原理，與其研究之方法，既與現在學校式之科學家及社會民主黨不同，故其進行之方法，亦因之而異趨．

吾人若祗持對於法律及國家之意見，而無進行之之方法，則進步爲虛談，而個人永遠服從於國家之下，則所謂改造社會者，豈非「海上神山」可望而不可卽耶？

抑吾人之最不能已於言者，世人輒謂近世資本主義，起於「生產之無政府，」而「生產之無政府，」原於國家之不干涉及實行「放任」laissez faire, laissez passer. 之自由主義之所至．謂爲此言者，大抵欲國家管理一切之實業，不知國家在表面上雖謂之放任，而實際上則大不然，余不信，試觀資本家與壟斷家抑低工價，使勞働家流於慘酷之景況，有起而與資本家爲難者無時無地而不被政府之干涉，試問資本家之自由孰舉而與之？勞動家之自由孰剝奪之？此而謂之放任，其對於少數之富人則可矣．對於大多數之平民則未也．

法國革命時所設立之國民議會不可謂非極端主張平民主義者也．然有罷工者，則加以「結黨」「防害國家存在」之罪名置之死地．其他如拿破崙帝國及復辟後之禁制勞動家之法律，更不待言．即今日中等社會之共和，亦二五與一十之比較而已．

其在英倫勞動家之罷工者，則加之以絞刑．此一八一三年之所謂「示威」應加之罪狀也．一八三四年勞動家之敢與亞雲派之國家商會聯合者，則流之於奧大利亞洲．及至一八六〇年罷工之工人，則被加以倡勞動自由之罪名，應得苦工之罪．一九〇三年經達夫華爾 Taft Vale 之決議，鐵道聯合會之工人有倡罷工者，則科以二萬六千磅之罰金．

一八八三年法國里昂 Lyons 之礦工罷工，係無政府風潮之所鼓動．翌年，勞動團體與農人之工會，始有設立之權利．瑞士工人當開森歌亞 St. Gothard 隧道時，有罷工之舉，皆被槍斃於埃羅露 Airolo．其他如德班俄美之政府，助資本家以壓制勞動家，較此爲甚，不待舉例矣！

國家對於農工，則加重稅餉，而對於地主鐵路主及資本家之壟斷，則又助之，以此立爲法律，而以施諸屬地，如埃及 Egypt 東京 Tonkin 多蘭斯華 Transvaal 者爲猶苛，此農工生活之所以日益苦也．

馬克斯以國家助資本家之壟斷，已成過去之事實爲言．其實新式之壟斷，如鐵道電車煤汽水利航業敎育等等，經議會之許可者，無一年無之，是國家之「孟晉」，益足以助資本家之張目而已．質言之，國家之不干涉主義，無地而不見其實行．是國家直接間接為資本主義之創造者，以使平民愈不聊生，幾曾見平民之反對資本家而不被國家之壓逼者？今日勞動家微末之權利，亦不知犧牲幾許鮮血，以為代價，方購得來也！

是故言國家之不干涉者，若為中等社會之經濟家，誘騙工人，謂其不聊生之慘象，係「自然公例」或「天命」之所致，則可．若社會黨，則何以出此言耶？國家無時而不助資本家之為虐，申言之，國家乃保護盜賊行為之機關，此亦國家之責任，不得不如是矣．

國家之存在，正所以助大地主大資本家大武力家大宗敎家，以虐待一般之平民，彼之富者貴者，非不知國家之機器一息，則其用以駕馭一般工作之平民之威勢，亦隨之而冰消也．

社會主義之進行，將能達到共產主義之目的與否，姑不具論．而彼之本身，必不能無一種政治之組織，以相號召．吾人考諸歷史，君主專制與農僕之制，互相利用，攜手同進，故資本主義無論其政治形式為共和為君主，必為代議政治無疑，由此以觀，可見社會主義之不能利用代議政治，以為解放勞動者之利器，正如吾人不能憑藉敎會及神聖不可侵犯之說，或帝國主義及其國敎効用之理由，以行此事無異．

社會主義如不進為人生之原理，則亦已矣．如其不然，則必當有新的政治組織出現，而此新組織之必較代議政治為普遍的，為分權的，而接近於平民立會之自治制度，可預知也．

人民求脫離强權之束縛，已爲今日一般心理之趨勢，試細審法美之生活，見其平民獨立之組織，以自由爲契約而不受政府之干涉者，所在皆是，已爲人人之所共見．雖然吾非謂德國皇帝，英國之帝國派，或瑞士之急進黨，能循此理想之目的而進行；蓋彼等之目光，與平民適相背道而馳．吾不過謂社會有一部分之組織，而猶以歐美之勞動團體爲最，以自己之勢力脫離國家之羈絆，而獨創平民之生活而已．

知乎此，則進步之傾向，必脫離國家而進行，亦已瞭然矣．吾人之主張，在廢除政府及其所有之强權，發展自由協會之組織，及爲個人直覺之先導，適足以代表此種趨勢，而此種趨勢，亦卽無政府黨對於個人及人羣生活之戰術也．

無政府黨者革命黨也．吾人對於從前之革命，當研究其創立及發展之歷史，此之研究，當勿爲國家歷史家之僞言所欺，而當求平民眞正之歷史，與革命對於平民之利益如何？革命之主義何由而傳播及達到其目的？其缺點何在？此皆當研究之問題也．

世之研究革命之發生者，必以未革命以前平民之慘狀如何爲言？吾人則當更進一步，推求平民何以能處此枯苦之景地而安之若素，彼等對於革命之行動何以失望？久之何以忽然覺悟？覺悟之後，又何爲耶？

布朗之言法國大革命，謂直接來自雅各賓黨之政治衝動．吾人所見，則異夫是．此次革命之肇始，爲普遍的，起自鄉村之農夫，其希望在於廢除封建及奴隸之制度，要求一六六九年，政府所强占之土地，當歸還諸村中，其在城中，則一般之工人，欲掃除平民經濟之慘狀，去國家所設立之交換及生產機關，而以社會的新方法代之．（詳見作者所著之法國大革命 The Great French Revolution）

以吾人研究之所得，一七九三年至九四年之共產運動，起自最窮之一部份人民．彼等在鄉村或市鎮之中，組織機關，思有以變更經濟與政治之舊組織．其他方面，中等社會勢力發展之跡象，亦瞭然可尋．彼等以精銳之計謀，有恆之毅力，取主權以自代，幷以組織鞏固之中央政府，保守其在革命時期中所刮來之產業，強抑勞動者之工價，以自飽其私囊．吾人研究此兩種勢力之發展及競爭，則前者何以失敗？而後者何以成功？皆當極端注意者也．

革命黨所組織之集權的政府，遂爲拿破崙一世帝國之導火線．半世紀後之集權共和政府，又適足以演成拿破崙三世之帝國．質言之：法國七十年間，強權集中之政府，將個人與團體之能力，殺滅殆盡．至今留爲歷史上之汚點．及至一八七一年，巴黎共產黨之平民革命起，而團體之能力，始去國家而獨立．

由上所述，足見吾人研究歷史所得之結論，與中等社會及政治社會黨不同之點矣．舊日革命之風潮，吾人不必一一爲之分析．吾人不以大胆宣言吾人所持之社會革命之概念，與革命黨之專權或議會之得勢者，迥異；蓋眞正革命之目的，決非由此可達．假使現在勞動家之進行，而猶未脫離此等強權之臭味，則吾人敢決其無好結果，此吾人敢竭誠以爲勞動家告者也．

革命之起，必當爲普遍的行動，大多數之平民（農夫與工人）當親自起而改造社會，斟酌共產主義而施行之；必不可坐以聽上級之計畫生命，然後遵命而行也．

革命一興，必使人民可以滿足衣食住三者之慾望，然後合力做工，以產生衣食住之需要，俾供人類之要求．

雖然革命之起，未必全國之人民爲之主動．惟城鄉各有大部分之平民，散佈全國，實行此種新的生活，則風靡者衆，其必能獲最後之勝利，必無疑義．又如一七九三年至九四年，法國大革命時，平民取囘大部分之土地，以自耕作，其先例也．

至於政府之組織，無論其爲強權的，抑代議的，與夫臨時政府議會等等，吾人皆絕端反對．獨知平民如不自行建設新的需要之組織，以代其舊者，則革命決無成功之希望而已．

吾人之爲此言，非個人之於政府有所愛憎；蓋證之全部之歷史，見革命時代所成立之政府，設革命黨皆服從而聽命焉，則其所懷抱決無達到之希望，抑亦不免之結果．誠以新主義而改造社會之事業，少數之人，無論其如何智，如何勤，必不能逃於失敗者之林．惟大多數平民集合之精神，始能成此大功．又當破壞之際，未嘗無少數孤立之人，以法律之理，掊擊彌留之舊社會，而使革命之廣播，但以法律而爲建設，則爲絕對的不可能之事．法國革命時，特別議會所產生如許之法律，尙未施行，反動一興，此種法律，遂爲復古派所棄置，豈不可以爲前車之鑒哉？

每當革命之際，新式之生活，必由舊式之類基而萌芽；故建設之進行，如不採取一種有定之制度，爲同時各地所提倡而景從者，則無論何種政府，皆不能憑空而發生．試問法國革命正與高彩烈之際，而忽有巴黎自由市府之共產的組織出現，孰能先事而預料之？故居今日而逆測將來革命之事勢，必非吾人之所能及吾人所能者僅預料其最要之趨勢及光明之途徑，使之勿走歧途而已．無政府主義既知社會革命之問題當由此而進行，則「國家之權勢」皆爲無政府黨所不取，以免自陷於覆轍，使其目的有不能達到之憾．吾人亦深知此等計畫非可以和平之方法，即可見諸實行；誠以無政府黨之目的，爲根本的而非枝葉的；故非與中等社會搏一死戰，則其權勢決不肯輕於放棄．吾人觀諸社會黨與中等社會同分政府之利權者，社會主義亦爲之呈慘淡之色，斯可知矣．雖然，社會主義已漸爲一般人民所信仰，設其不然；中等社會之權勢與才智，未必爲社會黨所幾及，豈肯袖手而任社會黨之分其一臠耶？

復次，如革命相繼而興，而法而英，以至於德，設有建立臨時之「社會黨政府」，而非出自平民意願之所創造者，則此政府，必爲將來革命之障礙物，此又吾人之所能逆料者也．

至於研究革命之預備時期，吾人所得之斷案，以爲凡革命之始原，必非起自有抵抗力之代表團體，如與議會爲敵之團體，是吾人深知革命之起原，必發於民間，蓋未有武備足，糧食豐，然後從事於起義之革命黨，當革命之孕育時期，與進化時期，平民大抵漸知此問題之有待於解決，更進而有此等解決必須實行之概念，概念既具，遂自信焉，於是毅然決然，奮臂而起，風聲所播，和者四應，昔日社會視爲亂黨之問題，於是一進而爲革命須解決之問題矣！

當孕育時期之始，不過有少數孤立之人，覩四週之景象，慨然愍之，遂起而與之抗衡，其捐軀以死，前仆後繼而無徵末之結果者，蓋比比皆是矣。惟社會雖痲木不仁，但不能無所震動，卽彼之最滿足於其生存之條件及愚而無智者，見亂者之四起，必自問曰：彼等皆忠厚而有毅力之人也，胡為而作亂？卽犧牲其性命而不一惜，其原因果安在哉？於是痲木之狀，漸變而平民不得不隨此少數個人者之行為，效而行之，以赴其目的之所在。蓋至是，社會思潮，已由沉醉之大夢而頓然驚醒矣！一羣之人，漸為革命之精神所影响，遂起而和之。然其所以和之者，非有成功之大希望，不過抱微末之目的，如求罷工之戰勝，或欲得些少之麵包以養子女。其稍進者，則欲掃除惡劣之機關而已。英法未革命之前，此種小風潮之衝突者，蓋百次。設事前無此等之衝突，則未聞有革命之能突然勃發者。此固亘古今而靡或異。是政府之壓迫愈甚，則平民之暴動愈烈；苟無此等激烈之暴動，則必不能將根深蒂固之舊社會心理，一掃而蕩清之，使人民抱一種新希望。蓋新希望者，革命之原動力也。

世人每舉俄羅斯廢除農奴之事例，以為根本改革，無須乎革命之舉，證言此者，非已忘則未知農民之經幾許衝突，而後有釋放之實施。溯其始原，起自一八五〇年，此次風潮，大約為法國大革命之反响，嗣後由小至大，愈演愈烈，直至一八五七年，亞力山大二世 Alexander II 致書於李斯安尼省 Lithuanian 之貴族，始允解放農奴之實施。何爾山 Herzen 謂：自由之權，候下者之自取，曷若由上而與之？此非示威之言，實亦道其眞相，而亞力山大對於莫斯科之貴族，亦以此說為言，假使農奴不即解放，其衝突之大必有甚於一七七三年柏傑蘇夫 Pugatchoff 之風潮，使農奴之主人，莫不屈首而降服者。

尚有一事吾人所能確信者，則每一革命之日近，其革命之性質及事實，吾人觀其未與以前之衝突，即能知之。此爲革命之普遍公例，歷觀前事，靡不而然也。

故社會革命之與，如無小衝突以爲之前導，則懷此者之希望爲虛構。然今日歐美之風潮，如罷工之舉動，隨處有之，吾人若非盲目，當共見之。此種風潮將愈起而愈大，愈播而愈廣，可斷言矣。

第十五章　結論

以上所述，亦可以約略見無政府主義之梗概，及證明其在近世思潮中與科學相關之位置。此主義代表一種計畫，其計畫之括概的斷案，係應用自然學之歸納的演繹法以得之。吾人以此而施之人類之制度，預知此種制度之根據，以人類社會每單位之最大幸福之希望爲先導，由此或亦可以日近於自由平等博愛之境域歟。

十八世紀末葉，自然學之勃興，雖尼於法國革命後歐洲之復古；但不數年，又蓬然並興，此等智識之進步，益足以促無政府主義之實現。此主義既發原於十八世紀之自然哲學，惟其根基，則自十九世紀中葉科學復萌，以自然學爲基礎，而研究人類制度及社會，然後確立焉。

十九世紀初葉三十年間，德國玄學家之所謂科學公例，自彼輩視之，則以爲滿足。若無政府黨之觀念，則無其位置。無政府主義，除以科學之方法爲研究之工具外，不承認他種之方法，此主義應用自然學之方法，以施諸各種之科學，謂之人道科學．此乃無政府主義之科學的態度也．無政府主義應用正確科學之方法，及近世用此方法研究所得之結論，將改造一切關於人之科學，及再考究法律與公誼種種先入之觀念，以去其不當者．又根據於人類學研究所得之新事料，推廣十八世紀先覺之宏業，扶助個人以反抗國家，更以社會而抵拒强權；蓋强權由歷史上之遺傳，壓抑社會者最甚也．此主義又根據於近世科學所積聚之歷史的事料，說明國家之强權，在今日漸次長成，其實此種無用之組織，遺害於人類者甚大，其在歐洲，此等組織，不過始自十五六世紀，其目的乃保護地主主義，資本主義，及官僚主義，昔日羅馬希臘與他處文明之中心點，如東方及埃及者，皆被國家之所摧殘也．

此等强權之立，所以聯絡貴族，裁判官，軍人，及祭師，以自保其權利．其特權永爲阻止人類，使不得創造較自由較堅固之人生之障礙物．申言之：强權不能爲獲得自由之利器，正如帝國主義與教會主義之不能爲社會革命之工具一也．

至論政治經濟學，無政府主義以今日之罪惡，非由於資本家吸取「純利」net profit與「餘值」Surplus value以供個人之私有，惟在「純利」與「餘值」之事實之可能存在之所致．資本家取人類工作之結果，以供個人之揮霍，因人類無工可作者，觸目皆是，苟非以賤值售其工作，則不足以生存，此所以助成資本家之「純利」及「餘值」之存在．

故吾人於政治經濟學，當先研究「消費」，而後及於「生產」．苟革命一興，其首要之責任，在改良消費之生活，使人人皆得以滿足其衣食住之慾望，然後求生產之正當組織．此無政府主義所以不能視將來之革命爲工劵代金錢，或以國家而代一切資本家之革命．無政府主義之第一步，即向自由共產主義而進行，無須乎國家爲之阻撓也．

無政府主義之結論，其眞耶？抑妄耶？有欲答此問題者，第一：當以科學的方法，批評此主義之根本原理，第二：當示吾人以現在實習之人生爲如何？若此兩端皆反對此主義者之所當特別注意．但有一事，無政府主義所持之意見爲絕對的正確，而不容否認者，則以研究社會制度，當如硏究自然學一樣，與玄學永遠分離．其所持以推理之方法，爲構成近世科學與自然哲學之方法；如依此方法以爲審視，則無政府黨之陷於謬誤與否，不難知之．惟欲證明吾人之結論，祗能用科學的歸納的演繹法；蓋此法爲各科學之所由成立，而科學之宇宙的概念所由發展者也．

本書人名小傳及術語註解

此篇本爲一九〇四年友人某君作以載於德文譯本者茲特爲之增訂以附於本書之末。

（著者誌）

（譯者注）原本人名小傳及術語註解合爲一篇今特分爲前後兩篇以便查覽至排列之次序以每字起首之英文字母爲準。

一　前篇

巴布夫 Ba beuf Francois Noel （一七六四——一七九七）法國共產黨與大革命有關曾發刊輿論報 Tribun du Peuple 以傳播社會革命羅伯斯彼亞 Robespierre 失敗後與馬利沙 Sylvain Marechal 達第 Darthe 結一祕密「共產會」欲推反當時之政府建設共產的專權之機關謀洩爲首諸人均被槍斃時一七九七年也。

培根 Bacon, Fancis （一五六一——一六二六）英國大哲學家發明科學的（歸納法）之第一人；以自然公例及現象之眞原因非注重觀察與實驗必不能發見若古典學家徒用文詞以達到一般之斷案者非眞實之智識當棄置之此乃其著作之根本的觀念而亦近世科學推彼爲始祖之緣故。（詳見[歸納的演繹法]注解）

丙尼 Bain, Alexander （一八一八年生）英國生理的心理學家代表之一人其重要之著作爲：

心與身 Mind and Body 感覺與智識 The Senses and the Intellect

巴枯甯 Bakun'n Michael（一八一四——一八七六）政治著作家，及最有毅力之革命黨，與德瑞意奧及波蘭之革命，皆有關係。一八四九年在鐸黎斯丁 Diesden 以運動革命，被判終身禁監。未幾以沙純 Saxon 政府之命，遣於奧國，因於某砲台。越二年引渡歸俄皇尼古拉斯一世 Nidholas I 禁於聖彼得堡。一八五六年尼古拉斯死，被流於西伯利亞，其地之將軍亞馬斯幾 N. Muravioff Amursky 甚優遇之。一八六二年由華拉打淮斯德 Vladivostok 脫獄，經日本北美而走倫敦，入萬國勞動會，鼓吹革命益烈。未幾又進猶拉會 Jura Federation 此會爲聯合派及反對國家派之堅壘，其組織純粹取無政府之形式。馬克斯嚴格樂旋將萬國勞動會反對資本家之主張，改變而爲議會之運動。巴枯甯與介容 Guillaume 等反對之。一八七二年大會於海牙馬克斯以一班人之助力，逐巴枯甯出會。猶拉西班牙意大利比利時東部之聯合會亦脫離該會而獨立，遂爲近世無政府主義與社會民主黨分離之一大關鍵。翌年萬國勞動會評議會遷至紐約，旋亦消滅。此時各國之無政府會所，互相聯合，廢除各種之强權，以聯合之原理，繼續萬國勞動會之事業，每年開大會一次，及至一八七八年，爲各國政府所嚴禁，始中輟焉。此時巴枯甯著書甚多，有倡明無政府主義之功，其重要之著作爲上帝與國家 God and the State 國家主義與無政府主義 The State Idea and Anarchism 致某書法人 Letters to a Frenchman 尼倫博士 M. nettlan 作有巴枯甯傳分三卷，甚善，亦有節本。

邊沁 Renthum, Jeremy（一七四八—一八三二）英國政治著作家，爲功利主義之首創者．凡各種社會之組織，以最大多數之最大幸福爲前提者，宗之．穆勒著功利主義 Utilitarianism 擴充其學說，有名於時．

伯納 Bernard claude（一八一三—一八七八）法國著名生理學家，於生理學大有發明，而猶以實驗之方法立生理的心理學之基礎，爲猶著．其重要之著作如下：實驗的生理學（一八五五）Lessons in Experimental Physiology 論有毒的物質（一八五八）論心理學上之神經統系（一八五八）

巴西盧 Berthelot, Marcerlin（一八二七—一九〇七）法國化學家，發明有機體綜合法，爲化學界開一研究之新天地．所謂有機體之綜合者，以化學原質如養輕炭淡之化合，成生物體之構造．是巴氏著作，俱足以表示物力一致之理，此與轉變機械力而爲熱力之理，同一重要，足算十九世紀科學之大戰勝也．巴氏始終堅信科學造福於人類之力量，永無盡期．生平所刊之科學記述，不下一千二百種．其有名之著作如下：綜合的有機化學（一八六〇）Organic chemistry Based on Synthesis 綜合方法演講錄（一八六四）Lectures on the general Method of Synthesis「同分異性」之演講（一八六五）Lectures of Isomery 化學的綜合（一八七五）

布朗 Blanc, Louis（一八一一—一八八二）法國社會黨及歷史家，證明羣衆之困苦，以個人主義及工商競爭爲其總因，主張以結合之原理改造今日之社會．其第一步，即將生產器械歸諸公有，由國家幫助及振興工人之組織，如社會工廠等。故布朗與柏加 Pecquer 維德 Vidal 皆為最初主張由國家以推行社會主義之一人。一八四八年革命時，彼曾為臨時政府改造生產特別委員會之主席。及拿破崙三世政變，出亡英倫者數年。其名著為勞動之組織 Organisation of Labour 法國革命史 Histoire de la Revolution francaise（共八冊。且意見係雅各賓的。）十年間之歷史（由一八三〇—一八四〇）L'histoire de Dix ans，等。

布斯納 Buchner, Ludwig（一八二四—一八九九）德國自然學家，哲學家。其所著之努力與物質 Kraft and Stoff 根據於自然科學之智識，以唯物的元子，說明宇宙之理。為唯物論不滅之著作。出版後，銷售於德法俄者，以千萬計。又著愛情論 Love 叙寫動物之社會性與同情性。人及其在自然界之位置 Man and his Position in Nature 以通俗之文字說明達爾文主義。銷行亦廣。愛情與愛情關係之在於動物界（一八八五）Love and Love Relattions in the Animal World 對於唯物論最後之進語（一九〇一）［倫敦板］Las Words on Materialism 均於唯物論有重要之關係。

必豐 Buffon, Georges（一七〇七—一七八八）法國著名自然學家，欲建立完全之自然統系，及以比較解剖學而叙寫動物世界之第一人。雖為教會所恐嚇，但卒能以堅毅之力，使自然學得以漸漸脫離神學之干涉，而為自由之發展。其名著為博物學歷史 Natural History

邦尼洛寞 Buonarroti, Filippo（一七六一—一八三七）意大利律師。為盧騷之學說所感動，以傳播革命見逐於意之哥斯加 Corsica 及沙丁尼亞 Sardinia 諸處．法國大革命時，至巴黎與巴布夫遊，并傳播其革命的共產主義．一七九五年巴布夫謀反，幾被株連．後著巴布夫之謀畫 The Conspiracy of Babeuf 以摹寫之．末幾，又爲十九世紀初葉法意秘密共產黨之首領．

裴拉夫 Belaeff （一八一〇—一八七三） 俄國史學家，及古法學者，曾著俄國歷史的故事 Tales from Russian History 共四册，述奴加力 Novgorod 及巴斯考 Pskov 共和國之內部生活，較他人爲善．著俄國農奴歷史亦極可觀，又有俄國紀年史之作．

卡必 Cabet, Etienne （一七八八—一八五六） 法國共產黨，其學說具見其所創之平民報 Le Populaire 及一八四二年所著之埃加里旅行記 A Journey to Icaria 此書消行極廣．一八四八年既在達斯 Texas 實行其主義，後又欲施行於意倫那 Illinois 均失敗．但少年之埃加里港 Young Icaria 直至前世紀之「八十年」尙存．

嘉老斯 Clausius Rudolf （一八二二—一八八八）德國物理學家，研究光電極爲著名，而猶以其所發明之熱力機械原理及定律，爲最著．

孔德 Comte, Auguaste （一八二二—一八八八） 實驗哲學始創家．其實驗哲學 Cours de Philosophe Positive 即欲以純粹科學的基礎，組成人類全般智識之綜合哲學．以孔德之觀念而言，實驗哲學之意，殆謂人類之智識，係進化的而非固定的．最古之時，人類之智識，完全爲神學的觀念（如以電之發生，爲神之震怒，及自然界一切之事實，均以神意而爲之說明是）後又進爲玄學的觀念，其說明自然界之事實，惟以種種抽象之力，如「生力」「自然之靈魂」等等。最後則達到實驗時代，其解說種種之現象，不復以玄學家之所謂「究竟之原因」「世界之本體」，惟尋出現象間相互的繼續的關係之自然公例而已。孔德第二之大著爲實驗政治學 Posit ve Politice 於此書中，創一新宗敎之理論，其神爲「人道」。與其實驗哲學實相矛盾，但其實驗哲學影响於十九世紀下半期之科學哲學者最深。

昆西大朗 Considerant, Victor（一八〇二——一八九三）法國社會黨著作家，宗福烈派，能光大其舊業。一八三七年作法蘭報 La Phalange（有同居共產之意）一八四五年，作太平民主報，La Democratie Pacifique 後欲於達斯創同居共產團。一八三四年著社會運命 Social Dest ny 一八三五年著自然與感受敎育學 Theory of Natural and Altractive Education 一八四三年，刊社會主義原理 Princip es of Socialism Manifesto of the Pacific Demo racy 出板被禁。至一八三七年重板。一八四八年作舊世界之社會主義 Socialism before the Old World 評論社會主義之派別，極有價值。

達爾文 Darwin, Charles（一八〇九——一八八二）近日最著名之自然學家，曾搜集許多之事料，以證明動植物種之變化，使生命之科學（生物學）爲之闢一新紀元，必豐與陸談克，於一八〇一——九年曾言物種係變化的，而非固定的，又說動植物種其始初必來自一公共之始祖，及至達爾文始根據於科學，以證明其臆說；并舉各種物類之個體變更繼續進行，而以物競天擇，（或最適者生存）說明動植物（人亦在內）之漸次發展，又據自然之原因以說明其變化，由於動作之求順應其環境，而非有神力爲之指導。赫胥黎作告工人 Lectures to Working Men 以通俗的文體說明達氏之學理，極有價値。達氏之兩大名著爲種原論（一八五九）Origin of Species 與人類由來（一八七一）Descent of Man.

狄岱祿 Diderot, Denis （一七一三—一七八四）法國哲學家，一七四六年以作哲學思潮 Philosophical Thoughts 被逮，後三載，作一書曰論盲目之人 Letters on the Blind 又入獄。狄氏知百科全書之重要，遂與達臨伯 D, Alembert 何里伯 Holbach 及當時最良之思想家科學家，以二十二年（一七五一—一七七二）之力，竟此不朽之宏著；雖牧師及官吏以奸謀反對之，而狄氏不顧也。

費思納 Fechner Gustav （一八〇一—一八八七）德國生理學家及哲學家，雖屬於薛令派，而能以純粹實驗爲基礎發明物理的心理學，以心物爲同一性質，而代表人類認識之兩面，其公例亦無少差別云。一八六〇年出版物理的心理之元素 Elements of Psycho-Physics 最有功於心理學。

福烈 Fourier, Francois Marie charles （一七七二—一八三七）法國社會黨著作家，與亞雲聖先門各爲社會主義一派之首創者。其學說之大意，以完全發展人類之本性，排除一切人爲之束縛，爲達到快樂與道德的社會絕對的應要之條件。今日社會之慘象之罪惡，乃不自然之束縛的結果。（如個人欲以作工而滿足其生存之需要，亦為社會所不許，是其例也）故應用聯合之原理，以改造今日之社會，乃不可緩之要圖云云。其最重要之著作為 Traite des Quatre Mouvements（一八〇八）工業的新世界（一八二九）Le Nouvean Monde Industre 福烈派為社會主義極重要之一派，其徒是西大門與來老 Leroux 等，多發明之，欲得其詳，可參閱奇樂 Kirkup 之社會主義史 History of Socialism.

高德文 Godwin, William（一七五六—一八三六）英國政治著作家。其最重要之著作為：政治公誼及其影響於民德及幸福之研究 An Enquiry concerning Political Justice and its Influence on General Virtue and Happines．共二冊，一七九三年倫敦出版）此書雖未用無政府主義之名，但彼證明政府之性質及其存在，皆足為道德習慣發展之障礙，及為私產之保護者，若將來人人以純粹之理性，為個人行為之向導，排除一切之壓迫，則於社會最有大利。故高德文可算無政府共產主義之首創者，後以其倡共和主義革命主義之友人被逮，彼幾受累，故其名著中之共產黨意見，於次版中亦未刊入。

加勞夫 Grove, William Robe t（一八一一—一八九六）英國物理學家，一八四二年著有極著名之科學記錄。一八五六年著一書論物力之一致，證明聲光熱電磁與及化學之作用，乃分子震動所成之各種形式，各種物體莫不由此而成。從前以為單獨之固質及實體所成之說，遂無存在之餘地。此種種之形式，不外機力的運動之結果，例如以鏈猋砧，或火車輪之旋轉，均能生種種之運動,如聲熱光電磁等是其例也.此種分子之運動,又可互相轉變,(例如熱變爲光,或電等等.)使物體可能運動.日常所見之汽機電車,均應用此理以成立者也.伽勞夫又有一大胆之疑問,以萬有引力是否祇係宇宙內分子震動之結果是也.

黑梗兒 Haeckel, Ernst.(一八三四年生)德國生物學家哲學家,最熱心及最先贊成達爾文學說之一人,種原論行世後,彼即發刊一名著,名曰:普通形態學(一八六六)General Morphology隨後又出版創造之自然歷史 Natural History of the Creation 爲最先發明由最簡單之有機體,以進於人之各種進化階級之書.晚年作宗教與科學的繫環之一元論 Monism as a Link between Religion and Science 及宇宙之謎 The Riddle of the Universe 消行極廣,彼之一書,棄置二元論,惟其斷案,不能達到純粹之力學的世界觀,而祇達到玄學的(黑智兒派)觀念,謂「神」由「物」之發射而生.其從前之學說如彼,其後來之斷案又如此,迥出乎常人意料之外.

黑智兒 Hegel, Georg wilhelm(一七七〇—一八三一)德國哲學家.其思想於十九世紀初葉法國大革命失敗後歐洲復古之時,在德國所影响者最大.其哲學之統系,分爲三段之循環式.以絕對的理想(Idee an sich)爲根本.絕對的理想之發現於外也(Idee ausser sich)則爲自然界.及其返而自行意識也,(Idee an und fiir ich)則爲精神界.一切事物,莫非此絕的理想之表現,而此所現之理想,即一切事物所含之意味,此所含之意味,即一切事物之實在也.絕對的理想，以邏輯的概念之組織爲骨髓，有一概念，卽趨而入於反對之概念，旣入於反對之概念，又進至於二概念之調和，於是復趨反對，復入調和，歷級以進。此卽黑智兒之三段循環式之論理學也。其哲學之罪惡，卽在於阻礙十八世紀末葉科學研究之正路，而使宗教家得以假借耶教之約書，以解釋自然之現象，不注重觀察與實驗，而爲括概的斷案之玄學家，亦得此新的威權，阻止科學之進步者，殆半世紀。黑派又謂：「大地上之存在，皆合理者」，以至一切之政治宗教之惡制度，得所藉口，爲保存之地步，此又其罪惡之影响於政治界者也。

欽孝斯 Helmholtz, Hermann-Ludwig（一八二一—一八九九）德國生理學大家，物理學家。以機械之力，說明生理之活動，而於傳播及發明物力一致之說，猶有巨功。

何爾山 Herzen, Alexander（一八一二—一八七〇）俄國政治著作家，以事被囚，脫獄後，走意大利及法蘭西，與社會黨及急進黨遊。一八四八年革命失敗後，助蒲魯東作民報 Le Peuple 未幾爲法政府所逐，逃之英，創自由俄人報 Free Russian Press 一九五十年間，與其友亞加拉夫 Ogareff 及多肩尼夫 Turgueneff 合力發刊俄文鐘聲報 K'olokol 後又與巴枯甯合辦。何爾山以精銳之筆，與俄國專制政府相搏戰，於解放農奴，極有關係，而名譽猶隆。一八六三年波蘭革命起，與巴枯甯爲文以助之，未幾失敗，而鐘聲亦遂消沉。何氏頗深於歷史與哲學之研究，可算十九世紀歐洲最良之政治著作家之一人。其著作如法意通信錄 Letters from France and Italy 及「由比岸」De l'autre rive 均係一八四八年革命失敗後所著，無政治之意味，而頗有文學上之價値其自傳過去與思潮 Past and Thoughts 亦有可觀．

霍布士 Hobbes, Thomas（一五八八—一六七九）英國政治著作家與哲學家最先之一人．其名著爲巨物 Leviathan(亦名共和敎會與民法之質形勢) De Cive 譯本名爲政府與社會之哲學的根本 De Corpore Politico 亦名法律道德與政治之元素彼謂權利係力之一種，無是非眞妄之可言又以野蠻時代之人類相凌相殺，與走獸無異，及有王者與以絕對的權力，立爲民約而生存之條件始備．霍布士以此解釋國家之始原，反之彼又極端反對敎會有參預政治之權，幷以物質的觀念說明世界觀，而不主張宗敎之存在．

何里伯 Holbach Paul（一七二三—一七八九）法國哲學家百科全書編纂之一人．根據於唯物派之意見，建立自然及人類智識之淸晰的統系其最有名之著作爲自然統系 Systeme de la Nature 其他如萬有過德 Morale Universalle 與自然政治 La Politique Naturelle 均佳．彼證明宗敎不特無用，卽於民德民福，均有大害．

脫順 Hutcheson, Francis（一六九四—一七四七）蘇格蘭哲學派代表之一人．其人生哲學之統系，以同情之原理爲基礎，幷欲證明人類之行動，雖爲意志所影响，分爲自利與兼愛之兩方面；但吾人之受其感動及爲吾人之所許可者，祇後者而已．此乃道德感覺之結果而亦自然界之與於人類者也．其著作之言此者有美與德之觀念的始原之研究 Enquiry into the Origins of Our Ideas of Beauty and Virtue 論自然 Essay on Nature 情慾與情愛之動作 Conduct of Passions and Affections

赫胥黎 Huxley, Thomas（一八二五—一八九五）英國生物學家。達爾文進化論出世，四面受敵，赫氏乃毅然爲之辯護，最爲著名。其重要之著作如下：人在自然界之位置（一八六三）Mans Place in Nature 與比較解剖學 Comqarative Anatomy

助勞 Joule, James Prescott（一八二五—一八九五）英國物理學家。定實熱力與機力相等之原理。（詳見本條術語註解）

康德 Kant, Immanuel（一七二四—一八〇四）德國哲學家，其哲學影響於十九世紀者最大。康德最初之著作，本從自然科學方面進行。其發明之天文學意說，如以太陽系之始原，不過一種紅冷的氣體，與天文學大家拉萊士所發明者，幾乎同時同樣。然其最有名之著作則爲純理性之批評 Kritik der reinen Vernunft 據康德之意，有兩世界：（一）物理現象界，此則吾人在於空間與時間所能經驗者也。但據其批評哲學之超越的唯意論而言，此界祇有現象，而本無實體；（二）先天形式界，其「物如」Ding an sich 爲吾人於時間所能經驗，於空間則否，世界之謎之「物如」爲現象範圍以外之世界，彼欲以其道德哲學（實踐理性之批評 Critique of Practical Reason）而解答之，並欲證明人類之理性，具有使行定律之本質，故按照「必然的命令」而行，乃理性之良藥，而亦爲人生道德應要之責任云。至於論良心之意見，彼則以「上帝」「不滅」「自由」爲根據。其在法律哲學，則謂絕對的道德自由之條件，爲社會及國家生活之基礎，歷史進步之未來目的，不外求自由意見之實現云。

高斯泰馬勞夫 Kostomaroff, Nicholas（一八一七—一八八五）俄國有名之歷史家，爲俄國歷史「聯邦派」之始創者。

陸謨克 Larmarck, Jean B ptiste（一七四四—一八二九）法國自然學家，據動植物之變化，（動物學 Philosophie Zoologique 而組成完全彙類之第一人，達爾文之學說本之，彼用「有機體以其能量求順應於環境，及各機官之應用與廢弛」而爲變化之說明，罷惠業極反對之。

拉萊士 Laplace, Pierre（一七四九—一八二七）世界最著名之天文學家，與數學家，其名著爲宇宙統系之解釋 Exposition of a System of the Universe 與天體機械論 Treatise of Celestial Mechanics 純粹以物理說明太陽系之始原，來自淡紅之氣質，簡言之，拉氏對於天文學之問題，皆以物理的分析，而解答之是也。

鹿華西 Lavoisier, Antoine（一七四三—一七六三）法國化學始創大家，最先分析水爲輕養二元素所構成，及證明物質不滅之原理，又研究燒熱變精等，其名著爲化學初步（一七八九）Traite elementaire be chemie

羅維 Lewes, Georges Henry（一八一七—一八七八）英國生理學家，及哲學家，以生理學而研究心的問題，其名著爲人生與心靈之問題 Problems of Life and Mind（以物理而解釋心理，一書亦在其內）哲學史 History of Philosophy 人生之生理學 Physiology of Common Life

李脫里 Liltre, Maximilien Emile（一八〇一—一八八一）法國哲學家言語學家。最熱心於孔德之實驗哲學，并爲之刊布其書籍作法國字典爲不朽之宏著

盧夢諾修夫 Lomonosoff, Mikhail（一七一一—一七六五）俄國普通著作家，關於詩，文法，歷史以至於物理礦學化學與自然地理，均有著述其地理學上論北極之一書言熱之機力的原理甚爲的確。

黎愛 Lyell, Charles（一七九七—一八七五）英國著名地質學家。其重要之著作爲：地質學原理 Principles of Geology 以地面係漸次變更，以成今形與時論頗相矛盾；但消行極廣，而影响亦大與達爾文之進化論前後相映。一八六三年刊人類舊物攷 Antiquity o' Man 發見古時似人之生物，及地質學第四系之事料。

岷尼 Maine, Henry（一八二二—一八八八）英民法學家。其書言最古之鄉村會社，極有價値書名曰東西之鄉村會社 Village Communities in the East and west 又有古制度史 Lectures on the Early History of Institutions

馬克斯 Marx, Karl.（一八一八—一八八七）社會民主派之社會主義首創家，以政治事逃德居巴黎與羅計 Ruge 作德文急進報。一八四四年被逐於法，後四年，又見逐於比之倫敦一八六四年萬國勞動會之發起，有大力焉。該會之評議會彼隱居指導者之任，其哲學之痛苦（一八

四七）The misery of Philosophy 一書係答蒲魯東痛苦哲學 Philosophy（經濟矛盾論 Economical Contradictions）而作。一八四八年著共產黨宣言（Communist Manifesto（此書之本原，詳見達奇蘇夫 W. Tcherkeroff 所著之 Pages of Socialist History 1896. 及一九〇一年安拉 Andler 所附加之歷史概論）一八〇七年資本論 Kapital 第一卷出版，分析資本之產生，爲社會民主主義之經濟論的基本，後又出二冊，其最後者係遺稿。

馬勒 Maurer, Georg Ludug（一七九六—一八七二）德國歷史家，以科學爲基礎，研究古時之鄉村會社，其書名曰鄉市制度歷史概略 Einleitung Zur Geschichte der Mark,-Hof,-Dorf-fund Stadt-Verfassung.

岷得拉夫 Mendeleff, Dmitri（一八三四—一九〇七）著名俄國化學家，猶以其發明之原質週旋律爲最著。岷氏以地球上之物體，無論其爲生的死的物質，係由八十或九十種不同之物體化合而成。此等物體不能化分，謂之原質。岷氏發明化學之元質週旋表，其法依分子複雜之度書於一表，其表成以直行八柱，橫行十二柱，原質之在於每行者，必具相同之化學質料，由第一行起，以至於第八行，其勢力亦漸增高，此表得兩種之意義：（一）每原質中之分子，或有更複雜統系之分子，（或原子亦可）互相旋轉，如木星土星之環繞各種之月球無異。（二）此種統系之搆造，可發生某種之週旋，此之發明，大有助於化學之發展，彼又以宇宙間之「以太」爲一種物質，其原子震動甚速，其能使之變爲有恆的化學化合，其意見雖不甚著，但極有價值。

穆勒 Mill, John Stuart（一八〇六—一八七三）英國著名經濟學家哲學家經驗論有名代表之一人．邏輯統系 System of Logic（嚴復譯穆勒名學）即其有名之著述，氏謂智識本諸經驗，經驗者吾人智識之門，而學問則組織經驗之具也．最重視歸納法，謂吾人欲發見新眞理，舍歸納法而外，別無可由之途徑云．其他之著作如下：政治經濟學原理 Prinoipl s of Political Economy 自由論 Esay o Liberty（嚴譯羣己權界論）與代議政治 Represeutative Go-vernment.

謨拉斯葛 Moleschott, Jacob（一八二二—一八九三）德國唯物派生理學家，其所著之生命循環論 Kreislauf des Lebens 極著．

亞雲 Owen, Robert（一七七一—一八五八）與福烈亞西門各為社會主義一派之首創者．其學說最要者為商業聯合及協力工作主義．當時英國智識界勞動界均受其影响．一八三一年創商業大聯合會，藉以聯絡各文明國之勞動家，為英國勞動會之先驅，惟入會者多被政府禁阻，不得已遂縮小其範圍而倡和平之「協助」（Co-ope a ion 及商業聯合主義 Trade Uni nism 其重要之著作如下：理性的制度要略 Outlin of a Rational Syst m 新道德世界 The Book of the New moral world 與革心與人類之實習 Revolution in the mind and Practice of the Human Race 其所出版之小冊子與報紙甚多，可算英國社會黨之一派，惜時人多忘之耳．

蒲魯東 Prudhon, Pierre（一八〇九—一八九五）法國社會黨，一八四〇年其大著何為財產》Qu'estce que la Propriété 出版,詳論私有財產之起原.一八四六年其第二之大著經濟矛盾論 Système des contradictions Economique 出版.一八四八年革命後爲人民代表,報編輯.未幾以出版書報被禁監三載.一八五六年以攻擊宗教又被判禁監三年,罰金四千佛朗,乃逃之比利時.蒲氏學說,對於政治主張去政府,對於財產指爲盜劫.對於社會組織之形式,主張社會契約論.其互助主義之統系,詳見本書.其他之著作如下:革命黨之懺悔 Confessions of a Revolutionist 十九世紀革命大義 Idée générale sur la Revolution dans le XIX Siècle 勞動界政治能力論 Sur la Capacité politique des Travailleurs 及其他.

黎加德 Ricardo, David(一七七二—一八二三)英國經濟學家.其學派爲今世之大學校所推崇.黎氏步斯密亞丹之後塵,發展其『交換之市價,視應要之工作爲標準』之理論.又其地稅之學說,今之大學校以爲有科學的價值.其重要之著述爲論政治經濟學與征稅之原理 On the Principles of Political Economy and Texation, 1817.

盧騷 Rousseau, Jean Jacques(一七一二—一七七八)法國哲學家,大革命之受其影響者甚大.而猶以雅各賓黨諸首領之思想爲最.盧騷主張組織平等的民主的共和制度,而生活當歸於簡樸與自然;人民應受科學與手藝之完全教育,而廢除耶穌教會.託爾斯泰 Leo Tolstoy 最崇奉之.其名著人類不平等之由來 On the Origin of Inequality among Men. 民約論 Le Contrat Social「埃美」Emile「沙回也」之主教職 Le Vicaire Savoyard 新「埃羅意斯」

The New Heloise 與我之懺悔 Mes Confessions

聖西門 Saint Simon（一七六〇—一八二五）十九世紀與福烈亞雲各爲社會主義一派之首創者彼研究經濟在社會上之關係，及經濟發展之公例，其實習之斷案所以將資本與工作併爲一談世有所謂科學的社會主義者，或馬克斯主義者本之當時有名之思想家（孔德）歷史家（戴愛里）經濟學家（西思門地）與一班之實業慈善家多宗之

辟令 Schelling Friedrich（一七七五—一八五四）歐洲復古時代之德國哲學家辟氏本欲建一包括自然界之統系，惟一則由於缺乏自然學之智識二則爲先入之意見所蔽故其學說不能外於玄學之範圍

西觀 Seguin, Marc（一七八六—一八七五）法國工程師最先測定熱之動力的代價

斯密 Smith, Adam（一七二三—一七九〇）英國經濟學家哲學家其國家之財富 The wealth of nation（嚴復譯爲原富）即根據於觀察與歸納法而成其論調以「富」係工作之所產生，并批評當時政府阻礙工商進步之不合即世所稱爲政治經濟學之「自由派」是也又有一書名曰：道德感覺之理論 The Theory of Moral Sentiments 係根據於普通「同情性」之觀察組成人生哲學之完全學理，雖爲時人所忘却但其價值不能爲之少減也

斯賓塞 Spencer, Herbert（一八二〇—一九〇三）英國哲學家以唯物論爲根基，建立完全之綜合哲學包括下列諸書第一原理 First Principles 生物學原理 Principles of Biology

心理學原理 Principles of Psychology 社會學原理 Principles of Sociology 人生哲學 Ethics 其生物學原理一書係根據於陸謨克之「變化說」Transfo mism 組成完全之進化論，又有人與國相對抗 The man Versus the State 及論教育之書均善偉斯氏之生物論學說，斯氏亦曾爲書以駁之．

戴愛里 Thierry, Augustin（一七九五—一八五六）法國著名歷史家．研究「野蠻」時代之原人制度，極善有法國歷史通信錄 Letterson the History of France 舉此時代及法國後來共和城市獨立之事物，更爲剴切．又著那氏 Norman 侵略英國史．

福脫 Vogt, Karl（一八一七—一八九五）瑞士自然學家，政治家，又地質學與動物學之大學教授．一八四四年德國革命亦嘗參預焉．刊科學書數種，達爾文種原論出世後，福氏宗之，著有迷信與科學 Kohlerglaube und Wisenchaft 唯物論上之名著也．而於一八五六年一六二年自然學復興時代，影響猶大．其他之著作如下：動物學 Zoological Letter 動物與人類之新舊生活 Old and new from the Life of animals and Men 說人 Lectures on Man 以上諸書，似未有譯爲英文者．

華利士 Wallace Afred Russel（生於一八二三年）英國自然學家，一八五七年與達爾文同時發明物競天擇之進化學說，其所著之達爾文主義，以通俗的科學的文字爲之解釋進化論，極佳．華氏少年時，本宗亞雲派之社會主義，現在猶主張土地國有．

二 後篇

亞拿巴提斯 An bapti m 歐洲宗教改革時之一種宗教的衝突，以直接反對天主教會之威權爲主旨其風潮之猛烈與廣播較路德 Luthe 之起義爲較甚此派於宗教上道德上主張個人之完全自由於社會上主張平等廢除私產及一切强權之制度如發誓審堂與政府之發施命令等等凡此種種之强權此派名之曰「非耶蘇的」一五二〇年斯活蒲 Zwickau 政府禁之世人目此卽爲此派衝突之起點其實此派起原於十四世紀淮奇利夫 Wyeliff 及其末葉在布堪米亞 Bohemia 之許色 Hussile 等之衝突當路德未在淮丁堡 Wittenberg 教會之門張懸其反對教會論文之前已有一種反對教會與法律之運動散播於手藝家及農人之中及路德起義遂益助其風潮之蔓延耳一五二五年有「農人之戰」一五三五年有滿斯帶 Tromas Mnnster 在黎町 Ly'len 宣布「共產制」，於是此派(指 Anabaptists) 乘此時機公然反對一切之强權此兩次之衝突戰死者與被焚而死者不知幾千萬人未幾又有同樣而較和平之衝突發生於英倫(其思想係從外國輸入)而與荷俄甚則青地(Greenland 均有此種共產之風潮接續發生(詳見德國 Keller Hase 與 Cornelu's 之著述一八九五年 Richard Heaths 著 Anab-aptism 係英文小本極善)

「人類學」Anthr polo y 研究人及其在各種氣候之下種族與物理之發展及其制度社會道德與宗教觀念進化之科學關於研究制度與社會道德及宗教之觀念有時亦屬於人種學之領

域．有所謂「人類學派」者，係指十九世紀下半期以自然學之意見而研究社會制度與觀念之始原，及其進化之跡象，而不復用超過自然界之直覺，及以艱澀的貴族的古典的玄學的之詞句自掩其智識之短處者而言．

「壁來汗」Brehons 歐洲不屬於羅馬帝國管轄下之自由族，如沙來的 Celts 沙純斯 Saxons 斯堪的那威安 Scandinavian 斯拉夫尼安 Slavonian 芬尼斯 Finnish 在耶蘇紀元前一世紀，尚無成文法律．其鄉會中從前所遺留之規矩，以會中或家中特派之人而爲之記誦．每屆節期，則於公衆之前，如詩歌式，以背誦之．此種記誦者，在埃爾蘭謂之「壁來汗」．亞洲之西部聞今尚有此種習慣．至第五世紀，有編纂此種常律者，名之曰「舊制」Senchus mor 同時他處亦有搜集此種不成文之律例者．然究以此爲最重要．近世史家以「壁來汗」及背誦規矩者爲法律始創家，非也．眞正之法律始創家爲「民會」，而「壁來汗」與斯拉夫尼安之尼也斯 Knyazes 不過管理此種古式之常例者而已．

百科全書學者 Encyclopaedists 此名係用以稱法國百科全書編纂及投稿諸人者．其中以達臨伯狄俗祿二人爲最著．此書於歐洲哲學進步上最爲重要．蓋此不特以公正之方法，括概一般之數學自然科學歷史藝術文學之智識，合一鑪而治之，亦爲十八世紀反對宗敎家與唯物派思想家之機關．其他學者之持此思想者，亦以此名稱之．

「歸納的演繹法」Inductive Deductive Method．此乃近世科學之方法也．其所包涵者如下：

(一)以觀察實驗獲現象上之眞智識·(二)討論已搜集之事料，觀其能否歸納於概括或臆說者·(例如拉萊士說明太陽系搆造的事料之臆說·達爾文以現在及過去地質學上所留存之動植物種，皆由同一類之物種進化而來之臆說是·)(三)臆說既造，則更由之而推理，(演繹法)達到新斷案，以求新事料之發見·如歸納之括概已無謬誤，則演繹所得之斷案，必須證明其不陷於謬誤·(四)將演繹所得者與先前所搜集之事料相比較，(第一節)如必要時，須從新觀察與實驗審視所造之臆說是否與眞事實相符合，幷將所得之臆說，或排拒之，或修正之，以至得到一條與智識之現情相允合者而止·凡一臆說之成爲學理 Theory 者，必須經過以上之證明及學理之原因亦已發明者，方可稱爲「自然公例·」吾人承認奈端 Newton 之萬有引力的歸納，爲已證明之學理者，蓋始初所見之矛盾的事料，最後乃一一適合也·雖吾人常稱萬有引力爲自然公例，(或自然定律)惟此引力之萬有的事料之原因，不過預見及之，而未能發明之，故此種稱法，不甚確當·

雅各賓黨 Jacobinist　此名用以稱一七八九年——一七九四年法國大革命時最活動之中等社會急進派所組織之俱樂部之會員，其會員類皆著名之共和派革命黨而屬於羅拔斯比亞 Robespierre 之圍內者爲多·此派反對王權甚力，及王權既倒，又與繩業俱樂部 Club of the Cordeliers 之勞動家相競爭巴黎自由共產團起義之主動者，如丹堂 Danton 埃璧 Hebert 皆此部之會員也·當「恐慌時代」雅各賓俱樂部一變而爲審判廳·一七九四年羅拔斯比亞及其黨失勢，遂隨之而關閉．雅各賓一名現用以稱一般之主張中央集權之革命政府諸人．

「熱之動力的代償」Mechanical Theory of Heat 此學理發明後可算近世科學之一大戰勝，凡熱學上之現象，（物體之有熱，冷，溶，沸騰，及由液體而變爲氣體等）皆已證明爲物體上分子震動之結果．例如一塊鐵澎漲，則其溫度亦隨之而增加；此乃震動（非目力所能見）進行之總量之所至，反之，熱力爲一種活動之形式，吾人由摩擦而能生熱．火車當行動之際，而能以制動機使之截然停止，乃摩擦鐵軌上之鐵輪所至，而鐵軌上發生之熱力與鐵輪產生之火花，皆吾人所能經驗者也．欲熱一磅之水，須用幾度之機力，皆可以確實測量之．此學理稱爲熱之機械力同等量．十八世紀時，已有學者能見及此種學理，直至十九世紀初葉之二十年間，大學校最高級生西覲始發展之．測量之，一八四五年德國博士米耶 Rudolf M yer 始立爲確當明白之公式，惟世人不甚注意之．一八五六年助勞始能量度熱與機力之相等，無些少之差錯．自一八六〇年以來，此學理已算十九世紀科學最大之勝利，其對於科學上實業上之功用，洵無窮也．

「沙門」Shm n 此名係稱亞洲北部民族中之術士用者．此輩自以爲能與自然界不可思議之力相往來，及用符咒法術等以療病及驅除各種災禍，愚人亦以是許之．

一千九百十九年二月付印
一千九百十九年三月發行

本書一冊
定價三角

自由傳播

編譯者　凌霜
印刷兼發行者　佩剛
代售處　各大書房

進化雜誌社翻譯部啓事

人類進化端在學術介紹眞理的科學傳播正誼的人道本社同人知此天職所在義不容辭故遂忘其學識之固陋思以讀書之暇譯述歐洲諸先覺哲人之名著以介紹於支那之同胞若因此得使科學眞理與人道主義滂溥于支那則人類進化幸甚

現擬所譯之書如下

近世科學與無政府主義　克魯泡特金著　進化革命與無政府思想　若可侶著
麵包略取　克魯泡特金著　勞動組織　布蘭著
互助論　克魯泡特金著　個人與社會　格拉佛
無政府黨道德　克魯泡特金著　死社會與無政府　格拉佛著
未來社會　格拉佛著　工廠與田莊　克魯泡特金傳